MIDLOTHIAN MAYHEM

Asesinato, mineros y militares en el viejo Midlothian

MALCOLM ARCHIBALD

Traducido por
SANTIAGO MACHAIN

CONTENIDO

Para Cathy

INTRODUCCIÓN

Muchos de mis antepasados eran mineros de Midlothian. Con nombres como Flockhart, Junar y Hood, trabajaron bajo la tierra y vivieron en Gowkshill, Cockpen y Stobshill. Otros eran labradores de Midlothian, que trabajaban en algunas de las tierras más productivas de Escocia, con la cresta dentada de los Pentlands como telón de fondo y el viento huracanado mordiéndoles por todas partes. Uno o dos eran soldados, que empuñaban sus rifles mientras se enfrentaban al enemigo de la corona y del país. Dejaron pocos recuerdos de sus vidas, pero a juzgar por el censo y otros registros, eran gente decente, trabajadora y honesta, y nadie puede pedir más que eso.

Apretado entre la capital, Edimburgo, y los Scottish Borders, el condado de Midlothian tiene una historia fascinante que incluye batallas medievales, Covenanters, disputas industriales, granjas fértiles, poderosos terratenientes, una fuerte presencia militar, tragedia y crimen. Este pequeño libro ecléctico se centrará en los aspectos de la historia de Midlothian en los siglos XVIII y XIX, un período en el que el condado, y todo el país, cambiaron radicalmente. La industrialización se extendió, las ideas de reforma política echaron raíces y Gran Bretaña emergió de una serie de guerras cruentas con Francia para convertirse en la principal potencia marítima del mundo. Durante esta época, sobre todo a principios del siglo XIX, el poder se preocupó por lo que consideraba una oleada de agitación política y delincuencia que amenazaba con alterar el orden establecido que les mantenía en la cima.

¿Fueron estos años tan terribles o la élite sólo magnificó algunos disturbios menores para sus propios fines? Es posible que existiera malestar por parte de los llamados "órdenes inferiores", pero ¿fue este periodo una época aterradora para los crímenes? ¿Tenía la gente miedo de salir de sus camas por si los atacaban hombres y mujeres salvajes? ¿Eran las casas siempre propensas a los robos y los viajeros susceptibles de ser atacados?

Tal vez no, pero Midlothian ciertamente tuvo su cuota de lucha, agitación social y crimen.

Este pequeño libro examinará algunos de los grupos de personas que fueron importantes en Midlothian durante este período, la policía y los militares, que en última instancia defendieron el orden establecido, y los mineros, que buscaron una vida mejor. También se analizarán algunos de los delitos que afectaron a la gente corriente. Como zona que incluía tanto la vida industrial como la rural, Midlothian podría considerarse un microcosmos de Escocia. Tuvo grandes triunfos y algo del lado oscuro, asesinatos y asaltos brutales, peleas de borrachos y disturbios, envenenamientos y asaltos en la carretera, robos y traiciones. En el pasado, algunas personas me han preguntado por qué el siglo XIX fue testigo de tal interés por el crimen. La respuesta podría ser que ese siglo vio el comienzo de una fuerza policial profesional, la alteración de una economía rural a una urbana y de la fuerza del caballo a la de la máquina.

Este libro no es en absoluto un examen académico de Midlothian, sino una introducción a algunos aspectos del condado, nada más. Esperemos que el lector encuentre esta mirada al pasado de Midlothian tan fascinante como lo hice yo mismo. Y mis antepasados, que lo vivieron, probablemente conocieron a algunas de las personas implicadas.

Malcolm Archibald

ANTECEDENTES HISTÓRICOS Y GEOGRÁFICOS

En una época también se conocía como Edinburghshire, la zona de fértiles y onduladas tierras de cultivo, páramos y colinas bajas situada inmediatamente al sur de la capital escocesa. Al oeste, limita con las amables y verdes colinas de los Pentlands; al este, se desliza serenamente hacia la fértil llanura de East Lothian, mientras que, al sur, las sombrías colinas de Moorfoot y las ventosas alturas de Soutra actúan como barrera parcial con las tierras fronterizas de los Scottish Borders. En los siglos XVIII y XIX, era más grande, abarcando lo que hoy son los suburbios del sur de Edimburgo, extendiéndose hacia el sur hasta los Borders y envolviéndose hacia el oeste, hasta donde Corstorphine y Cramond se encuentran ahora cómodamente en el recinto de la capital.

Ahora, Edinburghshire se conoce como Midlothian, una de las zonas más intrigantes de Escocia, que a su vez es una tierra de belleza surrealista, mitos, leyendas y unos cuantos millones de las personas más dinámicas del planeta. Midlothian cuenta con una historia que se remonta a los asentamientos humanos. Al menos desde la época de los romanos, los ejércitos han marchado por aquí. Como proclama el poema épico El Gododdin, el rey del siglo VI Mynyddog de Gododdin envió a sus trescientos guerreros al sur de Din Eidyn (Edimburgo) para desafiar a los invasores anglos. El enemigo lanzó el inevitable contragolpe, y los anglosajones ocuparon los Lothians durante siglos hasta que los escoceses marcharon hacia el sur para reclamar el territorio. Se dice que Sir William Wallace, guardián de Escocia, estuvo aquí, y en el siglo XIV, los luchadores de la resistencia escocesa conocidos como los Lobos Grises se instalaron en las colinas de Pentland mientras acosaban y hostigaban a los invasores ingleses. Los Covenanters lucharon y rindieron culto en las verdes hendiduras de las Pentlands, los vagones de tren traquetearon por las carreteras y la revolución industrial trajo consigo los ferrocarriles y los hombres que los fabricaron. Hubo minería, molinería y fabricación de papel, el crecimiento gradual de los asentamientos en pequeñas ciudades y el ritmo lento y constante de la temporada agrícola. Naturalmente, todos estos acontecimientos dejaron su huella, y este pequeño rincón de Escocia cuenta con yacimientos arqueológicos de la Edad de Hierro, castillos y capillas de la Edad Media, mansiones del siglo XVIII y un patrimonio industrial inigualable.

Naturalmente, una zona tan fértil atrajo la atención de los invasores, y en Midlothian se libraron sangrientas batallas, sobre todo en Roslin, Crichton y Rullion Green.

La batalla de Roslin es menos conocida ahora que antes, pero la historia, si no es un hecho histórico, habla de que los escoceses derrotaron a los ingleses tres veces en un solo día. Tal vez la batalla sea menos famosa que otras victorias escocesas porque el vencedor fue John Comyn, el rival de Bruce por el trono, en lugar del más aceptable Wallace o Bruce. La leyenda ofrece detalles pintorescos, aunque dudosos, y afirma que ocho mil escoceses se enfrentaron a casi cuatro veces más ingleses. Confiando en su número, los ingleses se dividieron en tres divisiones distintas y los escoceses los derrotaron uno a uno. La leyenda también habla de treinta y cinco mil bajas y de cadáveres que ahogan la quema cercana. Los romances dicen que la batalla se produjo porque Lady Margaret de Dalhousie rechazó los avances del comandante inglés del castillo de Edimburgo y se casó en su lugar con Lord Sinclair de Roslin.

Geoffrey Barrow, en su libro Robert Bruce, ofrece una valoración más sobria de la batalla, con Comyn y Simon Fraser al frente de una fuerza escocesa que derrotó a la primera división de un ejército inglés. Una segunda división inglesa rescató a algunos de los prisioneros y ambos bandos retrocedieron. No fue una gran victoria, pero sin duda fue una batalla que merece la pena registrar, mientras que las pruebas de nombres de lugares, con Killburn y Shinbane Field, tienden a probar la realidad del combate, si no los detalles.

Si la historia ha atenuado la batalla de Roslin, casi ha olvidado el encuentro de Crichton, que tuvo lugar a las afueras del castillo de Crichton en 1337, durante la Segunda Guerra de la Independencia. Sir Andrew Murray estaba asediando la guarnición inglesa del castillo de Edimburgo cuando una fuerza inglesa de relevo se desplazó hacia el norte desde Carlisle. Murray se enfrentó a ellos en Crichton, los envió de vuelta al sur y eso es casi todo lo que se sabe de ese encuentro.

Hay mucha más información sobre la batalla de Rullion, o Rullion Green, que se libró a pocos kilómetros de Penicuik en un triste día de noviembre de 1666. En una época de luchas religiosas, el rey Carlos II impuso a los obispos y otros elementos de la Iglesia episcopaliana en el Kirk de Escocia. Muchos presbiterianos se opusieron, sobre todo en el oeste de Escocia, por lo que el rey y el gobierno reprimieron a estos objetores, conocidos como Covenanters, con duras medidas que incluían multas e incluso la ejecución. Los Covenanters se vieron obligados a celebrar reuniones eclesiásticas secretas en los páramos y las colinas, conocidas como Conventicles, y finalmente la represión fue excesiva.

En noviembre de 1666, unos 3.000 Covenanters escasamente armados marcharon a Edimburgo, con la ingenua intención de exponer su caso ante el rey o su representante. En su lugar, el Lord Provost cerró de golpe las puertas de la ciudad y ordenó la salida de la Guardia Municipal. El general Tam Dalyell, veterano de las guerras civiles de la década de 1640 y de la guerra en Rusia, dirigió el ejército escocés del rey para sofocar el levantamiento de los Covenanters. Con sus efectivos reducidos a unos mil hombres, los Covenanters se enfrentaron a Dalyell en las laderas de los Pentlands. Inevitablemente, los soldados entrenados ganaron, y los Covenanters que fueron capturados, fueron ejecutados o transportados. Mientras que en Escocia se recuerda la posterior persecución de los partidarios de los Estuardo a raíz de los levantamientos jacobitas, a menudo se olvida la represión del rey Estuardo contra los presbiterianos.

Aumentando las batallas, la historia de Midlothian incluye a los Caballeros Templarios en Roslin y en Temple. El nombre gaélico de Temple era Balantradoch, que significa Ciudad de los Guerreros, un título eminentemente adecuado para estos formidables caballeros que poseían las tierras aquí. Cerca de allí se encuentra el castillo de Borthwick, de doble torre, donde la romántica María, reina de Escocia, se deslizó una vez por la muralla del castillo, disfrazado sirviente, mientras seguía su trágico destino. Cromwell atacó el castillo durante su invasión de Escocia, mientras que durante la Guerra de Hitler se guardaron aquí varios tesoros nacionales. Hoy Borthwick es un hotel de lujo.

Apenas hay un rincón de Midlothian que no haya sido escenario de algún drama histórico.

Durante toda la Edad Media, Escocia vivió con la amenaza de la invasión inglesa y Midlothian, sin defensas naturales al sur, era una de las zonas más vulnerables. En 1455, el Parlamento aprobó una ley que preveía la alerta temprana de la invasión, con señales de fuego por la noche y de humo por el día. Un solo fardo en llamas era una advertencia de que los ingleses se acercaban. Dos balas significaban que se acercaban rápidamente, y cuatro indicaban que el enemigo estaba en gran número. Estos fuegos de balas se situaban desde la frontera hasta el norte, con una baliza en Soutra Edge como punto de atención de Lothian.

Estos fuegos de advertencia provocaban una gran actividad, ya que los hombres y las mujeres tomaban sus lanzas y se preparaban para defender sus tierras o corrían a refugiarse en las colinas. Mientras tanto, los grandes señores cerraban la compuerta de las puertas de los castillos, hacían sonar el silbato de sus hombres y se preparaban para luchar. En la Edad Media, los castillos defendían la tierra contra los invasores y servían para recordar a los lugareños, a veces revoltosos, que detrás de esos enormes muros de piedra se encontraban los señores y maestros de la creación: caballeros de la cota de malla con largas espadas y corta simpatía por cualquier campesino agitador. Los castillos de Midlothian son tan espectaculares como los de Escocia. Borthwick, con sus torres gemelas, se asienta junto al agua de Gore, vigilando la ruta hacia el sur de Galashiels. Crichton, elevado junto al Tyne, tiene un distintivo muro interior renacentista con forma de diamante y su propio fantasma. Roslin se alza junto a un profundo desfiladero, con una espectacular entrada sobre un estrecho puente. También está el castillo de Dalhousie, muy alterado, que visitó Eduardo Longshanks de Inglaterra y que resistió a las fuerzas del rey Enrique IV de Inglaterra en 1400. Todos estos castillos se aferraron a la tierra con una solidez intransigente y duradera. Hoy pueden parecer románticos; en su época de esplendor, eran estructuras militares, construidas para dominar e intimidar. A la arquitectura militar se sumaba la religiosa.

Puede que los edificios religiosos de Midlothian carezcan de la escala de las abadías fronterizas, pero no de su interés. La iglesia hueca de Temple fue en su día el hogar de los Caballeros Templarios. Más conocida es la más sofisticada Roslin Chapel, a un corto salto hacia el norte. William Sinclair, el constructor de la capilla de Roslin, «hizo traer artificieros de otras regiones y reinos foráneos» para crear esta obra maestra, con sus misteriosas tallas y su atmósfera encantada. El viajero galés Thomas Pennant visitó Roslin en 1772 y la calificó de «curiosa pieza de arquitectura gótica» con una «variedad de esculturas lúdicas». Por otro lado, la muy perspicaz Dorothy Wordsworth lo consideró "un edificio elegantísimo", con una arquitectura "exquisitamente bella". Entre los símbolos más interesantes se encuentra una talla de maíz, una planta originaria de América del Norte, en un edificio que fue erigido medio siglo antes de que Cristóbal Colón supuestamente descubriera ese Nuevo Mundo.

El solitario edificio de Soutra Aisle, que se levanta en el emplazamiento de un antiguo y prestigioso hospital a la cabeza de la sombría colina de Soutra, es mucho menos pretencioso. Situado en la B6368, merece ser más conocido, ya que los arqueólogos han descubierto una gran cantidad de tesoros médicos, como cicuta, adormidera y clavo de África oriental. Soutra fue en su día el lugar monástico más alto de Gran Bretaña, donde los caminantes cansados o atribulados podían detenerse para descansar y recuperarse de lo que inevitablemente sería un viaje fatigoso. Un tratado medieval da una idea de la época cuando habla de dormir a un paciente con una receta de hierbas disuelta en un trago de vino y «thanne men may safly kerven him» (entonces los hombres pueden tallarlo con seguridad. Qué espléndido escrito de ese monje) escritor.

El pasillo sirvió más tarde como panteón para los Pringles de Soutra, un uso que puede explicar por qué ha sobrevivido cuando todos los rastros visibles de los otros edificios medievales han desaparecido.

Los propios nombres de los lugares sugieren las capas de la historia, con la Colina del Campamento Romano por encima de Newtongrange que sugiere una antigua ocupación, Penicuik es el Brythonic (la lengua de Mynyddog de Gododdin) para la Colina del Cuco y Gowkshill que significa lo mismo en escocés. Otros nombres también reflejan la fauna local, con Hare Moss y Ravensneuk al sur de Penicuik, mientras que Bonnyrigg era una hermosa cresta y Shinbanes y el Kill Burn cuentan de forma evocadora dónde los guerreros escoceses derrotaron al ejército invasor en Roslin y Brothershiels alude a los shielings o al pastoreo de verano. El souterrain de Castlelaw cuenta su propia historia: el souterrain está dentro de las murallas de un fuerte de la Edad de Hierro. El estudio de los nombres de los lugares quitará el velo de gran parte de la antigua Midlothian para revelar una historia oculta y vibrante.

A través del condado se encuentran las carreteras y los caminos, las arterias por las que pasaba el comercio, la gente caminaba o cabalgaba; los carros de la diligencia traqueteaban y los ejércitos invasores marchaban. También eran cotos de caza para los senderistas y los salteadores de caminos, como se verá más adelante. Hasta el siglo XIX, las carreteras escocesas eran notoriamente deficientes: embarradas, inundadas o bloqueadas por la nieve en invierno, llenas de baches y polvo en verano. El clima era muy importante en el pasado, ya que influía en las cosechas y los viajes, así como en la economía. Cuando una tormenta azotó Midlothian en octubre de 1832, el agua de Leith subió tres metros por encima de su nivel normal. Las aguas caudalosas dañaron la cabeza de la presa de cada una de las decenas de molinos que se encontraban en su curso, en lo que fue la mayor crecida desde 1795. El río North Esk, también desbordado, arrancó la cabeza de la presa de Springfield e inundó partes de Lasswade.

Incluso hoy en día, la carretera que cruza la colina de Soutra puede ser problemática en invierno. En la época del tráfico a caballo, antes de la llegada de las quitanieves, la nieve bloqueaba a menudo la carretera, y los fuertes vientos también golpeaban al viajero. En el siglo XVII, esta carretera era:

"so worne and spoylled as hardlie is thair any journeying
on horse or fuit... Bot with haisard and perrell".

Para aquellos que no entienden el escocés del siglo XVII, esas palabras se traducen aproximadamente como:
"Tan desgastado y estropeado que casi nadie viaja a caballo o a pie si no es con riesgo y peligro".
La carretera mejorada de Telford no se inauguró hasta 1840,

pero su puente de Lothian de cinco vanos en Pathhead es una delicia arquitectónica. Los ingenieros del siglo XIX eran maestros de su oficio.

Además del hospital medieval, en el siglo XIX había una posada en Lawrie's Den, en Soutra. Desgraciadamente, ese lugar se ganó una reputación un poco áspera, ya que gitanos, pastores y otros hombres errantes tendían a congregarse allí, para consternación del viajero más respetable. Las carreteras de Midlothian estaban salpicadas de posadas, ya que en la época anterior a los coches de motor, la gente pasaba días en viajes incómodos que hoy en día sólo tardarían unas horas. Además de las carreteras, estaban los caminos locales, aún peor mantenidos, y los intrincados senderos agrícolas que cruzaban y se entrecruzaban entre los asentamientos, pero había ocasiones en las que bandas de vagabundos podían causar consternación a las comunidades más remotas y a las cabañas solitarias que se adentraban en las zonas más remotas. Estos viajeros podían ser gitanos, caldereros o simples sornas. Los gitanos, o egipcios, llegaron a Escocia a finales del siglo XV o principios del XVI, vagabundos procedentes de la India. Los caldereros tenían fama de ser autóctonos, descendientes de hábiles trabajadores del metal de hace miles de años, ahora con su estatus social tristemente deteriorado, mientras que los sorners eran simples problemas, bandas de pícaros, ladrones y, en general, gente desagradable que infestaba el campo.

Midlothian era también una tierra de grandes fincas y casas nobles. Aquí vivían grandes terratenientes: Ramsay de Dalhousie, Dundas de Arniston y el duque de Buccleuch, dueño del palacio de Dalkeith. Incluso el juez del Tribunal Supremo, Lord Cockburn, contempló la posibilidad de comprar la preciosa Kirkhill de Gorebridge. En una carta a John Richardson en noviembre de 1808, Cockburn describió Kirkhill como un «pequeño lugar... Siempre sagrado en mi memoria por su belleza y sus asociaciones». Entre las mansiones se encontraba también Hawthornden, la que fuera casa del poeta William Drummond, situada junto al

North Esk. Hawthornden fue objeto de curiosidad incluso en el siglo XVIII, cuando el viajero galés Thomas Pennant lo visitó y dejó constancia de sus impresiones. Ben Jonson, el dramaturgo inglés, vino una vez a pie desde Londres para visitar a Drummond en Hawthornden, lo que demuestra el atractivo de esta figura literaria.

Sin embargo, este tipo de turismo literario e histórico no siempre fue popular entre los lugareños: en el verano de 1859, un grupo de visitantes de Fife acudió a visitar Roslin y Hawthornden, pero se desvió hacia las tierras de John Aitchison, que cultivaba en las cercanías de Mountmarle. El granjero les atacó, empujando a las mujeres y dejando a uno de los hombres, el capitán Blyth, con un ojo morado. "Lamento no estar preparado con armas", dijo el capitán Blyth, "como suelo estarlo cuando voy entre salvajes".

En el siglo XIX, las ciudades eran más pequeñas y los pueblos y aldeas más autónomos. Incluso los asentamientos más pequeños tenían carniceros y panaderos, y había trabajo local en minas y canteras, mientras que también había fábricas de pólvora en Gorebridge y Roslin, fábricas de papel en Penicuik, una fábrica de alfombras en Lasswade y un concurrido mercado agrícola en Dalkeith. En el siglo XVIII, se produjo una gran revolución agrícola que sustituyó el sistema de cultivo medieval abierto por campos cerrados y drenados, con aldeas planificadas y granjas inteligentes que sustituyeron a los antiguos ferm-touns y despojaron a decenas de familias. Uno de estos pueblos planificados fue Carlops, a sotavento de las colinas de Pentland, creado en 1784 y destinado a la tejeduría de algodón, pero que unas décadas más tarde se convirtió en un centro de fabricación de lana. Hoy en día es una aldea de paso soñolienta, pero entonces estaría viva con el tintineo de los telares manuales y vibraría con la gente que vivía y trabajaba dentro de sus confines.

Dalkeith era la principal ciudad mercantil de Midlothian, pero también parecía ser el imán para muchos indeseables, con, en 1847, dieciséis casas de alojamiento de la peor descripción, situadas en estrechos y apestosos cierres en las partes de la ciudad que se aconsejaba evitar a los visitantes. Incluso las más lujosas de estas casas de penique por noche tenían sólo cuatro pies cuadrados y hasta ocho camas, con una pequeña ventana que rara vez se abría y aún menos se lavaba. En una sola noche, una de estas habitaciones podía albergar a dieciocho hombres y mujeres, además de una pandilla de niños, sin ninguna perspectiva de intimidad o comodidad, con un aire espeso y el olor penetrante de los cuerpos sin lavar.

Pathhead, ese encantador y largo pueblo cerca de la frontera con East Lothian (entonces Haddingtonshire), contaba con un cúmulo de casas de hospedaje para los numerosos trabajadores agrícolas errantes. Como ocurre a menudo en aquella época, los irlandeses, víctimas de una terrible gestión de la tierra y de la hambruna, soportaban las peores condiciones, y un edificio de cinco pequeñas habitaciones en Pathhead albergaba a cincuenta adultos. En 1844, Gorebridge también contaba con una casa de huéspedes, y una mujer desesperada o desafortunada llamada Christina Boyd fue condenada a diez días de cárcel en noviembre de ese año por robar ropa a otros residentes.

Los ricos no siempre fueron ajenos a la pobreza de tanta gente y a veces intentaron ayudar. Por ejemplo, en el duro invierno de principios de 1832, Graeme Mercer, de Mavis Bank, cerca de Loanhead, abrió un comedor social que suministraba sopa y pan a sesenta y cinco personas tres días a la semana. Mercer parece haber sido un hombre solidario, ya que también donó harina de avena y aumentó su donación anual habitual de carbón a los pobres en sesenta cubos más.

Como contrapeso a la pobreza negra que muchos experimentaban, Midlothian era también una tierra de poetas y narradores. Además de Drummond de Hawthornden, estaba Sir Walter Scott, que vivió en Barony House, entonces conocida como Lasswade Cottage, desde 1798 hasta 1804. James Hogg, el pastor de Ettrick, lo visitó aquí, y los Wordsworths pasaron a saludar y probar su hospitalidad. Robert Louis Stevenson pasó gran parte de su juventud vagando por las colinas de Pentland desde su base en Swanston y su primer escrito se refería al levantamiento de Pentland de 1666. Thomas de Quincy vivió en Polton y escribió Confesiones de un consumidor de opio inglés. Henry MacKenzie, que escribió El hombre de los sentimientos, se alojó en Auchendinny, con una vista excepcional de las colinas de Pentland. También hubo al menos un artista famoso, con William McTaggart llamando a Lasswade hogar desde 1889.

Pero siempre detrás de todo estaba la agricultura y la minería. Midlothian cuenta con algunas de las tierras agrícolas más fértiles de Escocia, si no de Gran Bretaña, y las granjas de aquí están entre las mejor gestionadas de cualquier lugar. Es posible viajar sólo dieciséis o diecinueve kilómetros desde la capital y estar en un mundo diferente. La zona que rodea a Carrington es un idilio rural, mientras que todavía hay rincones de las colinas de Pentland donde es posible pasar muchas horas con sólo la llamada del whaup y el suave susurro del viento a través del brezo. Para el forastero, la agricultura parece pacífica y saludable, pero es, y siempre ha sido, un negocio duro el de arrancarle la vida a la tierra en el clima de Escocia. Trabajando a la intemperie en todo momento, en verano y en invierno, con precios fluctuantes y siempre con el temor de que una tormenta, una helada o una inundación puedan arruinar el trabajo de un año, los agricultores viven al borde de la pobreza. Una vida así hacía que los hombres fueran duros y, a veces, el estrés se manifestaba en una explosión de violencia. Sin embargo, también podía haber momentos de sublime belleza, si el espectador tenía el ojo, y el ocio, para ver. He aquí una cita de una carta escrita por Lord Cockburn a la señora John Richardson en abril de 1809:

"Subí a la colina de Torphin... Entre los cantos de dos o tres mavises que estaban posados en arbustos de retama ya crecidos. Varias personas prolongaban sus labores de campo sembrando mucho después de las seis; el humo, sintomático de las gachas rurales, ascendía desde el bajo

Collington... los primeros corderos empezaban a aparecer
en las colinas; había tanta calma que las ruedas de los
carros solitarios se oían en la carretera de Lanark".

Al leer esto, Midlothian parecería un paraíso rural, pero
Cockburn no tuvo que soportar las dolorosas y largas horas
detrás del arado en un clima a menudo tosco.

Debajo de la tierra hay un trazado de túneles de antiguas
explotaciones mineras. La minería formó parte de esta tierra
durante siglos, con los monjes de Newbattle levantando el "stanis
negro" a partir del siglo XII. Cuando el vapor sustituyó a la
energía hidráulica, el carbón se convirtió en el rey e impulsó la
segunda etapa de la Revolución Industrial. Se abrieron pozos a lo
largo y ancho de Midlothian, algunos pequeños, otros grandes y
todos ellos daban trabajo a docenas, decenas y a menudo cientos
de mujeres, niños y hombres. Varios terratenientes hundieron
pozos en sus fincas y se llevaron los beneficios para financiar un
estilo de vida muy alejado del de los trabajadores que trabajaban
en condiciones a menudo terribles bajo tierra.

Uno de estos terratenientes, el marqués de Lothian, tenía un
pedigrí perfecto para ser un maestro del carbón, ya que era
descendiente de Mark Ker, el último abad de Newbattle. En la
última década del siglo XIX, el marqués bautizó un pozo con el
nombre de Lady Victoria en honor a su esposa y convirtió a
Newtongrange en el pueblo minero más extenso de Escocia.
Hizo colocar las calles en forma de cuadrícula y les dio nombres
evocadores como First Street, Second Street y Third Street. Para
la época, las casas eran cómodas, confortables y bien construidas
con ladrillos locales; cada una tenía un baño exterior, lo cual era
avanzado para la época, y venía con un jardín para las verduras.
La compañía del marqués, la Lothian Coal Company, también
tenía un Instituto de Mineros con una biblioteca y una sala de
lectura para ofrecer a los mineros una alternativa a pasar todo su
tiempo de ocio en el pub, y había campos de bolos y de fútbol.
También había un pub, gestionado según el sistema de Gotem-

burgo, que pretendía desanimar a los clientes y devolver los beneficios a la comunidad.

En el momento de escribir este artículo, 2020, la industria ha terminado, con montículos de hierba y declinaciones que marcan el lugar donde los pozos se hundieron en la tierra. Mientras que algunos pequeños asentamientos mineros han desaparecido o se han alterado hasta quedar irreconocibles, otros conservan el aspecto que tenían durante su apogeo minero. Los más característicos son los pueblos construidos con ladrillos de Rosewell y Newtongrange, «Nitten» en la jerga local. Este último asentamiento cuenta con varios objetos de recuerdo minero repartidos por sus calles, pero lo más importante es el excelente museo de Lady Victoria Pit. La arquitectura y el museo sirven de recordatorio de los siglos en los que hombres, mujeres y niños pasaban su vida laboral en el húmedo y peligroso subsuelo.

Además del duro trabajo en el campo, el molino o la mina, la posibilidad de contraer enfermedades era un temor constante. La viruela azotó Dalkeith en 1808, y las temidas epidemias de cólera de 1832 y 1848 sembraron el terror. También había accidentes laborales, algunos de los cuales podían ser bastante espectaculares, como las explosiones en la fábrica de pólvora de Hitchener y Hunter en Stobbs Mills, en Gorebridge, en febrero de 1825. La primera explosión se produjo en el secadero cuando dos hombres, Richard Cornwell, que había trabajado allí durante veinticinco años, y Walter Thomson, padre de cinco hijos, habían cargado su carro en las cercanías. La explosión mató a ambos hombres y aplastó el secadero y su alta chimenea, arrancó del suelo los árboles circundantes y levantó una caldera de cuatro toneladas, para lanzarla a quince metros de distancia.

La explosión rompió todas las ventanas de la casa de Hitchener, a cuatrocientos metros de distancia, y dañó casi todas las casas de Gorebridge. Se oyó en un radio de treinta y dos kilómetros, derribó a los viajeros en la carretera a un kilómetro y medio de distancia, hizo sonar las campanas de la iglesia en Dalkeith y sacudió a la gente en Haddington y North Berwick. Al estallar sesenta barriles de pólvora de 50 kilos, una enorme columna de humo se elevó hacia el cielo y atravesó el campo, tapando temporalmente el sol. La gente de kilómetros a la redonda se apresuró a intentar ayudar, congestionando las carreteras con caballos, carros y peatones.

Eso ya era bastante malo, pero mucho peor fue el desastre de la mina de Mauricewood de septiembre de 1889, en el que sesenta y tres hombres perdieron la vida. Mauricewood estaba en la zona de Penicuik, con setenta hombres trabajando bajo tierra. El día del desastre, el revestimiento de madera se incendió y se extendió a la veta de carbón en la que trabajaban los mineros. El fuego bloqueó todas las salidas y los hombres murieron por inhalación de humo o se quemaron al intentar atravesar las llamas. Sólo siete de los setenta hombres lograron salir a la superficie, y pasaron cuatro días antes de que se extinguiera el fuego.

Pero en Midlothian no todo era trabajo y malos tiempos. Había una sorprendente variedad de ocupaciones deportivas en los campos y las colinas, y en los días anteriores al deporte profesional con reglamentos rígidos, algunas actividades eran un poco extrañas para nuestros oídos. Por ejemplo, en julio de 1806, un caballero de East Lothian apostó que podía correr los dos kilómetros que separan los pozos de carbón de su casa en Musselburgh de Dalkeith en una hora: con los ojos vendados. Una vez vendados los ojos, se puso en marcha, con los espectadores aplaudiendo o abucheando, según el lado en el que hubieran colocado su dinero. Logró recorrer la distancia en unos impresionantes cuarenta minutos y se embolsó cinco guineas por las molestias.

A veces la gente podía combinar el placer con el sombrío negocio de la preparación para la guerra. Los primeros quince años del siglo XIX se vieron ensombrecidos por las largas guerras con la Francia revolucionaria y napoleónica, con la complicación añadida de un breve y agudo conflicto con los Estados Unidos de América entre 1812 y principios de 1815. Durante gran parte de ese periodo, Midlothian, al igual que el resto de Gran Bretaña, podía parecer un campamento armado, con tantos uniformes militares expuestos. Además de los regulares, había Yeomanry y Voluntarios, todos con túnicas que parecían estar diseñadas para brillar más que para ser prácticas en el campo de batalla. Aunque estas unidades estaban más destinadas a ayudar a los poderes civiles, a custodiar a los prisioneros de guerra o a ayudar a contener los disturbios en Irlanda, que a enfrentarse a los formidables franceses, se ejercitaban con entusiasmo y participaban en los entrenamientos militares.

El 24 de febrero de 1804, los regimientos de la milicia con base en Midlothian organizaron lo que se conoce como un Gran Día de Campo con un "simulacro de combate". Con una brigada al mando del general de brigada Lord Dalhousie y la otra al mando de Sir James St Clair Erskine, marcharon a las políticas del Palacio de Dalkeith. Los hombres de Erskine defendieron el palacio mientras los de Dalhousie atacaban en dos líneas, con fuego de mosquetes y cañones que añadían un fondo de fuerte ruido y nubes de humo blanco.

El ataque principal se produjo en el puente y el patio de los establos, que finalmente cayeron en manos de los valientes hombres de Dalhousie con una fuerte ovación británica y un florecimiento de la bandera de la Unión. Hubo ocho mil milicianos en este despliegue de esplendor, y un público de grandes y buenos que subieron a sus carruajes para ver. La realidad de la sangre y la agonía y los cuerpos astillados no estaba presente para estropear lo que el *Caledonian Mercury* describió como "la brillantez de la escena".

La guerra francesa terminó finalmente en 1815, pero no así la afición por los juegos, el deporte y los pasatiempos. En la tarde del lunes 19 de febrero de 1816, los habitantes de Midlothian disfrutaron de un espectáculo que pocos habrían visto antes y que probablemente nunca volverían a ver. Un globo aerostático se elevó desde los terrenos de la cochera del Sr. Davidson en Dalkeith y navegó hacia el sur sobre las colinas de Moorfoot con un esplendor multicolor. Los niños, con la boca abierta, y los adultos, no menos impresionados, contemplaban su paso mientras el globo se dirigía hacia el sur, para no descender hasta llegar a Preston, en Northumberland, una hora y media después. Estas vistas debían alegrar la vida de los hombres y mujeres que trabajaban seis días a la semana y veían la noche como un período de sueño agotado.

Mucho más extendida estaba la caza del zorro, ya que los Midlothian Fox Hounds se reunían en varios lugares del condado. Por ejemplo, en la primera semana de diciembre de 1823, hubo tres reuniones: en Houston Woods, en Newbattle y en el molino de viento cerca de Vogrie. En la década de 1840, los sabuesos del Duque de Buccleuch prefirieron la zona de Edmonstone y Crichton, con una reunión en febrero de 1846 en la que se persiguió a un desafortunado zorro desde Crichton dean hasta Mountskip, pasando por Roman Camp Hill y de vuelta a Vogrie, y luego hacia el sur hasta Gala Water, una persecución de 29 kilómetros con un final inevitablemente sangriento.

Los deportes de sangre continuaron con el Midlothian Coursing Club, cuyos miembros cazaban liebres. En noviembre de 1844, la reunión de otoño del club fue algo decepcionante, ya que, a pesar de una plétora de perros ansiosos y propietarios aún más excitados, el mal tiempo, en forma de lluvia y aguanieve, estropeó la caza e hizo que las liebres escasearan. El tercer encuentro de la temporada tuvo lugar en los terrenos del marqués de Lothian en Roman Camp Hill, el lugar de residencia de Camp Meg, que era un gran aficionado a este deporte. Otros miembros eran el augusto Lord Douglas, Wardlaw Ramsay de Whitehill y Sir Graham Montgomery.

El curling era también mucho más popular entonces que ahora, con pistas al aire libre en toda Midlothian. En cierto modo, fue el deporte nacional de Escocia antes de que el fútbol organizado irrumpiera en escena en las últimas décadas del siglo XIX. Por ejemplo, el último viernes de enero de 1847, tres pistas del club de curling de Dalkeith se enfrentaron a tres del club de East Linton en el estanque de Gladsmuir. Tal vez sea sorprendente que el cricket sea también uno de los deportes escoceses favoritos, y que los alumnos de la escuela de Loretto derrotaran al club de cricket de Dalkeith en 1859.

Menos saludable para los gustos modernos era el deporte de las peleas de perros. Los carboneros se contaban entre los personajes más rudos de los caminos, con fama de deshonestos y de violentos. Muchos de ellos también tenían perros de pelea, siendo los mastines su raza preferida. Cualquier viajero que pasara por delante de sus carros tenía que andar con cuidado por si los perros le atacaban, y cualquiera que tuviera su propio perro de compañía debía mantenerse alejado, ya que los bulldogs de los carreteros atacaban sin previo aviso. En abril de 1828, un hombre, llamado Robert Wilson, caminaba cerca de Dalkeith cuando una jauría de perros de carreteros se abalanzó sobre su pointer negro. Por suerte, Wilson llevaba una pequeña pistola de dos cañones; disparó y mató a un perro e hirió a otro. Antes de que pudiera recargar, los carreteros se habían reunido y corrían hacia él, golpeando con los puños y pateando con botas de metal. Afortunadamente, Wilson era tan hábil con los pies como con la pistola; se dio la vuelta y corrió, superando a los carreteros y a sus perros.

También hubo encuentros deportivos, como los Juegos de Roslin. En agosto de 1840, casi tres mil personas se reunieron en Roslin Glen, con la recién creada policía del condado allí para asegurarse de que no hubiera problemas importantes. Los deportes incluían quoits y tiro con rifle, lanzamiento del martillo, colocación de la pesa de 10 kilos, salto de altura y carreras, incluida una espectacular carrera de obstáculos que incluía un vado sobre el Esk. Estos juegos locales despertaron un gran interés, ya que el evento de julio de ese mismo año en Dalkeith atrajo a diez mil personas, de modo que caballeros como Wardlaw Ramsay de Whitehill se codeaban con mineros y granjeros mientras competían en tiro con arco. Los demás juegos eran similares a los de Roslin, con el añadido de la lucha libre.

A pesar de todas las oportunidades de hacer ejercicio saludable, probablemente el pasatiempo más popular en el Midlothian del siglo XIX era visitar la casa pública local. Había muchos «publics» y posadas en los pueblos y a lo largo de las carreteras, y todos los indicios sugieren que la población local no era reacia a frecuentarlos. La bebida está presente en muchos, si no en la mayoría, de los crímenes violentos del siglo XIX, y los temores fundados sobre los niveles de consumo de alcohol condujeron a los movimientos de templanza. El alcohol no era un vicio limitado a ninguna clase en particular. En su libro Circuit Journeys, Lord Cockburn, que llegaría a ser juez del Tribunal Supremo y que se movía en el círculo más elitista de la sociedad, escribió sobre su primera experiencia en una taberna cuando era niño. Es una introducción reveladora de la realidad de la vida y de cómo la élite podía mezclarse en convivencia democrática con la gente común.

Con el episodio, centrado en la posada de Middleton, Cockburn dijo que el duque de Buccleuch, Henry Dundas, el ministro del Interior y el vizconde Melville, Robert Dundas de Arniston, el Lord Advocate, Hepburn de Clerkington "y varios del resto de la aristocracia de Midlothian... se congregaron en esta mísera posada". Cockburn dijo que estaban "rugiendo y cantando, y riendo, en una habitación de techo bajo, apenas lo suficientemente grande para albergarlos, con sillas de madera y un suelo lijado". Bebían clarete y un tazón de ponche de whisky caliente, "mientras el olor era suficiente para perfumar toda la parroquia", con los hombres "todos en un estado de elevación, aunque no había nada parecido a la embriaguez absoluta... Disfrutando de su desenfreno". Es un recordatorio de que en esa época, como en todas las épocas, había momentos alegres y también tristes.

Otro ejemplo que demuestra que los más encumbrados podían mezclarse con los menos exaltados ocurrió en junio de 1832, tras la aprobación de la Ley de la Gran Reforma. Hubo una importante reunión en Dalkeith, con banderas y estandartes comerciales y bandas clamorosas. Haciendo caso omiso de la lluvia, unas 1.200 personas marcharon por High Street hasta la entrada del Dalkeith Palace, giraron a la derecha pasando por el Wheat Market hasta Back Street y South Street hasta llegar de nuevo a High Street. Desfilaron frente a la Town House, con unas cuarenta banderas de diversas incorporaciones. Los eslóganes y lemas de las pancartas eran como un clarín de triunfo político. Entre otras, había pancartas del Comité de la Reforma, de los zapateros, de los sastres, de los carreteros y de los colectores de Stobshill.

La pancarta de los Sastres rezaba:

Contempla el amanecer de la libertad

La pancarta de los panaderos rezaba:

"Con alegría saludamos la mañana gloriosa
que trae las noticias de la reforma".

Hubo muchos vítores para el conde Grey, que forzó la aprobación del proyecto de ley, y para el rey Guillermo, el reformador, con redobles de tambores y disparos de mosquetes. Al final de la reunión, había cinco mil personas bajo la lluvia torrencial y ni un susurro de problemas.

Esta es una imagen rápida de Midlothian en los siglos XVIII y XIX. Era un condado de contrastes, de granjas fértiles y minas ocultas, de mercados y colinas, de gente muy trabajadora y de una historia medio olvidada, de malas carreteras y de un enorme potencial. Era un lugar donde la pobreza se aferraba a la sombra de la riqueza, los hombres y las mujeres luchaban en la oscuridad del subsuelo, la miseria se escondía tras el atrevido escarlata de los uniformes militares y el crimen aguardaba en las oscuras sombras. También era un lugar donde la gente sacaba lo mejor de lo que tenía.

2

LOS COLONOS: LUCHANDO POR LA LIBERTAD

La vida de los mineros era dura, brutal, sucia y a menudo corta. Había peligro por todas partes, en el aire tóxico, en la roca que crujía por encima, en el agua que podía inundar los pozos y en el polvo que respiraban. Y lo que es peor, hasta 1799 los mineros podían comprarse y venderse con los pozos; eran siervos tan atados a la mina, como cualquier campesino ruso a la tierra.

Los monjes de Newbattle fueron los primeros escoceses de los que se tiene constancia que explotaran el carbón, lo que convierte a las minas de Midlothian en las más antiguas del país. La industria del carbón continuó durante toda la Edad Media, con salineros y caleros que utilizaban el combustible, así como las amas de casa y los sirvientes de los grandes castillos. A mediados del siglo XVI, los carboneros escoceses extraían unas 40.000 toneladas de carbón al año, por lo que su valor era inmenso para la economía escocesa, además de mantener a la población caliente en los largos y lúgubres inviernos. A medida que los propietarios del carbón y los terratenientes explotaban esta riqueza negra, necesitaban mano de obra, y a medida que agotaban los suministros de carbón cerca de la superficie, hundían los pozos cada vez más profundamente en el suelo.

Naturalmente, cuanto más se hundían los pozos, mayor era el peligro, ya que el gas, el fuego, las inundaciones y los derrumbes preocupaban enormemente a los mineros.

Algunas de las mentes más brillantes de la época se concentraron en hacer que los pozos fueran más eficientes, aunque más por el beneficio del propietario que por la preocupación por los hombres que sudaban y las mujeres casi desnudas que trabajaban en las entrañas de la tierra. Hacia finales del siglo XVI, John Napier de Merchiston, el genio que creó los logaritmos para atormentar a generaciones de escolares, inventó una bomba para sacar el agua de las minas de carbón, pero el gran problema de la mano de obra seguía existiendo. Nadie quería trabajar en las infernales condiciones del subsuelo.

En 1606, tres años después de añadir la corona de Inglaterra a su título hereditario de rey de Escocia, Jacobo Estuardo reintrodujo la esclavitud en Escocia. Puede que se llamara collier-serf, o simplemente siervo, pero a todos los efectos los mineros (mineros) escoceses, junto con los saladores, fueron esclavizados. Al tomar esta medida inhumana, el rey Jaime VI garantizó a los propietarios de las minas una mano de obra permanente y cualificada. Sin embargo, no se desmarcó repentinamente de la ley escocesa, sino que sólo dio un paso más en la degradación de los escoceses más empobrecidos que había continuado durante algún tiempo. El bisabuelo de Jacobo, el rey Jacobo IV, había ordenado que los mendigos fueran agarrados y enviados al mar en barcos de pesca, mientras que la Ley de Pobres escocesa de 1579 decía que los vagabundos podían ser azotados, marcados o entregados en servidumbre durante un año a un patrón. Los hijos del vagabundo podían ser sometidos a servidumbre hasta los veinticuatro años si eran varones y dieciocho si eran mujeres. Veinte años después, los hijos de los vagabundos y los propios vagabundos podían ser sometidos a servidumbre de por vida. Aunque muy pocos Parish Kirk Sessions se rebajaron a utilizar esta ley, el hecho de que estuviera en vigor permitía a los Dueños del Carbón un amplio margen para esclavizar a los mineros que trabajaban para ellos.

¿Por qué había tantos vagabundos en esta época? En parte, por los cambios religiosos, ya que el inicio del protestantismo supuso la destrucción de los monasterios con la consiguiente pérdida de empleo para todos los que habían trabajado allí, y en parte por un periodo de mal tiempo. A partir de 1570, aproximadamente, la tierra se enfrió, perturbando las cosechas y provocando hambrunas. La gente abandonó las tierras que ya no podían alimentar, mientras que otros buscaron comida entre sus vecinos; no es casualidad que en las últimas décadas del siglo XVI se produjera un repunte de las guerras de clanes en las Highlands escocesas y a lo largo de la frontera con Inglaterra. Las comunidades desesperadas por conseguir alimentos no dudaban en enviar a sus jóvenes a robar el ganado de un clan vecino.

Con el rey Jacobo presionando para aumentar la industria escocesa y aprobando plenamente sus acciones, los Lords of the Articles, el parlamento escocés, aprobaron la Ley de 1606 que obligaba a los mineros y a los salineros a la servidumbre. La Ley tenía cinco disposiciones principales. Nadie podía contratar a mineros, carboneros o salineros sin el permiso por escrito de su amo. Si un minero, carbonero o salinero abandonaba su puesto sin dicho consentimiento, su amo podía reclamarlo, siempre que fuera en el plazo de un año y un día. Si el carbonero, portador o salador tenía un nuevo patrón, éste estaba obligado legalmente a entregarlo. Cualquier trabajador que dejara el empleo de su dueño sin permiso era legalmente un ladrón, ya que había robado su propio cuerpo, que era propiedad de su amo.

Por si esto no fuera suficiente poder, la ley también permitía a los carboneros y a los maestros de la sal secuestrar a cualquier vagabundo o «mendigo robusto» que vieran y esclavizarlo en sus obras.

No es de extrañar que los carboneros estuvieran entre los señores del Consejo Privado, que ayudaron a aplicar esta abominable Ley. En 1641, con dos guerras finalizadas entre la Escocia pactada y el rey Carlos y otra amenazante, el Parlamento escocés reforzó la Ley, diciendo que los trabajadores de las minas tenían demasiados días de fiesta en "los que se emplean en la bebida y el libertinaje para gran ofensa de Dios y perjuicio de su amo". A partir de esa fecha, los mineros debían trabajar seis días a la semana con un mínimo de vacaciones. Seis años más tarde, la fiesta de Navidad, «Yule», fue eliminada por ser "supersticiosa". Fue a partir de la época de los Covenanters cuando la fiesta de Navidad se degradó en Escocia, dándole más importancia al Año Nuevo.

Las leyes continuaron, apretando el tornillo de manera que, en 1661, los mineros que no trabajaban los seis días asignados a la semana tenían que pagar una multa de veinte chelines escoceses a su amo por cada día que no trabajaban, además de enfrentarse a un castigo corporal. En Preston Grange, y posiblemente en otros lugares, ya en el siglo XVIII, los mineros que se equivocaban podían ser atados de cara al caballo en la desmotadora y obligados a correr hacia atrás todo el día. Para aumentar los insultos, los mineros no estaban incluidos en la Ley de Habeas Corpus escocesa de 1701, o más bien en la Ley "para prevenir el encarcelamiento incorrecto".

Los mineros escoceses cobraban lo que se conocía como «pequeño salario» o dinero de garantía al estar vinculados a un amo, y lo que es peor, se convirtió en norma que un hombre vendiera a su hijo o hija a la misma esclavitud. Aunque los varones recibían una remuneración por su trabajo, sus hijas o esposas no. Ellas eran las portadoras del carbón, las personas que tenían la terrible tarea de transportar el carbón, un centenar de pesos o más a la vez, desde el frente del carbón hasta el fondo del pozo, a través de "caminos de portadores", a menudo inundados y con techos bajos, y subiendo por escaleras desvencijadas. Si un hombre no tenía esposa para hacer este trabajo, tenía que pagar para contratar a una mujer, lo que hace que uno se pregunte cuántos matrimonios fueron por conveniencia más que por romance. Dada la vida que llevaban, es poco probable que el amor fuera de vital importancia para los mineros.

Es propio de la naturaleza humana que cuando un tipo o clase de persona es tratada de forma diferente a los demás, la masa de la población también los desprecie. Eso es lo que les ocurrió a los mineros. Viviendo a menudo en pequeñas aldeas apartadas del resto de la gente, generalmente sucios por el trabajo, y con mujeres y niños también trabajando, los mineros no eran las personas más refinadas. Otras personas, decentes en todos los demás aspectos, evitaban a los mineros, a los que incluso se mantenía separados en la iglesia. Un panfleto de 1793, *Considerations on the Present Scarcity and High Price of Coals* in Scotland (Consideraciones sobre la actual escasez y el alto precio del carbón en Escocia), afirmaba que los mineros estaban "desprovistos de todos los principios de religión y moralidad" y que "vivían en sucias casuchas, con unas pocas tablas sueltas y paja como camas, una olla y una sartén, con piedras redondas o taburetes de madera para sentarse, todo el mobiliario de la casa". Los mineros también fueron acusados de hacer que sus esposas e hijas "llevaran carbón a la espalda" y de "mezclar los sexos en los pozos".

En cuanto a estar desprovistos de todo principio de religión y moralidad, la parroquia de Newton demuestra lo contrario. Newton es la parroquia situada al norte de Dalkeith y en el siglo XVIII ya contaba con una fuerte tradición de minería del carbón. En 1725, los mineros o "colhewers pertenecientes al Sr. Biggar" pidieron a la Kirk Session que les permitiera tener su propia sección (llamada loft) dentro de la iglesia. La Sesión aceptó con la condición de que el propietario de las tierras, John Wauchope de Edmonstown, estuviera a favor, por lo que hubo que esperar hasta 1732 para que el acuerdo se llevara a cabo. Los mineros no tuvieron muchos años para disfrutar de su desván, ya que en 1742 se construyó una nueva iglesia, aunque cinco años después se añadió un desván para los mineros. Irónicamente para la Casa de Dios, donde todos son iguales, los carboneros tenían que subir una escalera en el exterior de la iglesia para llegar a su palomar, sin duda por miedo a contaminar a los miembros más aparentemente respetables de la congregación.

Durante todo este tiempo, los Dueños del Carbón conservaron el poder de esclavizar a los vagabundos, aunque las pruebas de que eso ocurriera parecen escasas. Sin embargo, no cabe duda de que las bandas de indigentes o simplemente vagabundos siguieron molestando a las comunidades rurales, como demuestra este pequeño fragmento del *Aberdeen Press and Journal* del 21 de julio de 1752:

"Edimburgo, cinco vagabundos, dos hombres y tres mujeres fueron llevados desde Dalkeith al ayuntamiento de Edimburgo".

A medida que avanzaba el siglo XVIII, los mineros se inquietaban, o tal vez su inquietud quedaba mejor registrada. En octubre de 1743, quince mineros de los pozos de Gilmerton, entonces a unos pocos kilómetros al sur de Edimburgo, decidieron abandonar la fábrica. Como la mayoría de los hombres se habían criado como mineros y no conocían otra ocupación, el propietario, Sir John Baird de Newbyth, que había sido diputado por Edimburgo, y un hombre con todos los privilegios de un baronet, no podía entender su razonamiento. Tampoco tuvo ninguna simpatía. Por el contrario, se mostró implícito en las órdenes a otros Dueños del Carbón de "capturarlos y aprehenderlos... para encarcelarlos". David Baird, de la misma familia, un comerciante de Edimburgo, ofreció media guinea de recompensa a quien capturara a alguno de los fugitivos. Lo que fue peor para Sir John, otros nueve mineros se unieron a los quince iniciales. El Lord Justice Clerk ayudó a Sir John emitiendo una orden de arresto contra los mineros.

En mayo de 1749, los señores de la mina de carbón estaban cada vez más preocupados por el comportamiento de los mineros. Decidieron que sería ventajoso celebrar reuniones periódicas para llegar a un entendimiento mutuo y elaborar medidas "para mantener a sus mineros en sujeción". Tales combinaciones eran ilegales para los trabajadores, pero parecían ser aceptadas, si eran creadas por los Dueños del Carbón.

El alejamiento de las minas de carbón continuó, con tres de los mineros de Sir William Dalrymple en Cranston partiendo sin permiso en julio de 1749, "después de muy graves crímenes", según las autoridades. Dos meses más tarde, hubo otra reunión de los señores Dueños del Carbón en la que expresaron su determinación de perseguir a cualquiera que diera empleo a "mineros vagabundos y fugitivos" que debían ser "enviados de vuelta a su propio amo".

En noviembre de 1750, los carboneros de los alrededores de Alloa eran tan problemáticos que las autoridades enviaron cuatro compañías de infantería para mantenerlos en orden. En Midlothian, el descontento parecía menos organizado, pero no cabe duda de que había gente descontenta, ya que un hombre llamado David Irvine intentó incendiar los pozos de carbón de Sir James Clerk en Loanhead. El sheriff hizo que lo detuvieran y lo metieran en la cárcel, donde permaneció algún tiempo antes de ser liberado con órdenes severas de no volver a acercarse a menos de un kilómetro de los pozos.

Otros mineros demostraron el malestar con su comportamiento, como los hombres de la mina Woolmot de Andrew Wallace. En enero de 1762, cuando un minero llamado William Bennet se manifestó en contra de las prácticas laborales, Wallace ordenó su detención. Francis Frazer, un oficial del sheriff, se presentó en la casa de Bennet, momento en el que los compañeros de trabajo de Bennet se levantaron en masa, agarraron a Frazer y le quitaron la orden. Wallace, respaldado por el sheriff y los magistrados locales, dio un paso más enviando a la caballería. Una tropa de caballos ligeros entró en la zona, arrestó a quince mineros y los arrastró hasta Edimburgo, donde los metieron en el ayuntamiento, el famoso Corazón de Midlothian que servía de cárcel de la ciudad.

En 1762, los mineros de toda Escocia se prepararon para solicitar su libertad al Parlamento. Los líderes de los mineros se reunieron en la posada de la señora Walker en Edimburgo el viernes 1 de octubre. A su favor, algunos de los Dueños del Carbón y tacksmen (los gerentes de las minas) apoyaron a los mineros; otros, sin embargo, no lo hicieron.

Por aquel entonces, con Gran Bretaña inmersa en la Guerra de los Siete Años con Francia, el precio del carbón estaba subiendo. Los Dueños del Carbón y los carboneros se culpaban mutuamente del aumento. En marzo de 1762, una reunión de los "Gentlemen Dueños del Carbón" anunció que el "alto precio del carbón" se debía a la "ociosidad, la disposición amotinada y los salarios extravagantes de los carboneros". Al parecer, estos hombres fomentaban este mal y daban trabajo a "todos los carboneros_vagabundos", por lo que los Gentlemen Dueños del Carbón resolvieron no emplear a ningún carbonero sin un certificado adecuado de su amo legal.

Lo que los Dueños del Carbón denominaban "mineros vagabundos" eran los hombres que votaban con sus pies, abandonando lo que probablemente eran lugares de trabajo horrendos para buscar mejores condiciones. Los Dueños del Carbón publicaban con frecuencia anuncios en los periódicos locales advirtiendo de estos vagabundos, como este publicado en el *Caledonian Mercury* el 23 de abril de 1764:

Considerando que William Ross, Thomas Cunningham, Andrew Wilson y Robert Thomson, mineros, han abandonado últimamente la mina de Hawthorndean; y que Alexander Sneddon, Robert Brown y William Muir, también mineros, amenazan con hacer lo mismo, aunque están obligados por contrato a servir al propietario de la mina hasta mediados de noviembre próximo, y a avisar con dos meses de antelación antes de abandonarla, por lo que el Dr. Abernethy-Drummond da este aviso público a todos los señores Dueños del Carbón y a los encargados de las minas de carbón para que ninguno de ellos pueda albergar o alentar a dichos desertores. Y si cualquier persona que no sea su propio patrón recibe, a pesar de esta advertencia, a alguno de los mineros mencionados anteriormente, puede contar con ser procesado de acuerdo con la ley, mientras que, si los mineros vuelven a su trabajo en Hawthornden, se les perdonará su comportamiento anterior.

Además de abandonar su servidumbre, los mineros trataron de mejorar su condición animando a los Dueños del Carbón a aumentar sus salarios. Es posible que formaran una combinación, ya que los Midlothian Dueños del Carbón se reunieron en la cafetería John's de Edimburgo el 21 de junio de 1764 para combatir esta acción ilegal.

Los mineros tomaron represalias con sus propias reuniones y avisos en la prensa, como éste del *Caledonian Mercury* del 25 de marzo de 1769

Como el plan que actualmente se está agitando para obtener la libertad de los mineros sobre una base justa y adecuada, de modo que no se perjudique el interés de ninguna parte y se mejore la policía del país, es un objeto de preocupación general e importante, se notifica que, aunque se ha retrasado la presentación al público de una relación más completa de los procedimientos previstos para el loable propósito mencionado, se espera que, por el progreso ya realizado, se haga pronto; y mientras tanto se espera que las reuniones en la casa de Walter Laidlaw en Dalkeith, continúen el primer sábado de cada mes, donde los Mineros y todos los demás interesados asistirán para contribuir, y para dar las instrucciones y sugerencias que consideren apropiadas para promover el esquema anterior.

El 29 de agosto de 1772, los mineros de Midlothian, junto con los salineros, resolvieron de nuevo solicitar al Parlamento su libertad. A pesar de los deseos de muchos Dueños del Carbón de mantener el statu quo, los Royal Boroughs de Escocia vieron el sentido de la petición, y dieron sus propuestas de libertad gradual para los mineros.

En 1774, un proyecto de ley parlamentario alivió parcialmente las condiciones de los mineros y saladores. El rey Jorge III dio su aprobación real ese mismo año para que, a partir del 1 de julio de 1775, los mineros fueran liberados gradualmente, pero con condiciones estrictas. Los más jóvenes, los que aún no tenían veinte años, debían trabajar siete años más antes de ser liberados. Los hombres de veintiún años, pero que aún no tenían treinta y cinco, debían trabajar diez años más, mientras que los que tenían entre treinta y cinco y cuarenta y cinco sólo tenían siete años, con la condición de que el carbonero debía haber instruido a un aprendiz en "el arte o misterio de mascar carbón". Si el carbonero no proporcionaba un aprendiz por orden del maestro, tenía que trabajar otros tres años. Los hombres de más de cuarenta y cinco años (y se les consideraba viejos) eran liberados inmediatamente. Si un hombre participaba en una huelga para aumentar los salarios o abandonaba el servicio de su amo antes de tiempo, era condenado a otros dos años de servidumbre.

Se trataba de una especie de libertad, y a partir de entonces los mineros celebraban el 1 de julio como día festivo.

Una vez liberado el minero, su mujer e hijos se desprendían automáticamente de sus grilletes. Sin embargo, aunque la ley tenía una buena intención, las condiciones hacían prácticamente imposible que la mayoría de los trabajadores obtuvieran la libertad. Probablemente el obstáculo más importante era la pequeña e interesante cláusula que establecía que el minero debía llevar a su amo ante el Tribunal del Sheriff para demostrar su derecho a escapar de la servidumbre. Tal proceso debía ser increíblemente desalentador, aunque también era cierto que muchos de los mineros estaban endeudados con sus amos. Algunos de los Dueños del Carbón se aseguraron de que los mineros siguieran endeudados mediante un sistema de «camiones», lo que significaba que los maestros vendían artículos de primera necesidad a sus trabajadores a precios elevados, lo que a menudo hacía que los hombres y mujeres se endeudaran hasta el punto de no poder ser reembolsados. Como los carboneros vivían a menudo en pueblos alejados de los mercados y estaban demasiado agotados para desplazarse después del trabajo, las ventajas siempre recaían en los Dueños del Carbón.

Mientras los mineros celebraban la ilusión de libertad que el gobierno les había ofrecido, su vida continuaba como antes, con peligro, trabajo y opresión. También había anuncios para mineros y portadores, con uno publicado en enero de 1796, donde el Sr. Dewar de Vogrie también buscaba un grieve (un supervisor) "cuyo carácter de atención y honestidad debe soportar la más estricta investigación".

Hacia finales del siglo XVIII, el mundo estaba cambiando. Primero, Estados Unidos luchaba por liberarse del dominio imperial británico para establecerse como una vigorosa república, y luego el pueblo francés desechaba a su rey y a la nobleza en la celebración de la matanza que la historia ha denominado Revolución Francesa. En las Islas Británicas, el descontento fue mayor, con la sublevación de los Irlandeses Unidos en Irlanda, los disturbios de la milicia en Escocia, los Escoceses Unidos que causaron malestar entre la élite gobernante, y el motín en la Marina, los guardianes de las paredes de madera de Gran Bretaña. A todos estos problemas se sumó una guerra no muy exitosa con Francia y sus estados satélites y una creciente demanda de carbón para alimentar la industrialización de la nación. Los Dueños del Carbón mantuvieron el control sobre su mano de obra semiservil. La extracción y el transporte de carbón exigían mucha mano de obra, y muy poca gente querría trabajar en condiciones espantosas, incluso por un buen dinero.

Por último, los carboneros eran cada vez más combativos. Tal vez porque se sabían casi marginados en su propio país, se unieron para aumentar su fuerza. El autor de *Considerations on the Present Scarcity and High Price of Coal in Scotland* (Consideraciones sobre la actual escasez y el alto precio del carbón en Escocia) escribió que los mineros tenían una práctica llamada "«brotherings»: Es un juramento solemne... para apoyarse mutuamente". Esta primera forma de sindicato preocupaba a los Dueños del Carbón, que sabían que su riqueza dependía del trabajo de sus obreros.

Es posible que fueran los Dueños del Carbón quienes influyeran en la prensa contra los carboneros, de modo que en octubre de 1792 el *Caledonian Mercury* publicó un artículo sobre la escasez de carbón en los alrededores de Edimburgo. Afirmando que la falta de carbón "afecta especialmente a los ciudadanos más pobres", el artículo culpa directamente a "la falta de mineros, muchos de los cuales han abandonado el servicio", aunque "los mineros ganan mejores salarios que la mayoría de los comerciantes".

Los ataques a los mineros continuaron, ya que los Dueños del Carbón intentaban mantener el control sobre su mano de obra. En mayo de 1799, los mineros tomaron represalias con su propio artículo en la prensa, diciendo que los «informes maliciosos» sobre los mineros que habían "sido la causa del aumento del precio del carbón" eran "falsos y mal fundados". Añadieron, con toda sinceridad, que "no está en el poder de los carboneros aumentar sus propios salarios o el precio del carbón". El escritor también menciona que los Dueños del Carbón y otros habían estado afirmando que los carboneros eran "notables por la ociosidad y la inmoralidad y una clase de gente sin ley y desordenada" y dijo que era "una acusación temeraria y sin fundamento, como pueden atestiguar tanto los Magistrados como los Ministros de los Lothians". El compositor terminó con una referencia bíblica para despistar completamente a los atacantes: "si las personas que han hecho circular estas tergiversaciones se quitaran primero la viga de sus propios ojos, verían más claro quitar la paja de los suyos".

Mientras esta guerra verbal continuaba, los mineros acabaron ganando su libertad. El 13 de junio de 1799, el gobierno finalmente puso fin a la servidumbre, pero con una cláusula en la ley que prohibía las combinaciones, o sindicatos. Como antes, los

Dueños del Carbón trataron de detener el proyecto de ley y, como antes, el gobierno, para su crédito, anuló sus objeciones. Los mineros habían ganado; eran tan libres como cualquier otro trabajador en Escocia. Ya no estaban atados a sus amos, ya no estaban obligados a trabajar bajo tierra con el peso de la tierra encima, muchos abandonaron los pozos y buscaron otro empleo. Otros se quedaron, todavía con el peligro y las dificultades de las minas, pero ahora como hombres y mujeres libres.

3

LA LUCHA POR LA MEJORA

Derby Mercury, 26 de febrero de 1747:

La semana pasada ocurrió un melancólico accidente en una mina de carbón a tres kilómetros de Dalkeith; el supervisor, con cuatro de los trabajadores, bajaron sospechando que había un incendio en la mina, y fueron sofocados por el humo en pocos minutos. Oímos que el pozo sigue ardiendo.

La vida laboral de los mineros era, en el mejor de los casos, desagradable. En régimen de servidumbre o libre, no había forma de escapar de las penurias o del peligro que rodeaba a los mineros y a sus familias, sin ni siquiera el consuelo de un hogar decente en el que relajarse al final de su turno.

Para saborear el sabor de estos viejos y malos tiempos, busque una copia del informe de la Comisión de Empleo Infantil de 1842, más de cuarenta años después del fin de la esclavitud, por lo que las cosas habían mejorado teóricamente. Los relatos, a menudo desgarradores, de niños pequeños helarán la sangre y harán que el lector se pregunte por el precio que la gente corriente tuvo que pagar por la Revolución Industrial que puso a

Gran Bretaña a la cabeza del mundo, y por mantener a los terratenientes con ropa elegante y comida fina.

Por ejemplo, Janet Cummings. Era una niña de once años que bajaba a la mina a las cinco de la mañana con las demás mujeres y volvía a las cinco de la noche. Era portadora de carbón y llevaba cargas de cien pesos o más bajo tierra, vadeando el agua fría hasta las pantorrillas. Sir John Hope de Pinkie era el dueño de la mina y se beneficiaba de su trabajo.

George Reid tenía dieciséis años y decía que tenía que "retorcerse" para trabajar en la veta de carbón de 26 pulgadas de altura. Había empezado a trabajar por debajo de los diez años y la mayoría de los días sólo comía pan y bebía el agua estancada del pozo. Dijo a la Comisión que "hay muchas peleas abajo, especialmente entre las mujeres".

George King, de doce años, empezó a trabajar cuando tenía ocho. Salía de casa a las dos de la mañana y a veces trabajaba hasta las seis de la noche. "A veces me han pegado con el cinturón", dijo, tomándose esas cosas con calma, "como la mayoría de los chicos".

George Jamieson, de doce años, recogía carbón y hablaba de su situación doméstica. Dijo que "tenemos una habitación en nuestra casa y dos camas, dos hermanas y los tres muchachos duermen en una cama y mamá y papá en la otra".

Phillis Flockhart era una limpiadora de caminos de doce años, que entraba en los pozos por la noche para arreglar las paredes y asegurarse de que los caminos estuvieran libres para los portadores. "Soy un niño", decía, "mi madre me abandonó a los tres años".

Hay muchos más ejemplos, algunos desgarradores, otros teñidos de esperanza, pero todos demuestran que la vida era dura para adultos y niños. Los hombres trabajaban bajo tierra, a menudo tumbados de lado en posturas terriblemente incómodas mientras cortaban los estrechos filones, y las niñas y mujeres arrastraban el carbón o subían las escaleras mientras cargaban con cremalleras de cien pesos o más a la espalda. Siempre existía el temor al "aire viciado" o a los derrumbes, y los accidentes eran frecuentes y la muerte prematura, probable. El trabajo era tan peligroso para las mujeres como para los hombres; por ejemplo, Agnes Moffat, de diecisiete años, mencionó a la Comisión de 1842

"El trabajo es muy peligroso para las mujeres; me golpeé el hombro hace poco tiempo, sin hacer nada. No es raro que las mujeres pierdan su carga y se caigan de la escalera de abajo; Margaret M'Neil lo hizo hace unas semanas y se lesionó las dos piernas. Cuando los tirones que pasan por encima de la frente se rompen, lo que ocurre con frecuencia, es muy peligroso estar bajo una carga".

Helen Reid, de 16 años, contó su propia historia: "Hace dos años que el pozo se cerró sobre trece de nosotros y estuvimos dos días sin comida ni luz; casi un día estuvimos con el agua hasta la barbilla. Por fin llegamos a un viejo pozo, por el que nos abrimos paso y fuimos escuchados por la gente que vigilaba desde arriba. Todos nos salvamos.

Hace dos meses estaba llenando las tinas en el fondo del pozo cuando el bichero chasqueó demasiado pronto, y el gancho me atrapó por la ropa del pozo, la gente no oyó mis gritos (mi mano se había agarrado rápidamente a la cadena, y la gran altura del pozo me hizo perder el valor y me desmayé), el banquero apenas pudo quitarme la mano, el agarre mortal me salvó la vida".

Joseph Fraser, un hombre de 37 años, que trabajaba en los pozos del Duque de Buccleuch, dijo que había trabajado bajo tierra desde los diez años. Dijo que llevaba dieciocho años casado y que seis de sus ocho hijos seguían vivos. A diferencia de la mayoría de los mineros, no permitía que su mujer trabajara bajo tierra cuando estaba embarazada, pero "esa no es la práctica habitual de los hombres, que con demasiada frecuencia se casan con mujeres por su trabajo que por cualquier afición que puedan tener".

Añadió que las mujeres que trabajaban bajo tierra se casaban pronto, tenían familias numerosas, "y los niños están tan abandonados como ellos mismos". Fraser creía que como las mujeres trabajaban en la clandestinidad, los hombres no tenían motivos para volver a casa. En su lugar, "beben mucho... con el tiempo las mujeres siguen a los hombres y también beben mucho". Muchas mujeres "trabajan hasta el noveno mes de embarazo y con frecuencia vuelven a casa y dan a luz al niño. El trabajo provoca la inflamación de las articulaciones y las caderas, y pocas mujeres son aptas para el trabajo después de los 35 años: incluso los hombres descienden, por término medio, antes de los 40, especialmente cuando viven en casas húmedas. El asma mata rápidamente a los hombres".

Incluso después de la libertad, los contratos rígidos ataban a los mineros; si los rompían, sus amos podían hacerlos encarcelar. Por ejemplo, en septiembre de 1802, el sheriff de Dalkeith condenó a un minero llamado William Hogg a seis meses de confinamiento solitario por "desertar de su servicio".

El peligro aguardaba en el gas silencioso, conocido como "aire viciado", en los fuegos rugientes o en el temor siempre presente de un derrumbe, como el ocurrido en Loanhead en octubre de 1753, cuando los "pilares de una carbonera cedieron", hiriendo a varios hombres y, según el *Caledonian Mercury* "a uno de ellos lo magullaron de tal manera que no hay muchas esperanzas de que se recupere".

También hubo otros peligros, como el accidente ocurrido en la mina de carbón Barley Dean Colliery, del conde de Roseberry, en Carrington, en septiembre de 1832. Como ocurre a menudo en la industria minera, los hijos seguían a los padres en el pozo y cinco hijos de un hombre llamado William Penman trabajaban allí. Los seis habían estado trabajando bajo tierra, y cuando el turno terminó, William y dos de sus hijos salieron a la superficie primero. Los otros tres estaban en el cubo, siendo subidos a la parte superior cuando la anilla de la que partía la cuerda que iba al cubo se rompió.

William sólo pudo ver con horror cómo tres de sus hijos caían casi doscientos pies en la oscuridad. No pudo hacer nada para ayudar, y uno de sus hijos supervivientes descendió al fondo y sacó a la superficie los restos destrozados de sus hermanos. Fue tan repentino y horrible como eso.

No cabe duda de que, en el siglo XIX, la minería del carbón era una de las ocupaciones civiles más peligrosas que podía desempeñar un hombre o una mujer. En segundo lugar, después de un pescador, un minero tenía una de las mayores expectativas de sufrir un accidente de trabajo. Además de los famosos accidentes graves en los que morían muchos hombres en accidentes subterráneos, había un goteo constante de incidentes en los que los mineros resultaban heridos o mutilados.

Por ejemplo, el 14 de mayo de 1823, un enorme trozo de roca cayó del techo de la mina de carbón de Vogrie. Cayó encima de una de las trabajadoras, Isabella Black, y la mató al instante. Hicieron falta cuatro hombres para liberarla, incluido el padre de Isabella, ya que ésta tenía sólo diez años y era su segundo día de trabajo bajo tierra.

Con hombres, mujeres y niños viviendo en condiciones atroces, no es de extrañar que los mineros esperaran mejorar sus vidas luchando. Como individuos, no podían competir con la autoridad arraigada y educada que hacía las leyes y las aplicaba. Sin embargo, al agruparse en combinaciones, podían retirar su mano de obra, golpeando así a los Dueños del Carbón en los únicos lugares en los que eran vulnerables: sus carteras y su sentido de superioridad.

Después de la Revolución Francesa y de las guerras que terminaron en 1815, la clase dirigente escocesa y británica vivía atemorizada por cualquier disidencia del pueblo trabajador, la masa desposeída de la población. Se aprobaron leyes draconianas para mantener a la élite en el poder y someter cualquier muestra de disidencia por parte del pueblo llano. Aunque las autoridades aplicaron estrictamente las Leyes de Combinación de 1799 y 1800, en 1817 los mineros del oeste de Escocia consiguieron formar una combinación o sindicato. Esta unión no duró mucho, pero mostró una llama, aunque débil, que ofrecía la esperanza de un futuro mejor. Esa esperanza era necesaria, ya que la década inmediatamente posterior a Waterloo fue tan sombría como cualquiera de la historia británica. Tan pronto como el boom de la posguerra se desvaneció, el desempleo y la pobreza golpearon con fuerza, aumentados por los miles de soldados y trabajadores repentinamente desempleados que pululaban por la ciudad y el campo desesperados por trabajar.

La gente gemía bajo un sistema electoral injusto, tan corrupto como el de cualquier país del tercer mundo de hoy, y las autoridades condenaban como radicales a quienes pretendían aumentar el derecho de voto y hacerlo más inclusivo. El gobierno se ensañó con una fuerza despiadada, alimentada por el miedo, con los intentos de los radicales de conseguir más igualdad. Sin embargo, algunas cosas mejoraron poco a poco con el paso de los años, y en 1824 se derogaron las Leyes de Combinación. El pueblo se agitó, intentando todo lo que podía, tanto dentro como a veces fuera de la ley, para mejorar su suerte.

Las historias del siglo XIX mencionan a menudo a los cartistas, que instituyeron uno de los movimientos obreros más amplios de Gran Bretaña y fueron decisivos en la huelga más extensa y generalizada de la época. Se les conoce como los cartistas porque firmaron la Carta del Pueblo, un documento que pedía la reforma política a través de seis puntos principales:

El voto para todos los mayores de 21 años (en lugar de sólo para las clases altas y medias).

Voto secreto (para acabar con la corrupción del voto público cuando la élite podía desalojar o intimidar a los que votaran en contra).

Pago de los diputados (para que la gente corriente pudiera permitirse ser diputado y no sólo los ricos).

Circunscripciones electorales equitativas (para acabar con el escándalo de los "distritos podridos", en los que algunos diputados representaban circunscripciones de un puñado de personas y otros servían a ciudades enteras).

Elecciones anuales

Los diputados no tenían que poseer propiedades (otro intento de incorporar a los ciudadanos de a pie al parlamento).

Los cartistas nacieron a raíz de lo que pretendía ser una reforma para acabar con cualquier otra agitación. Durante décadas, la población de Escocia, al igual que la de otras naciones del Reino Unido, se había agitado para conseguir una mejora política. El antiguo sistema era corrupto, con muy poca gente disfrutando del derecho de voto y, en Escocia, el poder estaba firmemente en manos de unos pocos terratenientes ricos y sus amigos. A finales del siglo XVIII, con la Revolución Francesa que siguió a la de Estados Unidos, la gente exigió una reforma política. En 1792, cuando la gente se dio cuenta de lo corrupto que era el sistema británico, quemó efigies de Henry Dundas, el llamado "rey sin corona de Escocia" o "Vieja Corrupción", cuya estatua brilla ahora sobre Edimburgo desde la plaza de San Andrés. En Midlothian, una muchedumbre marchó hacia su sede campestre del castillo de Melville, que obtuvo al casarse con Elizabeth Rannie. La multitud podría haber destruido el castillo si una tropa de caballería no hubiera venido desde Dalkeith para rechazarla. Aunque Henry Dundas fue una de las figuras más importantes de su época, la mayoría de la gente lo ha olvidado ahora.

Las guerras con Francia dejaron de lado la reforma política en

Escocia, y no fue hasta después de la victoria en la batalla de Waterloo, en 1815, cuando ésta volvió a resurgir. El proyecto de ley de la Gran Reforma de 1832 aumentó enormemente el derecho de voto, por lo que mucha gente a lo largo y ancho del país lo recibió con gran celebración, pero aunque incluía a muchas de las clases medias, la ley de 1832 excluía por completo a la clase trabajadora. Con la revolución industrial, que unió a los trabajadores como nunca antes, en las grandes fábricas y molinos, en las grandes aglomeraciones urbanas y en un número creciente de minas a medida que la energía de vapor demandaba carbón, la organización de la clase obrera aumentó. Los sindicatos de trabajadores empezaron a hacer campaña para conseguir mejores condiciones de trabajo y más seguridad. La alianza de la unidad política con los cartistas y la integración con las combinaciones crearon un nuevo dinamismo que las autoridades consideraron peligroso.

En 1839, los cartistas protagonizaron un estallido de violencia en Newport (Gales), donde el ejército fusiló a veintidós hombres. A partir de entonces, las autoridades tienden a reaccionar con rapidez y fuerza ante la amenaza de cualquier nuevo enfrentamiento obrero-patronal. Después de los embriagadores años de la década de 1830 llegaron los hambrientos años cuarenta, una de las décadas más problemáticas del siglo. Fue una década asolada por el mal tiempo y las malas cosechas, por el hambre y la agitación, una década que vio el fracaso de las cosechas en todo el norte de Europa, gobiernos en desorden y cabezas coronadas que caían desde Austria hasta Francia. En Gran Bretaña, los «plug riots» de 1842, a veces conocidos como la Huelga General, anunciaron lo que iban a ser unos años problemáticos. El nombre de Plug Riots (disturbios de las bujías) proviene del hecho de que se quitaron las bujías o los tornillos de las máquinas de vapor para que no funcionaran y los propietarios de las fábricas no pudieran llamar a ningún trabajador que rompiera la huelga.

Esta pieza de la historia, a menudo olvidada, comenzó cuando el Parlamento rechazó una petición considerable que apoyaba las demandas de los cartistas con algo parecido al desprecio. Cuando los propietarios de las fábricas impusieron recortes salariales para añadir desesperación a la miseria, los trabajadores reaccionaron. Los mineros del carbón de Staffordshire fueron los primeros en salir a la calle cuando los Dueños del Carbón recortaron sus salarios, y el descontento se extendió al norte y al sur hasta convertirse en la huelga general más larga de la historia política británica. En su punto álgido, afectó a cerca de medio millón de hombres desde Cornualles hasta Dundee, con minas, molinos y fábricas cerradas y trabajadores en huelga parados en las esquinas de las calles y acurrucados en los rincones de los campos. En esa época había recuerdos de la Revolución Francesa, cuando los obreros provocaron la caída de una dinastía que dio lugar a dos décadas de guerra, y recuerdos más recientes de la Guerra Radical Escocesa de 1820, por lo que el gobierno se ensañó con cualquier signo de descontento. En Preston, los militares abrieron fuego contra una revuelta, con cuatro hombres muertos. Las autoridades mataron a otros seis hombres en Halifax, y hubo más disturbios en todo Yorkshire, y las autoridades arrestaron a unos 1.500 en el noroeste de Inglaterra. La disputa no tenía que ver con alteraciones políticas significativas: los trabajadores sólo querían que se les devolviera el salario original y una jornada laboral de diez horas. En este caso, la Carta parece haber sido un acto de apoyo: significativo pero marginal al problema real.

El camino hacia la democracia, pues, era turbulento, con las clases dominantes aferradas al poder y reprimiendo el progreso político con la bayoneta y la Ley que habían redactado para proteger sus intereses. Con los cartistas entre los líderes de la huelga, el gobierno respondió con la fuerza militar, enviando al 34.º y 73.º de a pie al perturbado norte de Inglaterra. Según las historias populares, algunos de los soldados se negaron a disparar contra los trabajadores y fueron ellos mismos arrestados.

Los mineros de Midlothian se unieron a la huelga general y se aferraron a la idea de que podrían hacer cambiar de opinión al

gobierno o a los empresarios. Por desgracia, uno de los principales puntos débiles de la posición de los huelguistas era la falta
de recursos. Una vez iniciada la huelga, los salarios se agotaron
de forma natural, y en cuanto eso ocurrió, no quedó nada para
pagar las facturas y alimentar a la familia.

En agosto de 1842 hubo rumores de problemas con los
mineros en la zona de Dalkeith. Ya había habido problemas en
Tranent, y las autoridades temían que pudiera ocurrir lo mismo
en Midlothian. El sheriff acudió en persona a Dalkeith, llevando
consigo una escolta de policías. Durante un tiempo, Dalkeith fue
testigo de una fuerte presencia policial, con agentes vestidos de
azul, con abrigos de cola de golondrina y largos bastones, que
patrullaban por las habitualmente tranquilas calles. En esta
ocasión, los mineros de Midlothian no causaron ningún
problema. La disputa era por los salarios y afectaba a los
hombres que trabajaban para el duque de Buccleuch, el marqués
de Lothian, Wardlaw Ramsay de Whitehill, Sir John Hope y
Dundas de Arniston. Mil quinientos mineros acudieron a
Dalkeith para discutir la posibilidad de una huelga. En honor a la
ocasión, vestían sus mejores galas y algunos llevaban adornados
bastones. La reunión fue muy decidida, con hombres respetables
que nombraron a un minero de las minas de Wardlaw Ramsay
como presidente antes de discutir sus quejas.

Hubo un momento de tensión cuando uno de los hombres
trató de ampliar la reunión para incluir las demandas cartistas,
pero el nuevo presidente lo rechazó de un manotazo. Desgraciadamente, otros asistentes a la reunión apoyaron al interrumpidor,
por lo que el presidente fue destituido y sustituido por otro con
opiniones más cartistas. Tras una nueva reunión, los mineros
acuerdan una huelga.

En una nueva reunión en West Houses, en Newbattle, los
miembros del comité de los pozos de East y West Lothian se
reunieron con los hombres de la zona. Los mineros de la mina
Easter Bryans del Marqués de Lothian declaran que no tienen
intención de hacer huelga. Algunos de los mineros más mili-

tantes reaccionaron con amenazas contra las minas de Lothian, diciendo que destruirían no sólo los motores de las minas sino también las casas en las que vivían los mineros. El marqués y el sheriff decidieron que esas amenazas no podían permitirse y nombraron a una docena de agentes especiales. Los especiales solían ser hombres locales de origen respetable que apoyaban a las autoridades sin cobrar. Las autoridades dividieron sus fuerzas, situando parejas de Especiales en Easthouses, West Houses, Gowkshill, Bryans Coalhill y Newtongrange, y la última pareja recibió la orden de patrullar las carreteras que conectaban los pueblos mineros en caso de que se produjeran reuniones problemáticas. Los especiales estaban obligados a permanecer en el puesto mientras la huelga continuara.

Los mineros celebraron otra reunión en New Craighall, donde los mineros de Midlothian no se pusieron de acuerdo sobre si debían hacer huelga o no. Todavía divididos, los mineros se reunieron de nuevo en Edgehead, donde los agitadores políticos presentaron grandes pancartas que incluían el lema "Carta del Pueblo". Las autoridades respondieron con carteles que anunciaban que la reina Victoria había ordenado medidas para reprimir lo que calificaban de "disturbios".

A mediados de septiembre, los mineros publicaron detalles de los salarios pagados en diecisiete minas diferentes de Mid y East Lothian. Señalaron que en Edgehead y Huntlaw, el salario más alto era de veintidós chelines y seis peniques a la semana por una jornada laboral de catorce horas. Aunque era una buena paga para la época, el total bruto disminuía cuando los mineros tenían que pagar a los putters además de comprar sus herramientas. Un «putter» era el chico o la chica que empujaba un pequeño carro de cuatro ruedas con unos tres o cinco quintales de carbón. En Tranent, en East Lothian, el minero ganaba diez chelines en la parte superior, y después de pagar el putter, el aceite y las herramientas, tenía un poco más de dos chelines a la semana. Las demás minas de carbón se situaban entre estas cifras. Naturalmente, los directores de las minas y otros negaron que los salarios fueran tan bajos y afirmaron que sólo en Newbattle los pagos netos, después de las deducciones, eran de nueve chelines y un penique. Los mineros cifraron la cifra en tres chelines y seis peniques.

A finales de septiembre, a medida que avanzaba la huelga, los mineros convocaron otra reunión en el Freemasons Hall de Dalkeith. Los mineros marcharon a la ciudad desde los pozos locales e incluso a través de la frontera de East Lothian, filtrándose en Dalkeith antes del amanecer y congregándose en las calles a medida que llegaban más y más hombres. Alrededor de la una de la tarde, la ciudad se despejó cuando unos cuatrocientos mineros se filtraron en el Freemasons Hall, tomaron sus posiciones y cerraron la puerta.

Temerosos de los problemas, y siempre con la amenaza continua de los cartistas en el horizonte, el duque de Buccleuch y Sir John Hope llamaron a los militares. Cuando los mineros salieron del vestíbulo, una compañía del 53° de a pie les hacía frente. Los casacas rojas habían marchado a la fuerza desde Edimburgo y ahora estaban en posición de firmes, con los mosquetes Brown Bess preparados, las bayonetas en las vainas de la cintura y los uniformes escarlata brillando bajo el sol de otoño.

Con los militares alineados frente a la sala, el Duque de Buccleuch, junto con su chambelán, el Sr. Moncrieff, marchó hacia la puerta, respaldado por veinte agentes especiales recién reclutados. Al principio, los mineros se negaron a permitir que el Duque entrara en lo que era una reunión privada, pero finalmente, abrieron las puertas. Sin embargo, el Duque no entró solo; en cuanto se abrió la puerta, irrumpieron la mayoría de los Especiales, todos con uniformes azules y enormes bastones. En el silencio aturdido, Moncrieff leyó una orden de arresto de varios mineros que las autoridades buscaban por delitos que iban desde los disturbios hasta la intimidación de aquellos hombres que no estaban de acuerdo con la huelga. Una vez anunciados los nombres, el chambelán pidió que los propios hombres dieran un paso al frente y se entregaran. Como es lógico, nadie aceptó su amable invitación.

El duque y su escolta policial abandonaron el edificio y esperaron fuera. Al cabo de otra media hora, la reunión terminó y los mineros salieron a la calle. La policía reconoció a tres de los hombres que buscaban y los detuvo, poniéndoles las esposas de inmediato. Más tarde detuvieron a un cuarto hombre en las calles de Dalkeith. Dos de los hombres detenidos fuera de la sala, Thomas y McLellan, fueron puestos en libertad el martes siguiente, y Robert y David Gordon, a quienes la policía detuvo en su propia casa de Old Craighall, fueron puestos en libertad el mismo día.

Aunque los periódicos informaron de que los mineros llevaban cachiporras, no hubo ningún problema en Dalkeith. Es de suponer que la prensa exageraba, o que los reporteros confundieron honestamente los bastones con las armas ofensivas. La mayoría de los militares fueron enviados de vuelta a Edimburgo, y sólo una veintena de ellos patrullaron las calles. A medida que avanzaba la noche, los mineros regresaron a sus casas. A esas alturas, los huelguistas estaban desesperados. Llevaban siete semanas de inactividad, el crédito que tenían en las tiendas locales se había agotado, habían vendido todo lo que se podía vender de sus posesiones, así que muchos, si no la mayoría, sólo comían lo que podían robar de los campos locales, para enfado de los agricultores. Por ejemplo, William Robertson fue condenado a catorce días de cárcel por coger patatas de un pozo cerca de New Craighall. Las autoridades lo liberaron al día siguiente, mientras que James Morgan, de Old Craighall, fue condenado a cuarenta días por robar gallinas en Fisherrow.

Sin embargo, algunos de los mineros ociosos se hundieron en delitos mucho peores que el mero hurto. El jueves 15 de septiembre, tres mineros de Old Craighall, James Jamieson, James McLellan y James Workings, agarraron y violaron a la señora Inglis mientras espigaba lo que podía encontrar en un campo de rastrojos en la granja de Monktonhall. Su marido estaba fuera de casa, buscando trabajo. La señora Inglis se lo contó a sus vecinos y alguien informó al agente Simpson de Musselburgh. El agente llamó a un segundo policía y ambos detuvieron a los tres violadores.

A principios de octubre, los empresarios empezaron a pagar a los huelguistas por "deserción del servicio" al no presentarse a trabajar. Los mineros de West Bugans, en Newbattle, fueron de los primeros en ser despedidos, y los hombres también perdieron sus casas. Los propietarios de la mina alegaron que los mineros no eran inquilinos anuales, sino trabajadores que ocupaban las casas sólo mientras trabajaban en West Bugans. Para agravar la persecución, el sheriff sustituto, el sheriff Tait, ordenó que los hombres desalojados y desempleados pagaran también los gastos ocasionados cuando intentaron defenderse en los tribunales. El sheriff Riddell firmó una orden para otros veintiséis desalojos en Elphinstone.

El lunes 10 de octubre, los mineros tuvieron una nueva reunión cerca del peaje de Gallowshall, que estaba en Eskbank. El policía local se alejó sensatamente cuando los mineros le aconsejaron tranquilamente que sería mejor que estuviera en otro lugar. Para entonces la resolución de los Dueños del Carbón se estaba dividiendo. Cuando Sir John Hope y el Sr. Stenhouse acordaron aumentar la paga de los mineros de medio penique por cada cuba de carbón que llenaran a un penique, la mayoría de sus mineros volvieron al trabajo. Otros Dueños del Carbón se pusieron de acuerdo entre ellos para resistir a los mineros durante al menos otras dos semanas, es decir, para intentar que los mineros se sometieran por hambre. Mientras tanto, los mineros se esforzaban por conseguir comida para poder seguir luchando.

En la mañana del 24 de septiembre de 1842 había una ligera niebla. Los agentes Falconer y Macpherson, de la policía del condado, habían estado patrullando toda la noche y estaban cansados y agarrotados, esperando que su turno terminara con tranquilidad para poder volver a casa. Caminaron por la cresta del pueblo de Gorebridge hasta la granja de Gowkshill, donde una ligera brisa disipó la niebla. Falkner consultó su reloj, vio que eran cerca de las dos y media de la mañana y se detuvo al oír el claro murmullo de voces.

"Yo también lo he oído", dijo Macpherson.

Los policías aflojaron sus porras y encendieron sus linternas de ojo de buey, preguntándose quién estaría fuera a estas horas de la noche. Lo primero que pensaron fue en cazadores furtivos, pero entonces vieron una figura sombría que salía de un campo de patatas al lado de la granja. Aunque la niebla desviaba el haz de sus linternas, pudieron ver que se trataba de un hombre adulto con un saco a la espalda. Al primer hombre le siguió un segundo, y luego un tercero y un cuarto. Los hombres siguieron llegando hasta que la policía contó catorce hombres que salían del campo, cada uno con un saco abultado sobre los hombros.

Los agentes, valientes, entraron en acción y detuvieron a los dos últimos ladrones de patatas. Hubo un momento de confusión, los prisioneros gritaron pidiendo ayuda, y los otros hombres dejaron caer sus bolsas y retrocedieron a toda prisa. En cuestión de segundos, los dos policías habían sido derribados, el prisionero de Macpherson corría libre y había un nudo de hombres desesperados alrededor de Falconer. A pesar de los repetidos golpes y patadas, éste se mostró obstinado y colocó las esposas alrededor de las muñecas de su prisionero. Todavía atacados, los policías se abrieron paso entre la multitud y arrastraron a su prisionero, que se debatía, hasta la granja de Gowkshill, donde el Sr. Proudfoot, el granjero, abrió la puerta, les hizo pasar y cerró apresuradamente, echando un cerrojo para mantener la seguridad. Los otros ladrones de patatas levantaron su botín y se amontonaron a través de la puerta de una casa de campo cercana.

La policía, sin duda conmocionada, no tenía intención de abandonar a su prisionero, así que mientras Macpherson permanecía en la granja con el ladrón de patatas, Falconer se encargó de la peligrosa tarea de reunir a los hombres que habían huido.

En cualquier comunidad, hay quienes están dispuestos a ayudar a la policía y aquellos para quienes la policía es el enemigo. En 1842, con los mineros de Midlothian implicados en la Huelga General, las líneas de demarcación estaban estrictamente trazadas.

Falconer sabía que sería una estupidez irrumpir solo en una casa de campo con una docena de hombres desesperados, así que llamó con un silbido a un sirviente de la granja reacio, le pidió que vigilara y marchó a las granjas locales para reunir más refuerzos. Con una banda de mineros hambrientos al acecho, los campos de nadie estaban a salvo, así que los granjeros se unieron a la policía. Con dos o tres hombres a sus espaldas, Falconer regresó a la casa de campo donde había dejado a su centinela, para encontrar que el hombre había desaparecido y en su lugar había una turba de unos doscientos mineros junto con sus esposas y hermanas, todos con un aspecto decididamente hostil. Aunque eran los hombres los que llevaban armas, fue una mujer la que gritó:

"¡Aquí está la policía! ¡Mátenlo!"

En el momento en que se pronunciaron estas palabras, varios mineros se abalanzaron sobre ellos, blandiendo largos palos y gritando improperios. Los partidarios de Falconer parecen haber brillado por su ausencia, ya que los mineros tiraron al policía al suelo. Falconer, que ya sangraba por dos heridas en la frente y un profundo corte en la barbilla, se puso en pie con dificultad. Se dio cuenta de que los mineros habían formado un anillo a su alrededor; en la penumbra de la madrugada, vio rostros depredadores; oyó el sonido de voces airadas y ásperas; mujeres gritando y hombres maldiciendo. Falconer sabía que estaba solo y que era impopular entre la gente que no tenía motivos para querer a un representante de las autoridades.

Falconer se abalanzó para escapar, justo cuando una de las mujeres lanzó una enorme piedra que le alcanzó de lleno en el pecho. Tuvo suerte de que su abrigo de uniforme aguantara parte de la fuerza del golpe, pero aun así cayó al suelo por tercera vez esa mañana, y esta vez la turba se acercó, con las botas martilleándole. Se arrastró, se puso en pie y huyó, perseguido por los gritos de los colonos. Llegó hasta el campo de al lado antes de caer de nuevo y permaneció tumbado durante algún tiempo antes de poder tambalearse hasta Gorebridge, donde el Dr. Symington curó sus heridas, cortes y abrasiones. Después, el médico consideró que no estaba en condiciones de caminar y le ordenó que se fuera a una casa de campo cercana para recuperarse.

Mientras Falconer se enfrentaba a los mineros, Macpherson también estaba ocupado. En cuanto la turba se dio cuenta de que uno de los suyos estaba prisionero en la granja de Gowkshill, se reunió fuera, derribó la puerta a patadas y entró a toda prisa. Macpherson sacó su porra y trató de detenerlos, pero una horda de mujeres y hombres se abalanzó sobre él, alguien le golpeó en la cabeza con el mango de un pico, y se desplomó sin sentido en el suelo. Las mujeres se lanzaron a por el prisionero, aunque no hay detalles de cómo le quitaron o cortaron las esposas.

Los dos primeros asaltos fueron para los mineros, pero con todo el país alborotado y aparentemente en peligro de una importante perturbación civil, las autoridades sabían que no podían permitir que las cosas quedaran así. Cuando el superintendente de la policía se enteró de lo sucedido, envió a un sargento y a varios agentes a Gowkshill para encontrar y detener a los alborotadores. Fue un intento valiente, pero desesperado. Cuando llegó el puñado de policías, había unos cuatrocientos colonos esperando.

Allá donde iba la policía, les rodeaba una multitud hostil de mineros; hombres desesperados, ociosos, enfadados y decididos. La policía hizo preguntas en busca de indicios de culpabilidad, ya que los mineros se negaron a cooperar de ninguna manera. La policía no llegaba a ninguna parte y, sin duda, la frustración iba en aumento, por lo que agradecerían el consejo del señor McGilvray, el factor del marqués de Lothian, propietario de las minas. McGilvray dijo que, dado el número de hombres y mujeres implicados, la policía no podía hacer nada, y que sería mejor que diera un informe completo al sheriff.

Ante una multitud cada vez más hostil, el sargento de policía aceptó y se retiró. El sheriff Spiers estaba al corriente de la situación y, en cuanto los propietarios de las minas se lo notificaron oficialmente, solicitó ayuda militar para respaldar la sobrecargada línea azul. Las tropas montadas habían demostrado ser el arma más eficaz para acabar con los disturbios civiles y, en consecuencia, veinticinco dragones de Enniskillen salieron a toda prisa de los cuarteles de Piershill, en Edimburgo, y tomaron la carretera hacia el sur, hacia Midlothian. Se reunieron con el sheriff Spiers mientras que el Sr. List, el superintendente de policía, reunió a todos los agentes que pudo y se dirigió al pequeño asentamiento de Gowkshill.

Con los dragones como sombrío apoyo, la policía buscó en las casas a los hombres y mujeres que habían ayudado a rescatar a los dos prisioneros. Naturalmente, los mineros no cooperaron. Hacía tiempo que se habían llevado a los hombres desaparecidos. Incluso con los dragones, la policía no encontró nada. En algún momento después de las nueve de la noche, los Enniskillen regresaron al cuartel y la policía se quedó sola.

Aquella noche reinaba una paz incómoda, mientras la policía patrullaba con la esperanza de que no ocurriera nada, mientras los mineros continuaban la huelga, desesperados por conseguir días mejores. Y entonces los problemas volvieron a estallar, y por la misma razón. La policía vio a un minero solitario cavando patatas en el borde de un campo e inmediatamente se lanzó a detenerlo. Tal vez habían estado esperando una oportunidad para vengarse, o estaban decididos a demostrar que la autoridad legal seguía mandando en Edinburghshire, pero se llevaron a su hombre a rastras y con triunfo.

Lo que ocurrió a continuación era previsible. Los mineros se reunieron de nuevo y rescataron al prisionero, con dos de los policías heridos en el inevitable enfrentamiento. Esta vez la policía no corrió ningún riesgo. Tenían los nombres y direcciones de cuatro hombres que habían participado en este último rescate pero, en lugar de ir solos y arriesgarse a un nuevo motín, el sheriff Spiers emitió órdenes de arresto para cada uno de ellos.

Aprendiendo de los errores del pasado, la policía entró con toda su fuerza. Una compañía del 53° de a pie marchó a Old Craighall y se mantuvo a la espera con sus mosquetes, munición de bala y bayonetas, mientras el sheriff Spiers se unía al duque de Buccleuch, al teniente del condado, al superintendente List y a un importante cuerpo de policía para viajar a Gowkshill. Ante un cuerpo tan augusto de hombres respaldados por la fuerza letal, los recalcitrantes mineros entregaron a regañadientes a cuatro de los suyos para que fueran juzgados y condenados a largas penas.

Esa huelga, como tantas otras, acabó por agotarse, derrotada por el hambre y la falta de fondos. Sin embargo, la lucha continuó. Los cartistas cobraron protagonismo en 1848 con una petición masiva de reforma electoral, que el gobierno ignoró debidamente, pero su legado perduró, y posiblemente siga perdurando en el partido laborista y en el actual sistema electoral. El papel desempeñado por los mineros de Midlothian se ha olvidado. Gowkshill sigue siendo una pequeña urbanización de las autoridades locales con la granja como establo. Es poco probable que mucha gente conozca su papel en la historia en la década de 1840.

4
LA MATANZA EN LA MINA DE CARBÓN

Naturalmente, en un entorno en el que muchos hombres trabajaban en un duro trabajo físico y en total dependencia los unos de los otros, se formaban estrechos vínculos, pero también podía haber roces de personalidad y diferencias de opinión. La mayoría de las veces, estas diferencias sólo daban lugar a palabras altisonantes que se desvanecían y quedaban olvidadas en el drama general de la vida. Otras veces había resultados más trágicos.

Uno de estos últimos ocurrió en la mañana del sábado 18 de junio de 1853 en un pozo de la mina de carbón Cowden Cleugh (o Cowden Cleuch), a un kilómetro y medio más o menos al este de Dalkeith. El Duque de Buccleuch era el propietario de la mina, pero difícilmente sabría de su existencia, sobre todo porque en esa época la mina llevaba muchos años sin funcionar. En mayo de 1853, Henry Cadell, de Thornybank, Dalkeith, que gestionaba todas las minas del duque, decidió reabrir el pozo. La decisión de Cadell significaba que había que limpiar años de basura acumulada antes de poder volver a enviar hombres a extraer el carbón. El pozo era conocido localmente como Poole's Hole, en honor a un hombre llamado Poole que se suicidó en los primeros años del siglo, y era un lugar generalmente evitado. Sin embargo, cuando

Cadell le comunicó su intención de desenterrarlo, John McCallum aceptó el trabajo a ocho chelines la braza, siendo ésta de dos metros. Contrató a dos hombres para que hicieran el trabajo real: John Donohue, un irlandés que vivía en Fisherrow, cerca de Musselburgh, y William Corner.

McCallum se aseguró de que el molinete de la cabeza del pozo funcionara bien y encargó una cuerda nueva de 54 hilos. Las cuerdas eran vitales para el funcionamiento de los pozos: soportaban el peso del carbón que los trabajadores levantaban del fondo en grandes cubos, y también el de los hombres cuando bajaban al fondo del pozo para empezar a trabajar en la veta de carbón. Un cable de 54 hilos era uno de los mejores. Un cable de este tipo debía durar al menos un año y quizás hasta dieciocho meses antes de que el desgaste y la tensión lo debilitaran hasta que dejara de ser seguro. Un experto minero creía que si incluso dos hilos estaban intactos, un buen cable debería ser capaz de soportar el peso de un hombre. El molinete se accionaba a mano con dos cabos unidos a un cilindro y una manivela en cada extremo, por lo que lo ideal era que dos mineros pudieran manejarlo mientras el tercero se afanaba bajo tierra en la excavación propiamente dicha. Una cuerda se enrollaba mientras la otra se desenrollaba, y el hombre que estaba bajo tierra ponía el botín en un cubo, de modo que un cubo lleno se subía al mismo tiempo que los trabajadores de la superficie bajaban el siguiente cubo vacío. El hombre del fondo de la fosa bajaba y subía por el mismo procedimiento, equilibrándose sobre el cubo mientras los hombres de la parte superior trabajaban con el molinete.

McCallum, como contratista, estaba a cargo de las operaciones de desmonte y siempre permanecía en la superficie mientras John Donaghue y Corner se turnaban para trabajar abajo.

El trabajo era laborioso, desenterrando la basura acumulada, por lo que el progreso no fue tan rápido como McCallum había esperado. A medida que los obreros se adentraban en la fosa, el trabajo se hacía cada vez más difícil, y McCallum y Corner decidieron que no se les pagaba lo suficiente. A mediados de mayo,

McCallum se dirigió a Thomas Stewart, el supervisor de la mina de Dalkeith, y trató de aumentar el precio del contrato por el hundimiento del pozo. Dijo que habían llegado a las quince brazas y que el trabajo era cada vez más difícil. Stewart accedió a subir el precio a diez chelines por cada braza que excavaran y pensó que el asunto había terminado, pero el 9 de junio, aproximadamente, McCallum volvió a pedir otro aumento. Esta vez Stewart lo rechazó, diciendo "no has avanzado tan rápido en tu trabajo como podrías haberlo hecho". El precio se mantuvo en diez chelines por braza, y el trabajo se hizo cada vez más arduo y, por tanto, más lento.

El viernes 17 de junio fue el ayuno sacramental de Dalkeith, y las minas dejaron de trabajar. A eso de las seis y media de la mañana del sábado, McCallum corrió hacia Stewart en un estado muy agitado. McCallum soltó que un hombre había sido asesinado en Poole's Hole. Stewart trató de calmarlo y le preguntó cómo se había producido el accidente, pero McCallum parecía demasiado agitado para dar una respuesta coherente, aunque balbuceó algo sobre que alguien había cortado la cuerda. McCallum también dijo que había estado tan cansado que había estado en la cama todo el viernes y que no había estado en Poole's Hole desde el jueves. Sin dar más detalles, McCallum dijo que iría al pueblo a buscar un médico.

En cuanto McCallum se fue, Stewart le contó a Cadell lo que había sucedido y se apresuró a ir a Poole's Hole. Cuando llegó, unas manos ocupadas habían sacado el cuerpo del pozo. Al parecer, antes de llegar a Stewart, McCallum había avisado a los trabajadores de la cercana cantera de Cowden Cleuch, y un grupo de canteros se había apresurado a ir al pozo. Descendieron las dieciocho brazas, unos 108 pies, y encontraron a Donaghue gravemente herido, con las dos piernas destrozadas, la columna vertebral rota y otras lesiones. No es de extrañar que muriera poco después y que los canteros consiguieran subir su cuerpo a la superficie.

Stewart examinó la cuerda: McCallum tenía razón. Alguien la

había cortado. Llevaba suficiente tiempo en el negocio de la minería como para saber que el cable no se había partido por la tensión con el uso excesivo; en cambio, todos los hilos, excepto tres o cuatro, habían sido cortados con una cuchilla muy afilada. Stewart pensó que Donaghue había caído unos quince metros, a juzgar por los daños en la cuerda.

Stewart vio a Corner entre la multitud que se reunía en torno al cuerpo destrozado de Donaghue y le preguntó si había estado en el pozo el día anterior. Corner negó rotundamente con la cabeza; no había estado allí. Mientras Stewart interrogaba a Corner, McCallum llegó a la fosa, todavía muy emocionado; dijo que debía ir a decirle a la señora Donaghue que su marido había muerto. Cadell pensó que era una buena idea y le dio una libra para la nueva viuda, presumiblemente para compensar la pérdida de su marido. Sin embargo, uno de los canteros reunidos pensó que McCallum estaba demasiado exaltado y sugirió que alguien más tranquilo diera la noticia.

Donald McDonald era uno de los canteros que había ayudado a levantar el cuerpo de Donaghue. Su recuerdo de lo ocurrido era ligeramente diferente al de McCallum. McDonald dijo que cuando llegaron a la mina, McCallum había afirmado que estaba "tan agitado" que no podía bajar al pozo, y pidió a McDonald que fuera en su lugar. McDonald pensó que eso era un poco extraño; también tenía curiosidad por saber por qué Corner no hizo ningún movimiento para ir a ayudar a su colega hasta que se enteró de que otros bajaban. Fue aún más interesante que McCallum dijera que algunos mineros de otro pozo habían estado discutiendo con Donaghue sobre la religión y habían cortado la cuerda.

En lugar de discutir la razón de la caída de Donaghue, McDonald estaba más preocupado por los resultados. Creyó oír a un hombre que "se revolvía" en el fondo del pozo y que "parecía ahogarse en el agua". Ya sea por coacción o porque estaba realmente preocupado, Corner fue el primero en bajar al foso, y McDonald el siguiente. Cuando McDonald lo alcanzó,

Donaghue había muerto. Juntos, McDonald y Corner metieron el cuerpo de Donaghue en el cubo e hicieron una señal a los hombres de arriba para que lo sacaran a la superficie.

Mientras esperaban en la penumbra a que el cubo volviera a bajar para sacarlos, McDonald preguntó a Corner si había cortado la cuerda.

"No", respondió Corner con claridad, "pero por el amor de Dios déjame subir a este pozo y no volveré a bajar".

"¿Dónde está tu cuchillo?" preguntó McDonald mientras unas fuertes manos sacaban el cuerpo de Donaghue del cubo. Hubo un momento de tensión mientras hablaba con un posible asesino.

"Por el amor de Dios, nunca menciones eso", Corner sonaba agitado por el interrogatorio. "Nunca he tenido un cuchillo desde que llegué al trabajo".

Mientras llevaban el cuerpo de Donaghue a Thornybank, se detuvieron para compartir medio mutchkin de whisky "para quitarse el temblor", como dijo McDonald.

Una vez que Donaghue estuvo a salvo, Corner y un cantero llamado James Anderson se dirigieron a Fisherrow para dar la noticia a la esposa de Donaghue, Mary Ann. Tal vez por el tiempo que habían pasado llevando el cuerpo a Thornybank, o tal vez sólo porque las noticias se propagan rápidamente en las comunidades pequeñas, la señora Donaghue ya sabía lo que había sucedido. En lugar de lamentarse, en cuanto Corner entró en su casa, alrededor de las diez de la mañana, se lanzó a atacarle verbalmente, culpándole del asesinato de su marido.

Cuando Anderson le dijo que creía que alguien había tomado la cuerda con un pico o un hacha, Mary Donaghue dijo: "Culpo al hombre que trabajaba con él".

Anderson señaló a Corner. "Éste es el hombre", dijo, posiblemente con la esperanza de que Mary Donaghue se equivocara o estuviera simplemente molesta. En cambio, se enfrentó directamente a Corner y le dijo:

"Entonces usted es el hombre que asesinó a mi marido, y no otro".

Corner bajó la voz a lo que Mary Donaghue describió más tarde como "un tono tan mortífero que se hubiera creído que salía de la tierra".

"Señora", dijo Corner, "si hubiera herido a su marido, ¿cree que vendría aquí? No, Dios no lo quiera".

Mientras Corner negaba cualquier implicación, la suegra de Donaghue se sumó apoyando a su hija.

Mary Donaghue tenía sus razones para culpar a Corner. Sabía que su marido había estado trabajando con McCallum y Corner en Poole's Hole durante más de un mes, y que a menudo había llegado a casa con algunas historias inquietantes. Al menos en dos ocasiones, Donaghue había estado trabajando en el fondo del pozo cuando grandes piedras se precipitaron desde arriba. Una de ellas, que pesaba unos dos kilos, le había abierto el hombro derecho, y el jueves antes de morir le había caído o arrojado una roca que, según él, pesaba al menos dos kilos. Sólo había escapado abrazando el lateral de la mina.

Aunque en estas dos ocasiones Corner y McCallum habían estado en la parte superior del pozo, Mary Ann conocía a McCallum desde hacía tiempo y confiaba en él. No conocía ni confiaba en Corner, mientras que su marido dijo que "nunca había tenido ninguna disputa" con el contratista.

Incluso con sus sospechas sobre Corner, Donaghue no tenía intención de abandonar el trabajo: el trabajo era el trabajo. Cuando Mary Donaghue volvió a acusar a Corner, éste le dijo: "Ya te levantaré otro día por ello".

Era evidente que no podían hacer nada bueno en aquella casa, así que Corner y Anderson regresaron a Dalkeith, con Corner tan alterado que temblaba y de vez en cuando tenía que sentarse al borde de la carretera para reponer fuerzas. Sin embargo, no dejó que el asunto quedara ahí y visitó la casa de los Donaghue varias veces esa misma mañana con protestas de inocencia.

"Usted es el hombre", repetía cada vez Mary Donaghue.

Ya angustiada por la muerte de su marido, Mary Donaghue debió de distraerse con las repetidas visitas de sus compañeros de trabajo, pues McCallum también fue a verla. Utilizó tácticas diferentes. Aprovechando su nacionalidad irlandesa, le ponía el brazo derecho sobre el hombro, le cogía la mano y le decía:

"Mary Ann, no me culpes, ya que somos sagrados del asesinato; el complot fue preparado para mí y para él, ya que somos irlandeses".

La señora Donaghue, sin embargo, no era tan ingenua como McCallum esperaba. "No digas eso, John", respondió. "El complot no pudo ser preparado para ti, ya que nunca bajaste". Le recordó a McCallum que sabía que él sólo había bajado una vez, y que era "para su propio placer" y no para trabajar, y añadió que nadie sabría de qué nacionalidad era su marido porque tenía acento escocés.

Mary Ann fue muy abierta con McCallum. Le dijo que su marido había ido a trabajar a las cuatro de la mañana del día en que murió. También dijo que le había preguntado a Donaghue si le había dicho a alguien que tenía intención de trabajar ese día. Él no había respondido directamente a eso, pero según Mary Ann, había dicho que sus colegas "tenían rencor contra él".

Cuando McCallum escuchó esas palabras, desvió la conversación hacia los mineros de Cowdenfoot y afirmó que habían cortado la cuerda con un pico o un hacha. Al mismo tiempo, pidió ver a los hijos de Mary Ann, a los que parecía tener verdadero cariño. En ese momento, McCallum dijo que cuando le devolvieran el cuerpo de Donaghue, ambos tendrían una «larga charla».

Mary Ann se negó a seguir esa tendencia y, en cambio, repitió su acusación a Corner, que estaba en la casa en ese momento.

McCallum defendió a su compatriota. Levantando la mano, dijo que Corner "es tan sagrado del asesinato como yo", y dijo "créeme, Mary Ann; somos inocentes". Repitió que todos eran amigos y que no se habían peleado, por lo que no había motivo para el asesinato.

Mary Ann debió preguntar qué había ocurrido el último día de su marido. McCallum le dijo que inmediatamente después de que Donaghue llegara a la fosa, lo había enviado a la tienda. Donaghue había tardado tanto que McCallum y Corner habían ido a asegurarse de que estaba bien. Al no poder localizarlo, McCallum y Corner habían vuelto a la mina. Estaban allí unos veinte minutos antes de que llegara Donaghue y éste se había metido en la cesta (el cubo) para que lo bajaran al fondo. "Que Dios se apiade de mí", dijo Donaghue, y entonces el cubo fue bajado, la cuerda se rompió y él se sumergió en la oscuridad de abajo.

Al día siguiente, domingo, el cantero McDonald volvió a encontrarse con Corner y, todavía con sospechas, le preguntó: "Willie, ¿no has encerrado al hombre entre los tuyos?"

Corner sacudió violentamente la cabeza. "Dios me libre de hacer algo así".

McDonald, que evidentemente era un hombre astuto y directo, preguntó entonces a Corner por qué había negado estar en la fosa el viernes.

A Corner no le gustó que le pusieran en un aprieto. Aceptó de mala gana que había estado en los trabajos y dijo que "no recordaba" por qué había pensado lo contrario.

Las autoridades también sospecharon de Corner y McCallum. Después de todo, estaban con Donaghue cuando murió y tenían acceso directo a la cuerda cortada. El sargento Alexander Reid, de la policía del condado, entrevistó a ambos hombres la noche del sábado 18 de junio, el mismo día en que murió Donohue. Inmediatamente la policía los detuvo, ambos hombres negaron haber estado en el pozo o incluso fuera de Dalkeith entre la noche del jueves y la mañana del sábado. Cuando el sargento Reid volvió de llevarlos a la cárcel de Calton, encontró una navaja de afeitar entre las pertenencias de Corner. La hoja estaba desafilada por el uso y untada con el mismo tipo de alquitrán que cubría la cuerda cortada.

El juicio se celebró el viernes 22 de julio, y McCallum y

Corner fueron acusados de asesinato "por haber conspirado para matar o causar lesiones corporales graves a John Donaghue, trabajador". El Lord Justice General, junto con los Lores Anderson y Cowan se sentaron en el banquillo, con pelucas y severidad, mientras presidían a los quince hombres del jurado que decidirían la vida o la muerte de los dos acusados. McCallum y Corner se declararon inocentes.

Las pruebas eran casi todas circunstanciales. Thomas Sharp, un minero de Cowdenfoot, declaró que dos semanas antes de la muerte, más o menos, McCallum le había dicho que el trabajo avanzaba lentamente. También había otro minero llamado William Archibald, que se había encontrado con McCallum y Corner entre Dalkeith y Cowdenfoot el jueves anterior a la muerte. Escuchó un fragmento de conversación en el que Corner dijo: "Algún día lo haré por ese cabrón". Como conocía a Corner, Archibald pensó que era seguro preguntarle de quién hablaba, pero en lugar de explicarle, Corner le amenazó con darle "una patada". Sensatamente, Archibald decidió no hacer más preguntas.

Un cantero llamado James Houston se encontraba por casualidad en Moffat's Close, que era donde vivía McCallum, la noche del 17 de junio. McCallum y Corner estaban allí, y Corner le dijo: "Piensa en mañana por la noche, John".

Unos instantes después, McCallum dijo: "acuérdate por la mañana, Willie". Houston vio a ambos hombres juntos a las diez de la mañana del viernes, el día que McCallum afirmó haber pasado en la cama. Otro hombre llamado James Hope también vio a ambos hombres caminando hacia Poole's Hole el viernes por la mañana. McCallum le dijo que se estaban asegurando de que no había «chicos traviesos» allí. Durante la misma conversación, Corner informó a Hope de que una piedra había caído recientemente sobre "el irlandés", que había "rugido como si lo hubieran matado". Corner dijo que había bajado al pozo para asegurarse de que Donaghue estaba bien y que no le pasaba nada. McCallum también dijo que el trabajo estaba «bien pagado».

Otras personas también vieron a McCallum y a Corner juntos ese día: Margaret More vio a ambos caminando hacia Poole's Pit con su ropa de trabajo, mientras que George Dickson habló con ellos por la tarde mientras caminaban hacia Dalkeith. Una vez más, McCallum dijo que habían estado revisando la fosa para asegurarse de que no había "ningún muchacho haciendo travesuras".

Por último, estaba Ann Drummond, que compartía la misma casa que Corner. Dijo que él salió de la casa sobre las once de la mañana del viernes 17 de junio y volvió sobre las dos de la tarde. Se acostó sobre las ocho, lo que tiene sentido si se levantó temprano para empezar a trabajar, pero por alguna razón dijo:

"Ann, me voy a la cama, pero Dios sabe cómo voy a dormir".

Aquella declaración atormentó a Ann, que dijo que era "muy extraño que dijera eso".

Cuando la policía examinó todas las vagas pruebas de los testigos, pensó que sólo demostraban que Corner y McCallum estaban en la fosa el viernes cuando ambos habían dicho que no lo estaban. Después, se leyeron las declaraciones de ambos hombres. McCallum afirmó que el viernes 17, Corner había dicho que se "vengaría de ese compañero tuyo", refiriéndose a John Donaghue. McCallum preguntó por qué, y Corner respondió: "por todo y porque no me gusta". McCallum añadió que no era la primera vez que Corner decía que "haría por él". Lo achacó a los celos, ya que pensaba que Donaghue era el mejor trabajador de los dos.

Naturalmente, Corner dio una historia diferente. Afirmó que McCallum tomó prestada su navaja para cortar la cuerda. La idea era provocar un accidente que hiriera a Donaghue para que sus salarios aumentaran o se cancelara el contrato. Sin embargo, no creía que McCallum tuviera la intención de matar a Donaghue.

Tanto el Procurador General como el Lord Justice General señalaron que Corner había admitido cierta culpabilidad, mientras que no había pruebas contundentes contra McCallum. El

Lord Justice General añadió que no podía tratar la declaración de un preso como prueba contra otro.

Los hechos eran muy confusos y el motivo parecía poco claro. La acusación trató de demostrar que McCallum y Corner habían pensado que su pago por la reapertura del pozo era demasiado bajo para el trabajo que suponía, y que si Donaghue resultaba herido o muerto, el contrato se cancelaría. También existía una ligera posibilidad de que McCallum tuviera intenciones más que amistosas con la viuda de Donaghue, pero el tribunal no siguió ese aspecto del caso.

El jurado estuvo de acuerdo en declarar a ambos hombres culpables de homicidio culposo. El juez general los condenó a diez años de prisión. Esto parece haber sido un poco de compromiso, como si los jueces creyeran que habían sido culpables de asesinato pero no pudieran probarlo. El misterio nunca se resolvió de forma concluyente.

5

LOS INICIOS DE LA POLICÍA EN MIDLOTHIAN

Ensombrecidos por la capital, los habitantes de Midlothian pueden pensar que la historia policial y criminal ha descuidado el condado. Tienen razón, ya que nadie ha escrito extensamente sobre ninguna de las dos cosas. Sin embargo, el nacimiento y los primeros años de la policía de Midlothian, Edinburghshire, o simplemente del condado, tiene su interés separado, aunque geográficamente unido, al de la ciudad de Edimburgo.

Escocia había visto la primera fuerza policial municipal en Gran Bretaña con la llegada de la Policía de Glasgow en 1800. Edimburgo le siguió poco después, en 1804, y Dundee y Aberdeen añadieron sus fuerzas en la década de 1820, de modo que, a mediados de la misma, los cuatro principales centros urbanos de Escocia estaban cubiertos. En 1829, la Policía Metropolitana de Robert Peel llegó con gran despliegue, y a partir de entonces, se exigió una vigilancia más organizada en los distritos rurales y urbanos de Gran Bretaña.

Paralelamente al deseo de reformar la aplicación de la ley, surgió la preocupación por el trato a los presos. Como la pena de muerte se utilizaba cada vez menos y varias colonias se mostraban reacias a absorber a los delincuentes no deseados de

Gran Bretaña, el uso de las prisiones como lugares de encarcelamiento a largo plazo se hizo más crítico. Hasta entonces, las prisiones escocesas eran gestionadas por los burgos y condados locales; eran desordenadas, insalubres y a menudo inseguras. El gobierno nombró a Frederick Hill como primer inspector de prisiones de Escocia, y sus informes anuales son una lectura interesante sobre el estado de la delincuencia y la criminalidad en Escocia en el momento de la llegada de las fuerzas policiales de los condados.

En diciembre de 1837, el informe de Hill destacaba un aumento general de la delincuencia en toda Escocia, que la gente achacaba a una depresión comercial. Había otros comentarios de especial interés para Midlothian, como que "de todos los delitos ahora comunes en Escocia, los que surgen de las combinaciones de obreros son, con mucho, los más formidables". En aquella época, los trabajadores y trabajadoras empezaban a reunirse para formar "combinaciones" con el fin de luchar contra los males bajo los que trabajaban. Algunas de estas combinaciones buscaban cosas como mejores condiciones de trabajo o un salario digno, pero hubo ocasiones en que los que se oponían a las combinaciones lo pasaron mal. La violencia en ambos bandos no era infrecuente, y la huelga generalizada de los mineros no tardó en llegar.

Sin embargo, Hill también creía que "los delitos que se cometen ahora son de un carácter mucho más leve que los que se perpetraban hace treinta o cuarenta años y la cantidad total de delitos en comparación con la extensión de la población ha disminuido mucho". Creía que la delincuencia podía ser específica de una determinada ocupación; por ejemplo, los carreteros del carbón eran hombres con tendencias delictivas y propensos al robo, mientras que "los caldereros ambulantes... eran casi sinónimo de robo". Los colectores y los pescadores, sin embargo, se consideraban honestos, aunque bebían demasiado y luego cometían alteraciones del orden y asaltos. Hill situaba la causa principal de la delincuencia en la embriaguez con la raíz de ésta como: "la falta de un gusto cultivado por algo más que la mera gratificación sensual".

Sus creencias sobre los caldereros errantes y otros viajeros fueron reflejadas por el primer jefe de policía de Midlothian cuando asumió el cargo sólo tres años después. Edimburgo llevaba mucho tiempo teniendo problemas con los mendigos, por lo que en 1813 se creó una Sociedad para la Supresión de la Mendicidad, y al año siguiente se detuvo a más de seiscientos mendigos profesionales.

En 1837, había casas de reclusión (cárceles primitivas) en Dalkeith, Lasswade y Penicuik, y las de Dalkeith y Penicuik también se utilizaban para penas cortas de prisión. Hill recomendó que el consejo construyera nuevas prisiones en Penicuik y Dalkeith. También había ocho celdas de la policía para los delincuentes, además de una habitación para los vagabundos en el County Hall. La cárcel de Penicuik era una única celda de dos metros cuadrados y tres metros de altura, situada en la planta baja de la torre de una iglesia en el "actual patio de la iglesia en un lado del pueblo"; presumiblemente, se trataba de la iglesia de San Mungo.

Hill también dijo que los delitos importantes, como el asesinato, el robo en la carretera y "otros delitos atroces", eran poco frecuentes en Midlothian. Sin embargo, había suficientes para que los viajeros tuvieran cuidado. Los robos en casas con violencia eran desconocidos, aunque los robos en locales domésticos sin violencia eran comunes, mientras que los robos de patatas, nabos o aves de corral, así como los pequeños asaltos, estaban muy extendidos. Los niños de entre ocho y dieciocho años cometían muchos de los robos menores. Es posible que una mezcla de aburrimiento, hambre y subempleo motivara estos delitos, o tal vez los malhechores no eran más que hombres jóvenes que empujaban los límites para ver hasta dónde podían llegar: La juventud no cambia mucho con el tiempo. Nuevamente, haciéndose eco de observadores posteriores, Hill dijo que la mayoría de los delincuentes beben en exceso, no tienen un empleo regular y son poco educados, con padres de «mal carácter».

Por otra parte, Hill también pensaba que, aunque los agentes del sheriff eran "respetables y eficaces", el condado necesitaba una fuerza policial "organizada y eficaz".

En Penicuik se cometían ocasionalmente delitos graves, pero la mayoría de las veces se trataba de riñas de borrachos y pequeños robos. Había pocos delincuentes conocidos, y lo peor era un puñado de cazadores furtivos habituales, además de algunos "personajes sospechosos". Entre los delitos recientes figuraba un hombre que disparó a un policía a principios de la década de 1830 y un trágico asesinato en Silverburn, mientras que dos años antes, en 1835, las autoridades habían expulsado a una banda de diez caldereros que habían estado causando problemas. Se trasladaron a Selkirkshire y luego a Linlithgowshire, donde las autoridades detuvieron a unos cuantos. En general, Hill pensaba que incluso la embriaguez estaba disminuyendo en la zona de Penicuik.

La prisión de Lasswade era otra que se encontraba en mal estado. Estaba situada en la torre de una antigua iglesia dentro del cementerio, con dos celdas en la planta baja y una en el piso superior. El funcionario de la prisión era un agente no remunerado que también era el herrero local; se le consideraba un hombre inteligente y respetable y se ofrecía para el bien común. Hill creía que había más delincuencia en Lasswade que en Penicuik, con muchos robos y asaltos. Los delincuentes eran un poco mayores, con edades comprendidas entre los doce y los veinticuatro años, pero de nuevo tenían hábitos de embriaguez y carecían de educación. La mayoría de los malos personajes eran de fuera del pueblo y entre ellos había mineros de Loanhead.

La ciudad del condado, Dalkeith, con una población de 5.500 habitantes, tenía una prisión de dos habitaciones y una celda en el mismo edificio que el juzgado de paz. Había unos treinta presos al año, principalmente por embriaguez, y la mayoría se quedaba una sola noche, por lo que no era una ciudad con mucha delincuencia. El alguacil a cargo cobraba 5 libras esterlinas al año; era eficiente y, en los últimos años, había reducido la delincuencia, aunque todavía había pequeños robos y peleas de borrachos. La gente creía que la mayoría de los delitos eran cometidos por una media docena de hombres de entre 20 y 30 años que no dudaban en robar o agredir y, como siempre, había un grupo más numeroso de chicos más jóvenes que los admiraban y esperaban emular su mal ejemplo. A los delincuentes habituales se sumaba una docena de prostitutas a tiempo parcial, las únicas damas de la calle de Midlothian que Hill mencionó. Como muchas de su clase en aquella época, las prostitutas de Dalkeith eran propensas a robar cuando podían. Una vez más, los padres de las jóvenes delincuentes eran también personajes disolutos e inmorales, mientras que algunos eran mineros de fuera de la ciudad. Según Hill, los oficiales del sheriff de Midlothian eran llamados a menudo por otros asuntos y no podían atender todos los delitos, lo que aumentaba la necesidad de una fuerza policial uniformada.

Midlothian no estaba libre de delitos en la época anterior a la existencia de una fuerza policial profesional. Por ejemplo, a finales del invierno de 1800, un hombre llamado Peter Anderson entró en una casa y una tienda de Dalkeith. Anderson entró por una ventana, vio una cómoda, abrió la cerradura y robó doce chelines (60 peniques en dinero de hoy) en monedas de plata. Confesó en su juicio, posiblemente con la esperanza de que su rápida confesión hiciera que el juez se inclinara por la clemencia que el jurado recomendaba. En lugar de ello, el Lord Justice Clerk lo condenó a la horca. Sin embargo, su sentencia se redujo más tarde a prisión "durante la voluntad de su Majestad".

Las autoridades nunca trataron a la ligera los robos que implicaban el allanamiento de morada. En 1835 se produjo una oleada de robos en casas y comercios en el sur de Edimburgo y Midlothian, y los ladrones tuvieron como objetivo Dalkeith y Loanhead. Hubo un caso en una noche nevada de marzo de 1838, cuando dos ladrones forzaron la puerta de los establos de la granja Braidwood en Penicuik. Aunque cuatro trabajadores de la granja estaban durmiendo en los establos, los ladrones se tomaron su tiempo. Primero revisaron los cofres y, como estaban cerrados, buscaron las llaves. No había ninguna llave colgada, así que los ladrones miraron a su alrededor y, con destreza, deslizaron un manojo libre de debajo de la almohada de uno de los trabajadores dormidos.

Lenta y sigilosamente, los ladrones abrieron los cofres y robaron dos relojes de plata, un platillo, algunas monedas de plata y un par de zapatos. Se escabulleron tan silenciosamente como habían llegado y sin duda pensaron que se habían librado. Sin embargo, cuando los criados de la granja se despertaron a la mañana siguiente, se dieron cuenta de que alguien les había robado. Buscando a los culpables, observaron dos juegos de huellas en la nieve que se dirigían a Edimburgo y avisaron a las autoridades.

La policía de Edimburgo no tardó en llegar y siguió su procedimiento habitual de revisar las casas de empeño y comparar todo lo entregado con la lista de bienes robados. Cuando un par de policías entraron en una casa de empeño, vieron a dos mujeres que estaban entregando los dos relojes de plata robados. Los agentes procedieron a una rápida detención, con lo que las mujeres fueron encarceladas y los peones recuperaron sus bienes. Se trata, sin duda, de un excelente resultado para la policía.

A veces las cantidades en cuestión parecen muy triviales si se comparan con las cifras que se manejan hoy en día, pero siempre hay que recordar que la gran mayoría de la gente en Escocia vivía al borde de la pobreza. Un artesano honrado podía tener un salario de una libra a la semana, mientras que las mujeres podían llevarse a casa la mitad si tenían suerte. Los sirvientes podían ganar tan sólo cinco libras al año, más la manutención, por lo que el robo de unos pocos chelines podía significar la diferencia entre la comodidad y el hambre, o el pago del alquiler o el desahucio.

Sin embargo, no fue una oleada de robos de este tipo lo que presionó al gobierno, sino algo considerado mucho más siniestro. En 1839, los cartistas alarmaron a la clase dirigente con sus demandas de reforma electoral, y cuando algunos activistas demostraron ser capaces de utilizar la fuerza física para respaldar sus demandas, el gobierno se vio abocado a aceptar fuerzas policiales rurales para ayudar a mantener a raya esta nueva amenaza, así como la delincuencia.

En 1840 se creó el cuerpo de policía de Midlothian, o Edinburghshire, con Alfred John List como jefe de policía, o superintendente, como se le conocía más a menudo. Bajo su dirección, la policía de Midlothian o del «condado» apoyó inicialmente a la nobleza terrateniente a expensas de los más marginados de la sociedad, los sin tierra, los viajeros desarraigados, tanto los vagabundos oficiales como los que simplemente buscaban algo o algún lugar donde establecerse.

List no era un hombre local. Criado en Londres, su madre era galesa y su padre era un húngaro que dirigía una refinería de azúcar en Londres. No era el tipo de antecedentes que uno asociaría con un oficial de policía de Midlothian. Sin embargo, era un agente de la ley convencido que se incorporó a la incipiente policía metropolitana de Robert Peel en septiembre de 1829 y en abril del año siguiente fue ascendido a inspector. En 1832, tras una serie de disturbios e incendios, Haddingtonshire (Lothian Oriental) le nombró su primer superintendente de policía. Utilizó el sistema metropolitano de dividir el condado en distritos, cada uno de los cuales contaba con un agente a tiempo completo ayudado por personal a tiempo parcial, y utilizó a sus hombres para recopilar información, patrullar los lugares donde se cometían delitos y vigilar a las personas que ya tenían antecedentes penales. En particular, la nueva policía estaba dispuesta a expulsar del condado a los gitanos e irlandeses itinerantes y proteger a los respetables. Frederick Hill lo habría aprobado.

Midlothian tenía ciertamente un historial de problemas con lo que entonces se llamaba vagabundos. En abril de 1741, una banda de "caldereros, gitanos, sórdidos y vagabundos, muchos de ellos armados", según el *Caledonian Mercury*, infestó el condado, molestando a la población local al robar lo que podían y asustando a los ocupantes de casas de campo y granjas aisladas. Se establecieron en Carrington y sus alrededores, al sur de Dalkeith, y se especializaron en el robo de casetas.

Las autoridades lograron atrapar a esa banda en particular, los encerraron en el cepo del ayuntamiento de Dalkeith, cerraron la puerta de la celda y pensaron que habían hecho un excelente trabajo. Sin embargo, los gitanos tenían otras ideas. De alguna manera, se liberaron primero del cepo y luego se escaparon de la cárcel. Maldiciendo su suerte, las autoridades, a las que se unieron algunos lugareños, buscaron a los fugados, entre ellos uno "de complexión muy negra, alto y delgado de unos 35 años", llamado Thomas Tait o Thomas Stewart. Llevaba "una peluca blanca y un abrigo negro, y medía 1,5 o 2 metros. El otro es Robert Armstrong, de la misma estatura, abrigo marrón y medias blancas gruesas".

Aunque las autoridades no atraparon a ninguno de esa banda en particular, lograron recoger a otros quince "vagabundos ociosos" y los metieron en cambio en el ayuntamiento. Uno espera que los carceleros hayan mejorado las medidas de seguridad.

Los temores a estas bandas de gitanos o sorderos surgían periódicamente, y otra banda asustó a los habitantes de Midlothian en mayo de 1759. Ese mes, los alguaciles de la parroquia detuvieron a una mujer llamada Mary Macdonald en Dalkeith y la enviaron al ayuntamiento de Edimburgo por si pertenecía a la banda de gitanos. Al parecer, los sorneros y los gitanos eran especialistas en fugarse de las cárceles, ya que en 1766, cuatro más de una gran banda de gitanos intentaron escapar del ayuntamiento de Edimburgo. Mientras cavaban afanosamente a través de un muro, cayó un trozo considerable de piedra, haciendo suficiente ruido para alertar a los guardias, que los encadenaron. Los hombres fueron acusados posteriormente de robo de caballos y hurto, mientras que sus esposas fueron detenidas y encarceladas en Dalkeith.

Fueron estas bandas de delincuentes las que justificaron que zonas rurales como Midlothian crearan su propio cuerpo de policía. Ningún simple agente parroquial o juez de paz aislado podía hacer frente a una banda armada, y el ejército no siempre estaba dispuesto a ser convocado para ayudar al poder civil.

Para empeorar las cosas, la policía de Edimburgo tenía la costumbre de hacer avanzar a los vagabundos llevándolos a los límites del sur de la ciudad y dándoles una fuerte patada metafórica en dirección a Midlothian. Incluso en el siglo XIX, cuando no era habitual ver a las grandes bandas de sornornas, los grupos de desarraigados y a menudo indigentes rondaban por las granjas, pidiendo caridad y a veces robando lo que podían. Era un problema que no se limitaba a Midlothian, ya que en el informe de 1839 de Edwin Chadwick sobre la Comisión Real de las Fuerzas de la Policía; List decía que toda Escocia estaba "muy infestada" de vagabundos. Sin embargo, también afirmó que la Escocia rural era más respetuosa con la ley que la Inglaterra rural y que el procedimiento policial escocés era superior. En Escocia, la policía reunía pruebas y las presentaba al procurador fiscal, que decidía si acusaba o no, y la policía interrogaba al sospechoso antes de que estuviera presente un abogado.

List proclamaba que muchos de los delitos contra la propiedad (principalmente robos y daños criminales) eran causados por personas de las ciudades y grandes pueblos. Creía que una policía rural eficaz podría aliviar el problema. Los vagabundos de diversa índole, afirmaba, eran los otros principales infractores, al derribar vallas, invadir terrenos, robar cosechas y hurtar. En su tratado de policía, decía que su policía tenía órdenes de expulsar del condado a "vagabundos, mendigos robustos y personajes sospechosos". Quería que la policía encarcelara a todos los mendigos y los alimentara con pan y agua. También aconsejó que la policía reclutara agentes de fuera de la zona para que no estuvieran influenciados por la amistad o los lazos familiares locales.

Siguiendo el consejo de List, en su primera semana de existencia, la policía de Edimburgo trasladó a más de cien vagabundos más allá de las fronteras del condado. El nombramiento de List puede haber complacido al respetable y a la clase dirigente, que podrían haberse sentido amenazados por las bandas de vagabundos. Sin embargo, no sería bien recibido por las personas a las que se dirigía, y los irlandeses que trabajaban en la línea ferroviaria de Edimburgo a Glasgow creían entrar en esa categoría. Se reunieron en Dalkeith, frecuentando las casas públicas con el resultado casi inevitable de un motín y más detenciones. La nueva policía había provocado problemas o había demostrado su valía, según el punto de vista del observador.

Cuando List dejó de ser el superintendente de Haddingtonshire para comenzar su mandato en Edinburghshire, su hermano se trasladó a Haddington. Por supuesto, List tenía que reducir otros delitos además del vagabundeo, sobre todo agresiones de borrachos y pequeños robos. Una de estas agresiones tuvo lugar en la casa pública de Peter Baxter en Dalkeith el 27 de diciembre de 1840, en el primer año de List. Un jornalero llamado Alexander Baxter había celebrado la Navidad con demasiada liberalidad, pero se había olvidado de que tenía que pagar el whisky que se estaba sirviendo en la garganta. Cuando Peter Baxter, el tabernero, le pidió que pagara, Alexander Baxter se lanzó hacia la puerta, pero el tabernero le agarró del brazo. Alexander se desquitó dándole un puñetazo en el suelo. Cuando Peter pidió ayuda, intervinieron John Archibald, oficial del sheriff, y el agente James Park, y tras una lucha titánica en la que Alexander Baxter agredió a ambos hombres, Park y Archibald lo sometieron y arrestaron. Como Alexander Baxter tenía condenas anteriores por agresión, el caso llegó al Tribunal Superior en febrero de 1841, y el juez lo condenó a siete años de transporte.

La vida de la policía en los primeros años era dura, ya que era impopular entre la gente de a pie y cualquiera con un agravio o con una copa de más podía atacarla. Uno de los muchos casos de este tipo ocurrió en Straiton, en enero de 1857, cuando en un pub local se celebró una rifa y un grupo de hombres, entre los que se encontraban James Laing, banquero de Lasswade, John Laing, carbonero de Loanhead y algunos visitantes de Edimburgo, se disputaron el ganador con un guardabosques llamado George Hay. Todo el grupo atacó a Hay, y cuando David Campbell, el policía de New Pentland, intervino para evitar un asesinato, también fue atacado. El Tribunal de Policía multó a todos los atacantes con una libra.

Hubo muchas otras agresiones. Por ejemplo, en el Tribunal Superior, en diciembre de 1845, un minero de Loanhead llamado Kenneth Young fue condenado a seis meses de prisión por apuñalar a un compañero llamado George Sneddon y luego darle un puñetazo en la cara. Loanhead protagonizó otro caso, en mayo de 1846, cuando dos mineros de Rosewell, Henry y John Brown, agredieron a dos hombres de Loanhead, George Brown, un comerciante de bebidas alcohólicas y un fundidor de hierro llamado George Easthope. El tribunal les impuso una multa de tres libras. Ninguna zona estaba libre, y no se sabía cuándo podía producirse un asalto. El sábado 7 de julio de 1866, un carretero llamado William Inglis y su esposa regresaban a casa en Bonny-rigg. Acababan de pasar por el bar del peaje de Bonnyrigg cuando George Archibald, de Newtongrange, les atacó sin motivo aparente. Tiró a los dos al suelo de un puñetazo y los pateó mientras estaban indefensos, rompiendo la mandíbula de Inglis, y le arrancó un diente de la boca a su mujer. Fue condenado a cuatro meses de cárcel.

Puede que estas agresiones no fueran delitos importantes para hombres como List, pero para las víctimas, cada caso sería un acontecimiento traumático en sus vidas. Probablemente, el robo era aún más frecuente.

Probablemente ha habido pequeños robos desde que los primeros hombres de las cavernas vieron que sus vecinos de las cuevas tenían un garrote de buena forma, y el Midlothian del siglo XIX no era una excepción. Algunos robos serían difíciles de entender hoy en día, como cuando un par de viudas, Catherine Wilson y Ann Mackay, comparecieron ante el Tribunal del Sheriff de Dalkeith, en junio de 1841, acusadas de robar hierba de un campo en las afueras de Dalkeith. Al parecer, el duque de Buccleuch, el propietario, estaba muy apegado a la hierba, pero fue el agente Duncan Falconer, de la policía del condado, quien detuvo a las mujeres. El sheriff condenó a Ann McKay a 30 días y a Catherine Wilson a 14 días de cárcel para reflexionar sobre sus pecados.

En un condado rural y semirrural como Midlothian, el allanamiento y la caza furtiva eran siempre un problema. Los Tribunales de Justicia o de la Policía se ocupaban a menudo de los hombres de aspecto lamentable que habían sido sorprendidos cazando furtivamente. Por ejemplo, en el Juzgado de Paz de Dalkeith, en octubre de 1841, cuatro mineros de Stobhill, Gardner Davidson y William, David y George Landalls fueron multados con veinte chelines cada uno por "allanamiento de morada en busca de caza en Lochquhariot Mains". En el juzgado de paz de Dalkeith, en diciembre de 1865, Thomas Wylie, un trabajador de la fábrica de ladrillos de Vogrie, fue encontrado cazando furtivamente en la finca de Vogrie y fue multado con ocho chelines. En ese mismo tribunal, dos zapateros de Gorebridge, Alexander Wilson y John Henderson, fueron multados con cinco chelines cada uno por cazar furtivamente en las tierras del Ferrocarril Británico del Norte, cerca de Borthwick, y cuatro hombres de Whitehill fueron multados con una libra cada uno por "invadir en busca de caza" en Oxenfoord. Estos son sólo algunos ejemplos, seleccionados al azar de un catálogo de delitos de caza furtiva, algunos de los cuales tenían consecuencias mucho más graves que una pequeña multa.

En Escocia existía una escala móvil de castigos. La primera infracción solía tratarse con indulgencia, con una pequeña multa o unos días de encierro. Si una persona era sorprendida robando por segunda vez, era "por hábito y reputación" un ladrón, y el juez aumentaba la sentencia en consecuencia. Por ejemplo, en diciembre de 1866, un hombre llamado Walter McBeth robó una cesta de un carro aparcado en Dalkeith High Street. El vehículo pertenecía a William Wilson, un jornalero de Newbattle, y la cesta era propiedad de su mujer. La había dejado en el carro cuando entró en una panadería. Sin embargo, una niña había visto a McBeth coger la cesta y dijo a la policía que se había escapado a Leyden's Close, donde la policía lo encontró poco después. Debido a que McBeth tenía cuatro condenas anteriores, fue enviado al Tribunal Superior y se le impuso una pena de siete años de prisión, que era una condena considerable.

Los Tribunales de Policía podían conceder hasta sesenta días de cárcel. Si el delincuente acababa en el Tribunal del Sheriff, podía enfrentarse a hasta dieciocho meses de prisión. La reincidencia o los delitos considerados graves implicaban una visita al Tribunal Superior y penas que incluían la servidumbre penal, el transporte o la horca. La servidumbre penal se evitaba mejor, con meses o años de confinamiento solitario y un régimen que podía contemplar innumerables horas de trabajos forzados sin sentido, un silencio absoluto, una celda sin colchón y ningún medio para pasar el tiempo, salvo la contemplación de los propios pecados. Era un régimen diseñado para castigar tanto la mente como el cuerpo. El transporte significaba años de exilio en el otro extremo del mundo, con una escasa perspectiva de volver a casa. Hasta 1868, los ahorcamientos eran públicos, con multitudes reunidas para ver este ejemplo de justicia. Después de 1868, los culpables eran ahorcados y luego enterrados dentro de los muros de la prisión, por lo que el castigo continuaba incluso después de la muerte. Los ahorcamientos en la cárcel eran asuntos sombríos, aunque los demás reclusos solían manifestarse haciendo todo el ruido que podían. La prisión podía tocar una campana o enarbolar la bandera negra para indicar el terrible acontecimiento que estaba ocurriendo en su interior.

Hoy en día se reconoce que hay muchas razones y causas para cometer un delito. A principios del siglo XIX, muchas personas con autoridad tenían ideas más simples. Creían que una debilidad de carácter estaba detrás de la actividad delictiva, y temían que la expansión de las ciudades industriales, con sus hordas de trabajadores de molinos y fábricas, supusiera un gran aumento de la delincuencia.

Un delito que era tan común entonces como ahora es la estafa. Hoy en día es más probable que se produzca por Internet, pero en el siglo XIX era cara a cara. En diciembre de 1815, el *Caledonian Mercury* advirtió a la gente que tuviera cuidado con "una mujer de color" que se hacía llamar Matilda Campbell. Era guapa, elegante, tenía unos veintiocho años y vivía en Dalkeith desde hacía tiempo. Según el periódico, intentaba engañar a la gente afirmando que tenía que volver con su madre y sus tres hijos en Madrás, y utilizaba las lágrimas para ablandar los corazones implacables. Sin embargo, en realidad no era madre y era conocida como una "mujer de mal carácter" que recorría la zona de Edimburgo y Portobello en busca de dinero.

Estas advertencias no fueron infrecuentes a lo largo del siglo. En julio de 1829, un hombre recorrió las casas de la zona de Lasswade, afirmando ser el director de la escuela parroquial de Carrington. Le dijo al dueño de casa que había habido un accidente minero que había matado a dos hombres, dejando a sus viudas y doce hijos en la indigencia. Sin embargo, el hombre era un embaucador y no había habido tal accidente.

Más comunes en ferias y mercados, pero a menudo encontrados en caminos solitarios, eran los dedaleros. Su truco era sencillo: colocaban un guisante debajo de uno de los tres dedales, los barajaban y pedían a algún crédulo que adivinara bajo qué dedal se encontraba. Después de un par de intentos, cuando el cliente adivinaba y creía tener la medida del juego, el dedalero le sugería que apostara por el resultado. Si el cliente aceptaba, estaba condenado. Hubo un caso a finales de octubre de 1838 en el que una pobre chica apostó todo lo que tenía por encontrar el guisante y perdió. Se echó a llorar cuando un hombre se acercó a la carretera y ahuyentó a los estafadores.

No todas las mujeres fueron víctimas tan desafortunadas del crimen. A primera hora de la tarde del viernes 17 de marzo de 1815, la joven Margaret Clark se despidió de su padre, George

Clark de Ford, y salió de su casa. Llevaba un pequeño rollo de billetes en el bolsillo. Al entrar en un tramo tranquilo de la carretera, dos hombres con chaquetas azules se acercaron a ella. Ambos llevaban un fardo y tenían un aspecto tan amenazador que Margaret se puso muy nerviosa.

Cuando uno de los hombres le tendió la mano, Margaret dio un paso atrás y levantó una gran piedra del suelo. Los hombres no hablaron, pero mientras el más alto se situaba frente a ella, el otro se hizo a un lado, como si quisiera impedirle la huida. Sin dudarlo, Margaret lanzó la piedra con toda la fuerza que pudo, alcanzando al hombre más alto en la cabeza, por lo que cayó al suelo y se quedó quieto. Al ver a su amigo caer, el segundo hombre se acercó a ella, pero la formidable Margaret no lo toleró. Levantó otra piedra y se la lanzó directamente. Esta vez su puntería no fue tan buena, ya que no le dio en la cabeza y la piedra le golpeó con fuerza en la espinilla. El hombre se tambaleó, con la sangre corriendo por su pierna y en su zapato, y sólo entonces Margaret echó a correr. Cuando miró hacia atrás por encima del hombro, nadie la seguía; con uno de sus atacantes todavía tendido en el suelo y el otro con una pierna gravemente herida, no es de extrañar. Margaret nunca llegó a saber quiénes eran los hombres, pero si la noticia de sus acciones se extendiera, sería menos probable que esos senderistas volvieran a atacar a una mujer sola.

Otras mujeres fueron las autoras, como Mary Scott y Rosanne Dunning, que fueron condenadas a sesenta días de cárcel, en enero de 1844, por pretender adivinar la suerte en Dalkeith High Street. Siempre hubo otras que pudieron, o no, ser conscientes de que estaban implicadas en un delito. Mary Wighton fue una de ellas cuando, en enero de 1854, se casó con Hugh Dunn, que ya estaba casado con Ann Bailie. Por suerte, fue Hugh quien fue condenado por bigamia en el Tribunal Superior, en enero de 1855, mientras que a Mary sólo le quedó la tristeza de no estar casada, o tal vez el alivio de saber que no estaba atada para siempre a un hombre que había demostrado ser engañoso.

Hugh tuvo quince meses de cárcel para preguntarse por su dúo de esposas.

Algunos crímenes nos suenan muy familiares, aunque sea difícil imaginar que en noviembre de 1843, dos diligencias rivales que iban de Edimburgo a Peebles mantuvieron una tremenda carrera hasta Penicuik. Al acercarse al pueblo, el caballo principal de una de las diligencias cayó muerto en la carretera, por lo que la diligencia se desvió hacia un lado y se detuvo. Los pasajeros, aterrorizados por la terrible velocidad del autocar, se sintieron aliviados. Tal «conducción furiosa» no era inusual, y en marzo de 1848, tres sirvientes de granja fueron multados con una libra cada uno, con la opción de veinte días de cárcel por "conducción furiosa" de un carro de granja a su regreso del mercado de Dalkeith. Uno se pregunta cuál habría sido el resultado de un control de alcoholemia.

Otro delito del que los habitantes del pueblo no tenían que preocuparse era el robo de ovejas. En noviembre de 1818, James Wilkie, un carnicero de Lasswade, fue sorprendido robando tres ovejas de la finca de Lord Viscount Melville. Las ovejas pertenecían a John Plummer de Dalkeith, un carnicero rival, por lo que es de suponer que Wilkie tenía la intención de sacrificar las ovejas para su tienda. En lugar de ello, acudió al Tribunal Superior en enero siguiente y el juez le condenó a catorce años de transporte. Para terminar la lista de delitos rurales, en agosto de 1847 Hamilton Borthwick y Henry Dobson, cervecero y obrero respectivamente, entraron en el palomar de Sheriffhall del duque de Buccleuch, en Dalkeith, y robaron setenta palomas. Llevando las aves a Edimburgo, vendieron el lote a un comerciante de bebidas alcohólicas y palomas mensajeras en el Cowgate de Edimburgo y regresaron a casa. El comerciante de bebidas alcohólicas vendió algunas de las aves a un hombre de Dalry, donde un grupo de deportistas las utilizó como blanco en un partido de tiro. Mientras tanto, la policía del condado localizó a los ladrones, que dieron el nombre del vendedor de bebidas espirituosas.

Cuando la policía allanó su casa, encontró demasiados pájaros para identificar la propiedad del duque. Con sorprendente ingenio, la policía ató cintas a las patas de algunas aves, las llevó a Samson's Ribs, en el Queen's Park de Edimburgo, y las liberó. Cuando muchas palomas volaron los ocho kilómetros hasta el palomar de Sheriffhall, la policía había demostrado su procedencia.

Los dos ladrones, Borthwick y Dobson, fueron condenados a 18 y seis meses, respectivamente.

En mayo de 1843, la reunión del Comité de la Junta de Policía declaró que "después de la experiencia de tres años, el comité está convencido de los beneficios de la policía rural en la prevención del crimen y la preservación de la paz". En ese periodo el Superintendente List dijo que había habido 860 condenas sumarias en comparación con 355 en los tres años anteriores a la fundación de la policía. List no cree que la delincuencia haya aumentado, sino que su nueva policía es más eficaz a la hora de atrapar a los infractores de la ley. Añadió que como muchos delitos se cometían "bajo la nube de la noche", en el invierno anterior organizó una ruta de servicio nocturno dentro de un círculo de dieciséis kilómetros desde Edimburgo e hizo que las carreteras fueran patrulladas por alguaciles en parejas. Su presencia redujo los robos y también detectaron muchos delitos.

List también informó de que, a finales del invierno y en la primavera de 1842, se había producido una oleada de robos y allanamientos en Dalkeith. Siguiendo su consejo, el duque de Buccleuch y algunos de los habitantes habían recaudado una suscripción para contratar a un par de vigilantes por catorce chelines (70 peniques) a la semana, que respondían ante List. Los vigilantes habían patrullado las calles, y a lo largo del año habían encontrado y denunciado cincuenta y dos puertas, postigos o ventanas abiertas, mientras que muchos ladrones y prostitutas conocidos habían sido encontrados "merodeando a una hora intempestiva". Estos últimos fueron detenidos y retenidos durante la noche. Desde que List había puesto a los vigilantes en las calles, sólo se había producido un robo en una casa, y eso fue en una propiedad fuera de sus rondas. El alguacil del condado detuvo a los ladrones esa misma mañana, y los vigilantes los reconocieron como si hubieran estado en las calles la noche anterior.

En 1849, cuando el condado de Midlothian tenía una extensión de 900 kilómetros cuadrados (en 2020 de 352 kilómetros cuadrados), todavía había sólo 31 agentes de policía para controlar la delincuencia. En el año comprendido entre el 1 de julio de 1848 y el 30 de junio de 1849, se habían producido 594 condenas, con 444 hombres y 150 mujeres. Esta cifra ha disminuido con respecto a las 647 del año anterior. Hubo 241 condenas por robo, 91 por asalto y violación de la paz, 71 por agresión simple, una por apuñalamiento, un homicidio culposo, 26 por robo y allanamiento de morada y 38 por caza furtiva. Al mismo tiempo, la guerra de List contra los mendigos continuaba. Cuando el hambre de los años cuarenta llegó a su punto álgido y las cosechas de patata fracasaron en Irlanda y las Highlands, la policía del condado expulsó a 1.648 mendigos, de los cuales 107 eran ingleses, uno de fuera del Reino Unido, 625 escoceses y 915 irlandeses. La policía hacía su trabajo, y List permaneció como Jefe de Policía de Midlothian hasta su jubilación en 1877. Murió en su casa de Edimburgo en 1883, a los 85 años.

List había puesto a la policía de Midlothian en una base segura con una fuerza que era eficiente para los delitos del condado. Eso no significaba que la vida estuviera libre de problemas para los habitantes.

6

LOS TRABAJORES DE LAS VÍAS

El jueves 7 de mayo de 1846, el propietario de la posada Arniston se encontraba nervioso ante la barra del Juzgado de Paz de Dalkeith. Acusado de permitir a sus clientes caer en una "conducta desordenada", explicó que no tenía la culpa de tener como clientes a algunos de los rufianes más revoltosos de Escocia. Los jueces de paz escucharon sus protestas, asintieron y llamaron a declarar al sargento Brown y al sargento Little de la policía ferroviaria. Los policías dieron su opinión de que la posada Arniston era "la casa peor conducida del distrito" y mencionaron que habían sido llamados allí con frecuencia para calmar los diversos disturbios que se producían.

Los sargentos consultaron sus cuadernos y declararon que hacia la medianoche del 15 de abril de ese año habían sido llamados para sofocar un disturbio en el Arniston Inn. Cuando llegaron, encontraron a un hombre desplomado junto a la puerta y sangrando por la boca; dijo que un grupo de obreros ferroviarios borrachos le había atacado. Los policías suspiraban y se miraban entre sí, sabiendo que no podían hacer mucho más que intentar calmar los ánimos. Hacían pequeños guiños cuando oían que el Arniston Inn podía perder su licencia, pero sabían que los alborotadores sólo irían a otro sitio. Por aquel entonces, la policía local estaba bastante harta de los trabajadores del ferrocarril, o de los «railway navvies», como se les conocía popularmente.

El nombre de «navvies» procede del siglo XVIII, cuando miles de trabajadores excavaron y labraron la excelente red de canales que constituía la vanguardia de la tecnología de transporte de la época. Otro nombre para los canales era el de "navegaciones interiores", por lo que los hombres que los excavaban eran conocidos como «navegantes», que pronto se acortó a navvies. Estos naviegos se ganaron una temible reputación por sus alborotos de borrachos el día de la paga y transmitieron tanto su nombre como su carácter a sus sucesores, los obreros que crearon la primera red ferroviaria del mundo, abriendo tajos y levantando puentes a lo largo y ancho del país. En todo caso, la historia recuerda mejor a los trabajadores del ferrocarril que a sus predecesores, posiblemente porque están más cerca de nosotros en el tiempo, tal vez porque había más de ellos o incluso porque los periódicos y los informes judiciales registraron su comportamiento.

Cuando los ferrocarriles se adentraron en Escocia, los railway navvies llegaron con ellos. Uno de los primeros de Escocia fue el llamado "ferrocarril de los inocentes" entre Dalhousie Mains y St Leonard's en Edimburgo. Los principales accionistas del ferrocarril eran los mismos hombres que poseían las minas de carbón: Sir John Hope, el marqués de Lothian, John Grieve, el factor del duque de Buccleuch, y la familia de Dundas de Arniston. Su línea se construyó para transportar el carbón desde los pozos de Midlothian hasta las chimeneas de la capital, que tanto necesitan de combustible. Como estas primeras líneas se crearon antes de la época de los ferrocarriles de vapor, los caballos arrastraban los vagones, pero primero había que cavar la línea. Al igual que las demás líneas ferroviarias, el trabajo era duro y peligroso, con accidentes entre la mano de obra. Por ejemplo, en abril de 1828 dos irlandeses, Archibald McCorkindale y Daniel McBryde, murieron cuando un terraplén en el que trabajaban se derrumbó y cayó sobre ellos. McBryde era viudo y tenía cuatro hijos a su cargo, lo que acentúa el carácter conmovedor de estos hombres que perdieron la vida trabajando en Escocia. Los trabajadores tenían mala reputación, pero se ganaban cada centavo que les pagaban los contratistas.

Había tres o quizás cuatro grupos distintos de navegantes. El primero era el de los irlandeses, que parecían tener la peor reputación, quizá inmerecida. En aquella época, la prensa despreciaba notablemente a los irlandeses que llegaban a Gran Bretaña como trabajadores temporales o porque la hambruna y la falta de oportunidades les empujaban a cruzar el mar de Irlanda. Había diferencias religiosas y culturales, ya que personas de origen predominantemente católico y rural intentaban establecerse en una Gran Bretaña en rápida industrialización y urbanización, principalmente protestante, mientras que muchos eran desesperadamente pobres y sólo hablaban gaélico. Quizá ilustre el lado oscuro de la naturaleza humana el hecho de que se les mirara con cierto desprecio y a menudo con miedo antes de que se asimilaran a la corriente principal de la sociedad. Los trabajadores irlandeses probablemente participaron en la mayoría de los trabajos de ingeniería en todo el país.

El segundo grupo era el de los navieros ingleses, a menudo procedentes de los condados del norte de Inglaterra y famosos por sus salvajes peleas, tanto si estaban borrachos como sobrios. Constituían la mayoría en Gran Bretaña en general, pero cuando las obras de ingeniería estaban en Escocia, eran menos numerosos que los escoceses o los irlandeses. Luego estaban los escoceses, que podemos dividir en Highland y Lowland. Los primeros trabajaban más a menudo en la mitad norte del país, excepto cuando venían al sur por trabajo y por las mismas razones que los irlandeses. La hambruna de la década de 1840 afectó tanto a las Highlands como a Irlanda, y hubo miles de hambrientos Highlanders que esperaban que el hombre de la casa encontrara trabajo y salario trabajando en el ferrocarril.

Con grupos tan diversos y antagónicos entre sí trabajando en la misma tarea, los contratistas no tuvieron más remedio que mantener separadas a las distintas nacionalidades. Los escoceses trabajaban en una sección de la línea, los irlandeses en otra y los contratistas solían colocar a los ingleses en medio. Cuando no trabajaban, los trabajadores se alojaban en varias casas de huéspedes en el asentamiento más cercano o en sus propios campamentos. Sus cabañas solían tener techo de césped, con interiores básicos que albergaban camas toscas y poco más. Estas cabañas podían albergar desde una docena de hombres hasta media docena de familias en las que el trabajador tenía a su esposa e hijos. Cuando la línea se desplazaba, estos campamentos temporales viajaban con ellos, una fuente de problemas y ruidos, acompañados de los evidentes peligros para la salud que dejaban un centenar o más de seres humanos acampados en lugares con, en el mejor de los casos, rudimentarias instalaciones sanitarias.

En 1846, Midlothian estaba bien acostumbrada al comportamiento revoltoso de los navegantes. En el verano de 1840, la policía de Midlothian, o Edinburghshire, estaba en estado embrionario, y el superintendente Alfred List tenía fama de ser duro con los vagabundos y otras personas sin domicilio fijo. En aquella época, se estaba creando la línea de ferrocarril entre Edimburgo y Glasgow, y los naviegos tenían la idea de que List los incluía en la categoría de vagabundos. En consecuencia, tomaron represalias organizando primero una manifestación en Dalkeith. Hubo un pequeño disturbio y un par de naviegos fueron arrestados. Como tantas veces en el siglo XIX, una detención llevó a un intento de liberar al prisionero, y en esa ocasión, la policía, ayudada por una partida de lugareños, levantó a otros tres navegantes.

Para añadir un insulto al encarcelamiento, List también prohibió a los navegantes poseer perros mientras estuvieran en Midlothian. Esto puede parecer duro, pero las peleas de perros eran populares entre ciertos sectores de la población, y a menudo daban lugar a apuestas y atraían a la zona a miembros de la fraternidad criminal.

Por eso, cuando la línea ferroviaria de Edimburgo a Hawick

se acercaba a Gorebridge, en Midlothian, la población local se preparaba para los problemas. Los padres aconsejaban a sus hijos que no emularan los hábitos de beber, maldecir y fumar de los trabajadores, las madres advertían severamente a sus hijas que se mantuvieran bien alejadas de estos invasores aterradores pero posiblemente seductores, y la policía respiraba profundamente y esperaba que los trabajadores no permanecieran demasiado tiempo o hicieran demasiado daño. Sólo los taberneros se frotaban las manos al pensar en los ingresos extra que podían generar unos cientos de sedientos navegantes... Siempre que se comportaran.

En febrero de 1846, la North British Railway era una de las principales empresas de la red ferroviaria del Reino Unido. Sus líneas se extendían por todo el país, y empleaba a miles de hombres, tanto en trabajos de ingeniería como en la conducción de los trenes, que tanto cambiaban la vida de la gente. La década de 1840 fue conocida como los Cuarenta Hambrientos, después de que una sucesión de veranos húmedos e inviernos sombríos provocara hambrunas, por lo que los trabajadores que trabajaban en la línea de Hawick vivían en condiciones miserables que agravaban su truculencia natural. En total había más de cinco mil navegantes en Midlothian a principios de 1846, algunos trabajando en la línea de Hawick y otros en la ruta a Glasgow.

Como es habitual, con una mano de obra multinacional, los contratistas mantenían separadas las distintas nacionalidades. La mano de obra escocesa, a cargo de los contratistas Graham y Sandison, y con una pizca de ingleses, se concentró en el tramo sur de la línea, en Hawick, cortando y construyendo el ferrocarril hacia Edimburgo. Los contratistas Wilson y Moore se encargaron de un número menor de irlandeses en la sección norte, en dirección a los Borders. Mientras que unos pocos irlandeses se alojaban en Dalkeith o Gorebridge, la mayoría vivía en campamentos alrededor de Crichton, con algunas cabañas que albergaban a veinticuatro familias que comían juntas y dormían en literas encajadas unas encima de otras. No había intimidad y las comodidades eran escasas, mientras que la comida solía proceder de las "Tommy-shops", tiendas gestionadas por los contratistas que ofrecían productos de calidad inferior a precios elevados.

El último sábado de febrero, los irlandeses se agolparon en el entonces pequeño pueblo de Gorebridge para cobrar. Cuando algunos hombres se quejaron de que los contratistas les habían estafado los salarios que les correspondían, los trabajadores no estaban en su mejor momento. Gruñendo, se disiparon en las casas de cambio y las posadas locales para gastar su dinero de la manera que mejor entendían. Sería el sueño de un tabernero, una clientela cautiva de trabajadores sedientos, todos con salarios que quemaban sus bolsillos.

Una veintena de navegantes se amontonaron en el pub de Somerville en Gorebridge, disfrutando del calor y de la camaradería. Algunos cantaban, con mucho humor por el fin de la semana laboral, y luego los siguió un empacador. Los empaquetadores eran vendedores ambulantes, hombres que recorrían las carreteras y caminos de la vieja Escocia vendiendo de puerta en puerta y llevando noticias y chismes, así como pequeños artículos que no siempre estaban disponibles localmente. En este caso, el vendedor ambulante vendía relojes y quizá pensó que un grupo de trabajadores recién pagados estaría tan borracho que compraría cualquier cosa. En cambio, uno de los trabajadores decidió quedarse con los relojes y no pagar por ellos. Tal vez se tratara de un intento equivocado de humor o de un auténtico robo, pero en cualquier caso se inició una secuencia de acontecimientos que acabó en disturbios y asesinatos.

Una vez que se hizo evidente que los sonrientes trabajadores no tenían intención de devolver sus relojes, los empaquetadores denunciaron el delito a la oficina de policía local. El sargento Brown, de la policía ferroviaria, y el agente Christie, de la policía del condado, entraron en Somerville's, detuvieron a dos hombres de los que sospechaban que eran los ladrones y los escoltaron a las celdas. Hecho el trabajo, respiraron aliviados por haber escapado tan fácilmente y se acomodaron para lo que esperaban fuera una noche sin incidentes.

Sin embargo, los trabajadores de las vías tenían otras ideas. Los informes de la prensa y de la policía no coinciden en lo que ocurrió después, pero no hay duda de los hechos principales. Una multitud considerable de navegantes, estimada entre 150 y 300, recogió picos, ganchos, palas y otras armas, y alrededor de la una y media de la mañana, marcharon en masa hacia la oficina de policía de Gorebridge. El sargento Brown y el agente Christie trataron de hacerles frente, y luego de superarles, pero los naviegos estaban decididos, furiosos y con una fuerza abrumadora. Irrumpieron en la oficina, derribaron a Christie con el dorso de un hacha y exigieron que Brown liberara a sus prisioneros. El sargento se negó, permaneciendo valientemente frente a la turba que rugía y gesticulaba. Incluso cuando uno de los trabajadores sacó una pistola y se la clavó en la cabeza, Brown no cedió, aunque el navegante le amenazó con "volarle los sesos". Mientras un puñado de navegantes retenía a Brown, otros pasaron a empujones, golpearon con sus picos la puerta de la celda, la abrieron de un tirón y se retiraron triunfantes con sus compañeros liberados.

Mientras la policía se lamía las heridas, los trabajadores se divertían por las calles de Gorebridge, con los habitantes, sin duda aterrorizados, acurrucados tras las ventanas cerradas y las puertas bloqueadas. Los navies hicieron saber a los lugareños que habían salido victoriosos, haciendo desfilar a sus compañeros liberados y gritando y ululando mientras marchaban. Era una de las pesadillas de una pequeña comunidad rural que se celebrara un «jaleo» de navegantes en su pueblo, pero lo peor estaba por llegar para los habitantes de Gorebridge.

Probablemente contentos de estar lejos de la vigilancia de su sargento, el agente John Veitch y el agente Richard Pace, de treinta años de edad, estaban revisando las casas de cambio y los pubs del campo, caminando de un lugar a otro para asegurarse de que no había ningún problema importante. Al pasar por la aldea de Fushie Bridge, (ahora Fushiebridge) oyeron el rugido de una turba de navegantes que se dirigía hacia ellos. Decidiendo que, en este caso, la discreción era con mucho la mejor parte del valor, los dos hombres se escondieron rápidamente detrás de un seto. No sabían que esta turba eran los mismos hombres que habían liberado a sus compañeros de la Oficina de Policía en Gorebridge y que ahora estaban en su camino triunfal de regreso a sus chozas destartaladas junto al agua del Tyne en Crichton.

Los naviegos encontraron a los dos oficiales y los sacaron de su escondite, gritando "asesinen a la policía" y comenzaron a patear a los agentes. Los mangos de los picos se movieron, las botas y los puños volaron, y los policías cayeron al suelo. Veitch consiguió ponerse a salvo, pero cuando alguien golpeó el mango de una piqueta en la cabeza de Pace, éste se quedó allí, aturdido, mientras le entraban las pesadas botas metálicas de los trabajadores. Su esposa, que se encontraba en su casa a un centenar de metros, debió de oír la conmoción, pero no se enteró de que los trabajadores estaban asesinando a su marido tan cerca de su casa.

Dejando a Pace hecho un lío sangriento y moribundo, los navegantes continuaron su ruidoso avance, dirigiéndose ahora al peaje de Arniston. Cuando fue seguro, dos jóvenes locales llevaron a Pace a su casa y lo dejaron con su esposa antes de correr a buscar al médico local. El médico no pudo hacer más que poner a Pace lo más cómodo posible. El alguacil permaneció inmóvil, mientras su esposa lo observaba y lloraba. Con el cráneo fracturado y el cuerpo cubierto de magulladuras, Pace, un hombre de la costa oeste, murió ese mismo día.

Mientras tanto, el superintendente Alfred List llamó a todos los hombres que pudo: veinticuatro policías uniformados era una fuerza insuficiente, por lo que pidió refuerzos a Edimburgo. El capitán Haining, de la policía de la ciudad de Edimburgo, envió veinticinco agentes que llegaron a Gorebridge y encontraron el pueblo tenso por la aprensión. La fuerza policial combinada detuvo a trece de los trabajadores irlandeses en un día, y a nueve más al día siguiente, pero la policía sólo acusó a estos hombres de disturbios y no del asesinato de Richard Pace. En ese momento, la policía no tenía ni idea de quién había cometido el asesinato.

Ofrecieron una recompensa de 50 libras (un año de salario para un trabajador) por información que condujera a un arresto.

Mientras tanto, la noticia del motín y el asesinato se había extendido. Los trabajadores escoceses de los Borders decidieron que tenían que hacer algo con estos intrusos en su país. El año anterior ya había habido problemas entre escoceses e irlandeses en Fife, cuando los navegantes escoceses colocaron avisos advirtiendo a "todos los hombres irlandeses" que se alejaran "del cultivo y de la propiedad del país... O si no, con la fuerza de nuestros brazos y una buena piqueta los apartaremos... de los hombres escoceses". Al final, las amenazas en Fife quedaron en nada y el trabajo continuó con ambas nacionalidades involucradas. Sin embargo, el recuerdo y el resentimiento permanecieron, y ahora los escoceses de la sección de Hawick de la línea se reunieron para vengar este desplante percibido en su honor nacional.

Alrededor de mil navegantes escoceses, dirigidos por un corneta y un gaitero, abandonaron su trabajo y marcharon hacia el norte, hacia los irlandeses en Crichton. Un número desconocido de ingleses se unió a ellos, sin importarle la provocación pero siempre dispuestos a unirse a una lucha libre. Era lunes, dos días después del motín y el asesinato, y los escoceses querían sangre. El ruido de sus pesadas botas marineras sacudía la campiña circundante como el tambor de un ejército invasor, y el abigarrado arsenal de armas que llevaban, picos, martillos y garrotes, era una ominosa advertencia de sus intenciones.

No es de extrañar que las noticias de su avance precedieran a las de los navíos, y la policía de Midlothian se preguntó cómo podría hacer frente a esta nueva fuerza de trabajadores ferroviarios agresivos. Incluso reforzados con el doble de efectivos por la policía de Edimburgo, se verían en apuros, por lo que la fuerza de Midlothian hizo lo que muchas fuerzas policiales hicieron a lo largo del siglo: pidieron ayuda a las fuerzas policiales vecinas, y luego al ejército.

La policía de Edimburgo respondió de inmediato. Llenaron un autocar con cuatro agentes y lo enviaron a toda prisa hacia el sur, a Gorebridge. Debió de ser una escena dramática, con los hombres vestidos de azul metidos en el vagón que se balanceaba, agarrados a sus altos sombreros y a sus porras, mientras el conductor hacía sonar su látigo y los caballos galopaban por la carretera. Los hombres sabrían todo sobre el motín y la muerte de uno de los suyos; más acostumbrados a las peleas en los bares y a los pequeños robos de los barrios de Edimburgo, se preguntarían a qué se enfrentaban en las tierras salvajes de Midlothian.

El ejército, sin embargo, tenía una amplia experiencia en la gestión de disturbios civiles. En los días anteriores a la policía civil organizada, la primera línea de defensa era el ejército. No era un papel que los hiciera populares, ya que sofocaban los disturbios en las ciudades y apoyaban a las autoridades contra los contrabandistas y la disidencia política. Ahora, el 4° de Dragones Irlandeses, la Caballería Azul o los Micks Montados en el Cuartel de Piershill se preparaban para montar y cabalgar para evitar un peligroso enfrentamiento entre los navieros de su propio país y una creciente turba de escoceses.

Y el ejército escocés estaba creciendo. Alrededor de las nueve de la mañana del lunes, la columna de más de mil navieros escoceses se detuvo en las fábricas de papel de Newbattle, a tres kilómetros de Gorebridge. Estaban organizados y furiosos, y aquí se les unieron unos ciento cincuenta mineros locales de los pozos del marqués de Lothian, hombres duros, que habían visto a los intrusos irlandeses campar a sus anchas por su zona durante demasiado tiempo. Se calcula que la fuerza combinada ascendía a 1.500 hombres: todos ellos duros y musculosos injertadores y todos ellos decididos a vengarse de los irlandeses.

Los trabajadores escoceses se dirigieron directamente a los campamentos irlandeses de Crichton Moss, sin duda con la esperanza de golpear al mayor número de hombres posible. Avanzaron, confiados en su número, con las gaitas gritando su ansia de batalla. Los irlandeses eran igualmente conscientes de su aproximación y se reunieron para hacerles frente, trescientos irlandeses combativos que ya se habían amotinado en Gorebridge y habían asesinado a un policía. Y entonces vieron los números que se les oponían.

Superados en número por unos cinco a uno, los irlandeses perdieron rápidamente su bravura marcial, se dieron la vuelta y huyeron. Tal vez algunos de los invasores escoceses los siguieron hacia el páramo salvaje que rodea el castillo de Crichton, pero la mayoría se concentró en el campamento, ahora indefenso, que los irlandeses habían dejado atrás. Los escoceses no tocaron a las mujeres ni a los niños que los irlandeses que huían abandonaron. En su lugar, los desalojaron antes de destrozar los asentamientos irlandeses y después prendieron fuego a lo que quedaba. Una vez destruido Crichton Moss, los escoceses se dirigieron a los otros campamentos irlandeses cercanos a Borthwick y los trataron de la misma manera.

Según los informes contemporáneos, los pocos policías no se mostraron de forma muy ventajosa mientras esto ocurría. Parecen haber sido inefectivos, casi se dejaron llevar por el pánico, así que cuando el Sheriff local Jamieson preguntó a List qué estaban haciendo, sólo pudo responder que estaban: "cuidando de sí mismos". En realidad, la Policía de Edimburgo no había sido creada para sofocar la violencia de las masas, sino para controlar a los vagabundos, los pequeños robos y los ocasionales disturbios en los pubs locales.

No contentos con sus despojos e incendios provocados, los escoceses buscaron entonces a los capataces irlandeses; atraparon a dos, Darbie O'Brien y Thomas Carrol, que habían permanecido en sus casas, en un cortijo cercano a Crichton Moss. Hubo un enfrentamiento y los capataces recibieron heridas leves. Tal vez la sangre de los escoceses estaba subida, o se sentían frustrados porque los trabajadores irlandeses les habían engañado en una pelea importante, pero siguieron cazando presas. El siguiente en su lista fue Thomas Martin, un contratista que vivía en la posada de Fushie Bridge. Un grupo de trabajadores invadió la posada, apartó a Barbara Wilson, la propietaria, y golpeó con un garrote las piernas de Martin. Martin corrió y los soldados lo agarraron y le rompieron la camisa mientras escapaba. Lo persiguieron por los campos hasta llegar a Catcune Mill, donde se refugió en una casa de campo. Mientras esperaban fuera, los trabajadores contemplaron la posibilidad de prender fuego al lugar con Martin dentro, pero decidieron no provocar el incendio y se marcharon, con el contratista todavía encogido entre las paredes de la casa.

Cuando las llamas de los campamentos se apagaron, y el ejército de navegantes se dispersó en un ruidoso triunfo, el sheriff Graham Spiers y la policía de Edinburghshire retrocedieron. Aunque Spiers quería la paz en su condado, no estaba desprovisto de simpatía por los navieros. Pensaba que los contratistas presionaban demasiado a los hombres por su seguridad y creía que las compañías ferroviarias debían ser en cierto modo responsables de imponer el orden, así como la religión y la moral, a la mano de obra. Sin embargo, tal vez lo más importante era el efecto que podía tener en la gente de su condado "tal exhibición de vida social".

Sin embargo, las buenas ideas y la desaprobación moral no podían resolver el problema, ni tampoco la presencia de un mero puñado de policías. Todo lo que hicieron fue observar los restos ennegrecidos de las casas de los trabajadores irlandeses, asentir con sabiduría y preguntarse qué hacer.

Cuando el carruaje del sheriff Spiers gruñó, con su escolta de sesenta hombres del 4° de Dragones Irlandeses, los trabajadores ya se habían ido. Spiers hizo lo que pudo; hizo que la caballería montara patrullas alrededor de los campamentos irlandeses y los utilizó para apoyar a la policía mientras registraba las casas públicas en la ruta de Gorebridge y Hawick.

Ese primer día detuvieron a diecinueve navieros, y otros fueron levantados en los días siguientes.

La presencia de la caballería ayudó a anular la posibilidad de nuevos disturbios, pero el rescoldo del rencor permaneció. El miércoles siguiente al asesinato, navieros escoceses e irlandeses se enfrentaron en Pathhead y un irlandés apuñaló a un escocés. Sus heridas sirvieron de advertencia de que los problemas podían estallar en cualquier momento. Hubo otro recordatorio cuando los irlandeses se dieron cuenta de que el enorme ejército escocés había regresado a los Borders, por lo que se reunieron para un contraataque. Alrededor de doscientos irlandeses enfadados se unieron para dirigirse al sur, sólo para que los dragones irlandeses, sus propios compatriotas, se pusieran en marcha ante ellos, con sesenta hombres con sable, disciplina y una determinación de hierro. Los navíos retrocedieron; no hubo más manifestaciones de problemas importantes.

Mientras tanto, el sheriff Spiers y la policía habían estado buscando a los hombres que asesinaron al agente Pace. Mediante un cuidadoso interrogatorio, habían obtenido nombres y descripciones. La policía buscaba a Patrick Reilly y Peter Clark. Reilly era un hombre "corpulento" (bien hecho y musculoso más que gordo) de alrededor de un metro setenta de altura, de unos cuarenta años de edad, con bigotes negros moteados de gris, chaqueta de chaleco de molesquín, pantalones y chaleco, gorra azul y "grandes botas de navegante. Clark era más joven, entre treinta y cinco y cuarenta años, un par de centímetros más alto, con pelo y bigotes arenosos, pantalones grises, chaqueta azul y de nuevo "grandes botas de trabajador".

Incluso si los nombres fueran auténticos, y no hay garantía de que lo fueran, los sospechosos podrían cambiarlos a voluntad. Las descripciones podrían corresponder a mil o más hombres que trabajaban en los ferrocarriles de todo el país. La policía nunca atrapó a estos dos hombres; tal vez otros navegantes sabían quiénes eran, pero si es así, nunca los delataron.

Los navegantes escoceses tuvieron menos suerte que los irlandeses. La policía acusó a nueve de disturbios y alborotos, de provocar incendios y de agredir, además de por daños malintencionados, tanto por el ataque a las cabañas irlandesas como por los asaltos a los contratistas. De los nueve, uno se llamaba Henry Brown, que podría ser un nombre escocés o inglés, mientras que los demás tenían nombres tan de las Highlands como la turba: Shaw, Morrison, McCracken, Grant, Mackay, McLean, McKillop y McQueen. Los jueces los enviaron a todos a la cárcel con penas que variaban entre los ocho meses de Shaw y los dos años de Brown. En junio, meses después de los problemas iniciales, la policía arrastró a un contingente de cuatro navegantes irlandeses al Tribunal Superior, desde donde viajaron gratis a Australia para cumplir una condena de siete años.

Ese fue, sin duda, el peor motín de navegantes en Midlothian, pero no fue el único problema en el que se vieron involucrados los navvies.

Por citar algunos: en febrero de 1847, los navegantes William Mann y Donald McIntosh fueron declarados culpables de agresión y alteración del orden público en Dalkeith y multados con 40 chelines. En junio de ese mismo año, cuatro navegantes irlandeses afincados en Dalkeith, entre los que se encontraban tres hombres de la misma familia, agredieron a los señores Samuel Baird. El sheriff les dijo que era inútil ponerles una multa, ya que sus compañeros de trabajo "recaudarían el dinero por suscripción" entre ellos, así que encarceló a los cuatro durante sesenta días.

Dos años después del asunto de Gorebridge, los navies volvieron a hacer de las suyas. Esta vez causaban problemas en Stow, entonces en Midlothian, aunque ahora forma parte de los Scottish Borders. Fue en julio de 1848 cuando la policía escuchó un rumor de que los navegantes estaban planeando una borrachera. El superintendente List no tenía intención de permitir otro motín, así que envió un fuerte destacamento de veinte hombres para prevenir cualquier problema. Llegaron a primera hora de la tarde, se instalaron en la escuela y se hicieron notar incluso antes de que los trabajadores llegaran a los pubs.

La policía había aprendido de la experiencia anterior a no

esperar a que los trabajadores controlaran la situación. Tan pronto como el nivel de ruido en uno de los pubs les advirtió de que el problema había comenzado, la policía entró con fuerza. Los navvies respondieron con un ataque general, pero en total contraste con su comportamiento en Crichton Moss, la policía sacó sus porras y, como dijo la prensa, "cargó con tal resolución y efecto que puso en fuga a sus oponentes". La carga de las porras fue suficiente para acabar con los problemas. Los naviegos se dispersaron sin más problemas y sin necesidad de una sola detención. En cierto modo, el trato con los navegantes había ayudado a la Policía de Edimburgo a alcanzar la mayoría de edad.

7

LOS HOMBRES DE LA RESURRECCIÓN

A las cinco de la tarde del 27 de diciembre de 1822, uno de los guardas de caza del marqués de Lothian regresaba a su casa en los terrenos de la abadía de Newbattle. Estaba cansado y frustrado, ya que había pasado todo el día cazando cazadores furtivos en las tierras de su amo, así que cuando oyó movimiento en el kirkyard de Newbattle, estuvo tentado de ignorarlo. Sin embargo, algo le convenció de investigar, y vio a tres hombres trabajando en una tumba.

Sólo había dos tipos de hombres que hicieran algo así: los sepultureros y los ladrones de tumbas, los temidos y odiados hombres de la resurrección. Era demasiado tarde para los primeros, y mientras el guardián observaba, se dio cuenta de que los hombres habían cavado en una nueva tumba y estaban levantando el ataúd que yacía dentro. El guardián no dudó más; al igual que la mayoría de la gente, tenía horror a los ladrones de tumbas. Levantando su mosquete de chispa, empujó el martillo hacia atrás, apuntó rápidamente y disparó.

El disparo debió de despertar a la tranquila aldea y, sin duda, tuvo su efecto en los ladrones de tumbas. Uno de ellos gritó "¡Asesinato! ¡Asesinato!" y los tres corrieron por el cementerio en medio de un pánico ciego, sin pensar en levantar el ataúd. Cuando el guardián inspeccionó el lugar, encontró un fino rastro de sangre que marcaba su ruta y supo que había golpeado a uno de ellos.

Este tipo de incidentes no eran infrecuentes en el siglo XVIII y principios del XIX. En aquella época, Edimburgo era uno de los principales centros médicos del mundo, con la facultad de medicina de la universidad justamente famosa. La anatomía era una ciencia en expansión, con conferencias públicas en las que los estudiantes se agolpaban para presenciar cómo se despojaba a los cuerpos humanos de su dignidad, piel y órganos internos mientras el cirujano explicaba el uso y la posición de cada uno. Desgraciadamente, nunca había suficientes cuerpos que pudieran obtenerse legalmente para satisfacer la demanda, por lo que los médicos hacían oídos sordos a otros métodos de suministro.

La ley establecía que los anatomistas sólo podían disecar a los criminales ejecutados, a los huérfanos sin aprendizaje y a los bebés sin bautizar. Sin embargo, cuando el Gobierno decidió que muchos delitos ya no eran capitales, el número de ejecuciones disminuyó y el suministro de cuerpos se tambaleó. La situación era diferente en otros países europeos, donde los anatomistas también podían disecar legalmente a las prostitutas después de muertas. Los anatomistas necesitaban cuerpos, y siempre había hombres sin escrúpulos dispuestos a encontrarlos, a un precio. El robo de cadáveres era un gran negocio, ya que un cuerpo de primera calidad podía llegar a costar 10 libras. Si comparamos esto con el salario medio de un trabajador, que con suerte se embolsaba una libra a la semana, las tentaciones eran evidentes.

Los proveedores de cuerpos tenían varios nombres, desde los omnipresentes ladrones de tumbas o ladrones de cuerpos hasta los hombres de la resurrección y los hombres del saco. Algunos criminales se especializaban en desenterrar a los recién fallecidos para venderlos a los anatomistas, y otros actuaban como «agentes» que informaban de los nuevos entierros. Otros eran meros picapleitos, hombres que esperaban ganar rápidamente unos cuantos chelines desenterrando un cadáver recién enterrado. A veces, deseaban no haberlo hecho.

En abril de 1742, Edimburgo bullía de ira. Se habían producido casos de robo de tumbas en la zona, que dieron lugar a disturbios, de modo que hasta el más duro de los hombres de la resurrección se habría mostrado reacio a arriesgarse con la turba de Edimburgo. Aun así, un hombre apareció en el puerto de Potterrow, con un sospechoso saco bajo el brazo. Cuando el guardia de la ciudad lo desafió, el hombre dejó caer el saco y corrió. Al abrir el saco, la guardia encontró el cuerpo de un niño, que pronto descubrieron que era el hijo recién fallecido de Robert Johnston, un fabricante de pelucas. El niño había sido enterrado en Pentland Kirkyard. La noticia se difundió rápidamente, y alguien debió reconocer al ladrón de tumbas como John Samuel, un jardinero local, ya que pronto se levantó una turba que se dirigió a su casa. Por suerte para él, Samuel no estaba allí, ya que había huido, dejando a su mujer y a sus hijos para que se enfrentaran a la furia de la multitud, que destrozó la casa y robó todo lo que consideraba digno de ser robado, excepto la ropa y las sábanas de la señora Samuel. Aunque la turba iba a incendiar la casa, la señora Samuel les dijo que no era de su marido, sino de un tal capitán Riddel y se alejaron, murmurando lo que le harían a Samuel cuando lo encontraran.

Mientras el cuerpo del niño era enterrado decentemente, esta vez en Greyfriars Kirkyard, John Coutts, el Lord Provost de Edimburgo, emitió una orden y una recompensa por Samuel, con la guardia de la ciudad así como la población local a la caza de él. Finalmente, la guardia de la ciudad llevó a Samuel ante el tribunal mientras su esposa llorosa lo observaba y el pueblo clamaba por su sangre. El juez se aseguró de que el pueblo cumpliera su deseo, pues ordenó al verdugo común que azotara a Samuel por las calles de Edimburgo. Después, el juez desterró a Samuel de

Escocia durante siete años. El destierro era un castigo común en la antigua Escocia, ya fuera de la zona, de la ciudad o del país.

Sin embargo, un ejemplo no fue suficiente para ahuyentar a los que pretendían cavar para conseguir dinero fácil. A principios del siglo XIX, el robo de tumbas estaba tan extendido que existía una auténtica alarma pública. En 1821, el reverendo W. Fleming, de West Calder, informó:

Se cree que pocos cementerios en Escocia han escapado a las manos devastadoras de los hombres de la resurrección; y se informa que, con respecto a un patio de la iglesia no muy lejos de Edimburgo, hasta hace tres años, cuando los habitantes comenzaron a vigilar las tumbas, las personas enterradas no permanecieron en sus tumbas más de una noche y que estas depredaciones se llevaron a cabo con éxito durante nueve inviernos sucesivos.

Naturalmente, los resucitadores eran de los delincuentes menos populares. En parte, esto se debía a que la gente no deseaba ver a sus seres queridos desaparecer de sus tumbas, ser expuestos desnudos y rebanados para la educación y el entretenimiento de una multitud de estudiantes embobados. Sin embargo, también había razones más profundas, más espirituales. En aquella época, existía la creencia de que cuando los muertos resucitaran en el cielo, Dios volvería a crear el cuerpo tal y como había sido en la Tierra. Existía el temor genuino de que si un anatomista diseccionaba un cuerpo, éste no podría ser resucitado en su totalidad, por lo que los profanadores de tumbas no sólo se llevaban los restos físicos de un ser querido, sino que también dañaban su vida en el más allá. No es de extrañar que los resucitadores fueran despreciados y odiados.

Si tenían cuidado, los profanadores de tumbas no corrían el riesgo de recibir un castigo importante, aunque la policía los detuviera, ya que llevarse un cadáver era sólo un delito menor. Sólo si se llevaban la ropa de la tumba o cualquier objeto que los familiares hubieran enterrado con el cadáver, podían ser condenados por robo, lo que podía llevar a su traslado a Australia.

Sin embargo, la gente no estaba dispuesta a limitarse a esperar que los resucitadores les dejaran en paz. Había formas de proteger a los muertos. El método más sencillo era asegurarse de que recuperar a los recién enterrados fuera difícil, compactando la tierra sobre la tumba y añadiendo unas cuantas capas de ramas, que, como sabe cualquiera que haya desenterrado alguna vez un árbol por sus raíces, son mortales para cavar. Un método más costoso era colocar una piedra mortal encima. La piedra de la muerte era una losa maciza que requería el esfuerzo de dos hombres para levantarla cuando el robo de la tumba dependía de la rapidez y el secreto. Los familiares retiraban la lápida al cabo de unos días, cuando el cuerpo que protegía se había descompuesto demasiado para ser de interés para cualquier anatomista. Por supuesto, los resucitadores tenían una solución: cavar en la parte superior de la piedra, romper el extremo del ataúd y sacar el cuerpo.

Luego estaba el mortsafe, que era demasiado caro para que la gente común se lo pudiera permitir. El mortsafe era una jaula de hierro que se colocaba alrededor del ataúd cuando se enterraba y se desenterraba después. A los sepultureros les encantaba enterrar los cuerpos para volver a abrir las tumbas unas semanas después y sacar una enorme jaula de hierro, lista para el siguiente entierro. Los ricos, por supuesto, tenían criptas familiares, cementerios familiares dentro de los cementerios, con muros de piedra y, a veces, pesadas puertas con cerradura con el nombre de la familia inscrito encima.

Lo más común y práctico era la práctica de tener una casa de la muerte en la que los muertos podían ser almacenados tras puertas cerradas hasta que estuvieran demasiado descompuestos para ser útiles, y de hacer guardia en los cementerios. Estos dos métodos se combinaban a menudo, con una casa de la muerte que combinaba su función con la de una torre de vigilancia, en la que los guardias podían refugiarse durante las horas de oscuridad.

Hay varias de estas torres de vigilancia en toda Midlothian, y eran necesarias. Aunque podía ser relativamente agradable hacer una guardia en verano, esperar en un cementerio durante la amarga lluvia de una noche de noviembre o diciembre ponía a prueba la resistencia y posiblemente los nervios de los más duros. Los hombres se reunían al anochecer, armados con un mosquete, una pistola o cualquier otra cosa que pudieran encontrar, se fortificaban contra el frío con un trago o tres de whisky (posiblemente de contrabando) y esperaban a cualquier intruso no deseado.

Midlothian cuenta con una gran cantidad de historias anecdóticas que hablan de las luchas entre vigilantes y ladrones. El relato más antiguo procede del kirkyard de Old Pentland, en Damhead, donde el *Caledonian Mercury* mencionó el robo de tumbas ya en 1742. La casa de vigilancia de Old Pentland data del siglo XVIII, presumiblemente como resultado de ese robo. Se encuentra a las puertas, con una chimenea que sugiere que los vigilantes se apiñaban alrededor del fuego, con la esperanza de que al menos un hombre vigilara las tumbas del interior. Una de las torres de vigilancia más fáciles de encontrar, y posiblemente la más impresionante, está situada en el cementerio de Dalkeith. Este edificio octogonal de dos plantas se erigió en 1827, poco antes de que los asesinatos de Burke, Hare y MacDougall aumentaran el temor a los ladrones de cadáveres. Dalkeith contaba con un Comité para la Protección del Nuevo Cementerio, que también utilizaba las cajas para cadáveres fabricadas por James McGill, un herrero de Dalkeith. Ese mismo año fue enterrado aquí William Thomson, el último hombre ahorcado en Dalkeith.

Según la leyenda local, el sepulturero, William King, fue abordado por un hombre que se hacía llamar Brownlee, quien ofreció un gran soborno si King enterraba a Thomson en una tumba poco profunda para que Brownlee pudiera desenterrarlo más rápidamente. Al año siguiente, el campanero local, Thomas Brown, fue acusado de estar aliado con los hombres de la resurrección; no hubo pruebas suficientes para demostrar nada, por lo que es muy posible que los asesinatos de Burke y Hares hayan creado sospechas sobre todos los sepultureros.

Todavía sobreviven otras torres de vigilancia, en Glencorse y Newton. Los vigilantes utilizaban el campanario de la iglesia de Lasswade; otras, como las de Penicuik y Newbattle, han sido demolidas. Es una pena que la gente haya destruido tanta historia construida, aunque es muy bueno que la necesidad de estas antiguas torres de vigilancia haya desaparecido.

Existen historias anecdóticas de muchos de los cementerios de Midlothian. Aunque muy pocos parecen tener pruebas documentales primarias, merece la pena repetir algunos relatos, ya que dan una idea de la época, aunque pueden ser apócrifos. Uno de ellos procede de Fala, donde los vigilantes dispararon a los presuntos ladrones de tumbas, pero le dieron a la cabra del ministro. Otras son del mismo tipo, buenas historias pero tal vez embellecidas por el tiempo y la imaginación.

Sin embargo, no hay duda de que el robo de tumbas tuvo lugar en Midlothian y que los hombres esperaban noche tras noche en los cementerios, algunos probablemente deseosos de defender a los muertos, mientras que otros disfrutaban de la convivencia de la alegre compañía en torno a una hoguera encendida y una botella de algo sensato. Y entonces llegaron los horrendos asesinatos de Burke, Hare y MacDougall.

En lugar de tomarse la molestia de desenterrar los cadáveres, Burke, Hare y MacDougall asesinaron a personas en los alrededores de Cowgate y Grassmarket de Edimburgo, proporcionando así al Dr. Knox, el anatomista, cuerpos extremadamente frescos. El descubrimiento y la detención de Burke y Hare horrorizaron a la nación y condujeron a la aprobación de la Ley de Anatomía en 1832.

Esta ley suavizó las restricciones para que los familiares pudieran donar los cuerpos a los anatomistas, que también podían disecar los cuerpos no reclamados. El Ministerio del Interior era ahora responsable de conceder licencias a los anatomistas, y la ley les prohibía disecar los cuerpos hasta que alguien los identificara. Los anatomistas también tenían que llevar registros legales y estaban sujetos a las inspecciones del gobierno. Lo que había sido un azote del país se desvaneció con sorprendente rapidez y pasó al folclore y a las historias nocturnas. Los muertos podían por fin dormir en paz.

❧ 8 ❧

LOS DESTILADORES DE PENTLANDIA

El whisky es la vida del hombre
Siempre lo fue desde el principio de los tiempos.

Las líneas anteriores proceden de una canción náutica que los trabajadores del siglo XIX entonaban mientras tiraban de la cuerda o se afanaban en el molinete. Es una canción para la gente corriente que conocía el sabor de un buen whisky y el calor que un trago del néctar de cebada podía producir en un día amargo en alta mar o en un día húmedo y lúgubre en los muelles de cualquiera de los puertos de Escocia. Escocia cuenta con unas cuantas canciones que incluyen el whisky, lo que puede decir más sobre la naturaleza sutil de la bebida que sobre la naturaleza bebedora del pueblo.

Ya en el siglo IV, un sabio llamado Aristóteles comentó que incluso el agua del mar podía ser potable cuando alguien la destilaba. Quizás un gaélico errante recogió sus palabras y añadió el conocimiento de que los cereales eran saludables y las bebidas espirituosas buenas para beber, o quizás los gaélicos lo tenían todo calculado sin ninguna aportación de un erudito clásico.

La leyenda afirma que el whisky llegó a Escocia cuando los galos empezaron a emigrar desde Irlanda hacia el siglo V o VI d.C. y puede que sea cierto. La historia temprana es sin duda oscura, cuando el whisky, de uisge beatha, agua de vida en gaélico, competía con el hidromiel, la cerveza y el vino por la popularidad en Escocia. Sean cuales sean los antecedentes, el whisky, elaborado a partir de cebada local y agua pura y dulce de la quema, era barato, refrescante y eficaz, de modo que, en 1494, incluso el rey Jacobo IV probó la que se convertiría en la bebida nacional de Escocia. Sin embargo, en 1579, la destilación debía estar tan extendida que el uso de la cebada para el whisky ponía en peligro la producción de alimentos, ya que el Consejo Privado, el parlamento escocés, aprobó una ley que sólo permitía a "condes, lores, barones y caballeros, para su propio uso" la facultad de destilar whisky.

Siendo los escoceses lo que son, el pueblo ignoró por completo la ley, aprendió a burlar a la autoridad ubicando sus destiladores a pequeña escala en lugares apartados y siguió destilando. El gobierno dejó de lado tranquilamente la prohibición y se preguntó cómo recaudar dinero con esta agua de vida. El primer impuesto escocés sobre la destilación llegó en 1644. El propósito era recaudar ingresos para financiar el ejército escocés que se alió con Cromwell contra el rey Carlos I a cambio de que éste aceptara el presbiterianismo en Inglaterra. Después de que los escoceses ayudaran a derrotar a Carlos, ocurrieron dos cosas: Cromwell no se adhirió al tratado y el impuesto siguió vigente. Tal es el resultado de confiar en la palabra de los políticos.

A finales del siglo XVIII y principios del XIX, el consumo de whisky era más que un hábito: era una forma de vida. Elizabeth Grant, en sus *Memoirs of a Highland Lady*, escribe que la bebida de whisky era "la perdición del país" y añade que "desde la mañana hasta la noche se bebía un eterno trago". Todo el mundo, desde el mendigo más pobre hasta el más rico del país, bebía whisky, incluso los niños. Con semejante demanda, no es de extrañar que los destiladores ilícitos se aseguraran de que también hubiera suministro.

La destilación de whisky es ahora un impulso multimillonario para la economía escocesa, pero en aquella época el gobierno no veía con buenos ojos la destilación por dos razones. En primer lugar, utilizaba grano en un momento en el que el país necesitaba todas las espigas de cebada, trigo y avena para alimentar a una población que se desplomaba con frecuencia. En segundo lugar, gran parte de la destilación en Escocia era ilícita y no aportaba ni un céntimo al erario público. En Escocia, "todos somos los hijos de Jock Tamson" era y es un dicho muy conocido. Sin embargo, el escenario estaba preparado, ya que la autoridad no veía con buenos ojos la destilación masiva de whisky, mientras que la élite consumía cantidades de bebidas espirituosas.

Después de que la Unión de los parlamentos escocés e inglés de 1707 formara el Reino Unido de Gran Bretaña, aparecieron funcionarios de aduanas en Escocia para detener tanto el contrabando costero como la destilación ilícita de whisky. La Unión fue impopular en Escocia, con un comienzo turbulento que incluyó un intento de invasión francesa en 1708 y levantamientos jacobitas en 1715 y 1719. En 1725, el descontento popular con la Unión era generalizado, especialmente cuando el gobierno impuso un impuesto de 3d por bushel sobre la malta. Cuando los habitantes de Glasgow consideraron este impuesto como una violación de la Unión y se echaron a la calle en forma de disturbios, se llamó al ejército, que fusiló a doce personas. A pesar del descontento, el impuesto se mantuvo, uno de una serie diseñada para recaudar ingresos para las guerras del gobierno. En aquella época, los montañeses disfrutaban tanto de su whisky que un visitante impresionado, el capitán Edward Burt, uno de los ingenieros del general Wade, declaró que algunos caballeros bebían hasta cuatro cuartos de galón de una sentada.

En 1782, se capturaron más de 1.000 destiladores ilícitos, y eso fue un año de una campaña que duró décadas. En 1793 comenzó la Guerra de la Independencia y el impuesto sobre la licencia aumentó un 300%, hasta las 9 libras, y en 1797 había subido a 54 libras. Los destiladores legales más grandes podían pagar el precio, mientras que los más pequeños renunciaban a la licencia o no la adquirían y destilaban ilegalmente. Tres años más tarde, el impuesto se duplicó de nuevo y, en 1803, aumentó a 162 libras. Con la destilación legal tan cara, la destilación ilegal prosperó. El aumento de la población, la creciente demanda de whisky y, con la muerte del comercio de algas y la lenta desaparición de la ganadería, crearon una situación en la que floreció la destilación ilegal. Proporcionaba puestos de trabajo e ingresos, y tal vez la emoción de hacer saltar el cobrador y arriesgarse con los militares añadía sabor al negocio. La destilación ilícita era estacional, y se producía cuando se recogía la cosecha, y los hombres se enfrentaban a periodos de inactividad forzosa.

El impuesto no sólo se mantuvo, sino que aumentó. Hay un dicho que dice que "el trabajo es la maldición de las clases bebedoras", pero el impuesto especial era y es sin duda la maldición de los destiladores de whisky. Durante un tiempo, a principios del siglo XIX, hubo una guerra virtual en el país, ya que los destiladores ilícitos llevaban su whisky a los mercados urbanos y el gobierno enviaba a los recaudadores de impuestos, al ejército e incluso a la marina para impedirlo. Hubo encuentros sangrientos entre las cañadas, sórdidos asesinatos en los straths y el crujido y el estruendo de los disparos perturbando la paz del norte, e incluso del sur de Escocia.

Aunque la mayoría de la gente reconoce el whisky como una creación de las Highlands, los habitantes de las Lowlands también destilaban el néctar dorado. Midlothian, con sus bulliciosas aldeas industriales, su proximidad al mercado de Edimburgo y sus extensiones de tierra salvaje, era un lugar perfecto para la destilación ilícita, y hay muchos cuentos e historias sobre los destiladores de Pentland.

Por la naturaleza de la bestia, la mayor parte de la historia de la destilación está oculta. Los fabricantes de whisky ilegal no escribían memorias, y sólo algunos de los que los agentes de policía y el ejército capturaron y persiguieron tenían su historia registrada en la policía, los periódicos o los tribunales. Los destiladores ilícitos de Midlothian parecen estar entre los más exitosos, ya que aparecen en muy pocos casos judiciales. Sin embargo, a veces los periódicos publicaban historias de las fuerzas de la autoridad que desenterraban destiladores ilícitos. Hubo un caso de este tipo cuando el *Caledonian Mercury* del 27 de octubre de 1808 declaró que un "destilador ilícito fue descubierto en Lawrie's Den en Soutra Hill". En este caso, el propietario anónimo del destilador creó sus propios problemas.

Al parecer, el destilador era un carretero con licencia, además de formar parte de un grupo de hombres que habían explotado un destilador en las laderas inferiores de Soutra Hill. Periódicamente llevaba su carro a Dalkeith para comprar barriles para guardar su whisky, pero en septiembre de ese año se llevó un barril sin molestarse en pagar. El tonelero se dio cuenta, y la siguiente vez que el destilador volvió, le exigió su dinero.

El destilador se declaró totalmente inocente del robo y añadió el insulto a la criminalidad al negarse a decir quién era o de dónde venía. Eso fue suficiente para la buena gente de Dalkeith: el destilador fue arrestado y encerrado en el ayuntamiento de vigilancia mientras continuaban las investigaciones. Comprobaron su carro, donde la licencia daba su dirección como Lawrie's Den.

La dirección hizo saltar algunas alarmas: ¿Por qué alguien de un lugar tan aislado compraría regularmente barriles vacíos? La única razón posible era llenarlos con algo, y la negativa del hombre a dar su nombre añadió combustible a la especulación de que era un destilador ilícito. Un funcionario de Hacienda se dirigió a Lawrie's Den para buscar el destilador. Encontró pruebas que incluían unos cuantos barriles de mosto, que era el líquido escurrido de la cuba de maceración, el recipiente en el que el destilador maceraba la malta, y encontró cebada sin maltear con agua.

Lawrie's Den era un lugar perfecto para un destilador. El nombre procedía de una casa pública que había allí, propiedad de un hombre llamado Lawrie. Era un lugar salvaje, donde los carreteros, los arrieros y otros vagabundos se reunían para beber y pelear. También se dice que fue el escenario de un asesinato cuando dos grupos de gitanos se pelearon. Al norte había una pequeña cabaña que era el hogar de una supuesta bruja llamada Margaret Dobson. Extrañamente, ese pareció ser el final del asunto. O bien no había suficientes pruebas o el crimen se ocultaba detrás de otro. Sin embargo, el caso era sintomático de una red de operaciones ilegales de este tipo que hoy sólo recuerda el folclore.

A un paso de la frontera sur de Midlothian y justo dentro de los Borders se encuentra Carlops, supuestamente llamado así por el Carlin's Loup, el salto de las brujas. Cerca de allí hay un lugar conocido como el Acero. Se trata de una casa solitaria situada en un bucle del Harlawmuir Burn y con vistas al Harlaw Muir y más allá a Auchencorth Moss. En el siglo XIX, aquí apenas se oía nada más que el susurro del viento, el silbido del brezo y la llamada burbujeante del whaup. El Steel fue también el hogar de John y Mary Cairns.

En aquella época, Carlops era una comunidad de tejedores, cada casita de la única calle principal estaba alquilada y ocupada con el tintineo de los telares en la trastienda. Los tejedores de telares manuales eran prósperos, y existía la emoción de un carruaje diario que iba a Edimburgo y la diversión bianual de una feria. John Cairns se dio cuenta de que convenía un poco de empresa privada y, asociándose con un tejedor de la cercana Monkshaugh, empezó a destilar su propio whisky.

Un destilador ilícito es fácil de ocultar en el pliegue de un páramo, donde la niebla a la deriva puede enmascarar el humo, pero el aroma distintivo es menos fácil de disimular. Cuando se hizo evidente que Cairns ganaba dinero y el gobierno no, los cobradores (hombres de los impuestos) acudieron a la llamada. En las aldeas rurales no hay secretos, y alguna persona servicial informó a Cairns de que estaba a punto de ser allanado. Ayudado por el tejedor de Monkshaugh, Cairns tomó todo su equipo, lo arrastró al páramo y lo enterró. Mientras tanto, los cobradores habían llegado a su casa.

Justo al lado de la puerta, un barril de whisky recién fabricado se mantenía descarado y desafiante, con el orificio abierto para que todo el mundo lo inspeccionara. Los inspectores estaban en la casa, buscando pruebas de infracción de la ley, pero Mary Cairns era una mujer ingeniosa y con recursos. Había estado vertiendo soor-dock (suero de leche) a través de un relleno, y ahora disimuló el barril de whisky colocando el relleno, untado de leche, en el orificio abierto. Por alguna razón, los cobradores no olieron el whisky, ignoraron el barril, ahora aparentemente inocuo, y salieron de la casa, sospechosos pero con las manos vacías.

John Cairns se alegró de estar en libertad, pero se alegró menos cuando Mary insistió en que una sola fuga de este tipo era suficiente. Con al menos un vecino desagradable dispuesto a denunciarlos, y los cobradores ahora sospechosos, la destilación sería más difícil en el futuro. John siguió el consejo de su astuta esposa y abandonó su intento de Libre Empresa. No hubo más destilación en la Steel.

Más al norte, en Swanston, había un destilador en Bowbridge. Según Robert Louis Stevenson, que conocía muy bien la zona y puede haber obtenido la historia de John Tod, el pastor local, también había un cobrador solitario. Este funcionario era un hombre alegre que tocaba la flauta mientras cabalgaba hacia Bowbridge, con los Craigs de Caerketton descendiendo en lo alto y el dulce Allermuir empujando detrás. Tocaba "Over the hills and far away" (Sobre las colinas y a lo lejos), cuya distintiva melodía alertó al destilador de su presencia. Al igual que mucha gente, el destilador no era reacio a saltarse la ley de vez en cuando si se interponía en su camino. Por eso, cuando oyó la flauta del cobrador, cargó el grueso de sus existencias en un carro y lo llevó a la parte trasera de Caerketton.

El destilador debía ser un conductor rápido, o el cobrador era muy lento, porque cuando el cobrador llegó a su casa, el destilador estaba listo para recibirlo. El cobrador comprobó todos los barriles de whisky visibles y cobró el derecho requerido. Después de eso, hubo un trago de compañía junto al fuego, sin que ninguno de los dos hombres mencionara los barriles no contados y no gravados que estaban escondidos en las colinas. Uno se pregunta si el cobrador tocó la flauta como advertencia.

Alrededor de 1820, había un pequeño destilador en Marfield, una granja en Walstone Muir, en los límites de las Pentlands. Con un compañero de Ninemileburn, el granjero explotaba su destilador y vendía el excedente a los buenos vecinos de Penicuik y posiblemente a los burgueses de Edimburgo, a unos quince kilómetros al norte. La destilería de Marfield se ganó una especial reputación por la calidad de su producto, y los cobradores se convirtieron en visitantes habituales en busca del destilador.

Estos antiguos destiladores consistían en el propio destilador, que generalmente era de cobre y se situaba sobre un horno de piedras sueltas. Un rollo, conocido como gusano, condensaba el líquido y lo dejaba caer en un recipiente que podía ser algo tan casero como una jarra de barro de fabricación local con una simple tapa. También había un mash-tun y, por supuesto, una fuente de agua corriente. En Escocia, nunca faltó el agua corriente. Los destiladores ilegales solían estar bajo tierra, con una tubería que salía del horno a la superficie, o el destilador los colocaba dentro de una tosca cabaña de paredes de paja seca, techada con brezo o césped que ayudaba a disipar tanto el humo como el aroma. Los cobradores buscaban en los páramos volutas de humo y esperaban oler la dulzura del whisky que atrapa la garganta, pero los páramos de Midlothian suelen albergar niebla en bolsas y pliegues de tierra y el perfume del whisky tiene rivales en el olor a brezo que transporta el viento susurrante. No fue una tarea fácil para los recaudadores, y nunca encontraron el destilador de Marfield.

Consciente de su éxito y de que sin pruebas sólidas no podía haber condenas, el granjero de Marfield se acercó un día a los cobradores y les comentó que era una pena que tanta búsqueda no hubiera conseguido nada. Cuando los cobradores aceptaron, el granjero les invitó a su casa a comer algo. Como era un día de mucho viento y los recaudadores estaban empapados y helados por haber recorrido el páramo empapado, aceptaron y la ama de llaves les dio de comer. También les sirvió licores caseros para calentarlos, y los cobradores bebieron alegremente, sin parecer resentidos por el hecho de que el whisky no hubiera pagado derechos.

Luego estaba Robert Scott. Era un hombre de Carlops sin esposa que lo mantuviera en el camino de la rectitud o lo ayudara en el destilador. Era muy conocido en el mundo de la destilación ilegal y, sin embargo, se sorprendió cuando un grupo de medidores viajó desde Edimburgo y fue directamente a su sede. Es de suponer que les habían dado información previa, ya que los cobradores, al igual que la policía, operaban a través de una red de informantes. Asaltaron el destilador de Scott en Stonypath, donde la calzada romana corre paralela a Windy Gowl, y el río Lyne proporciona agua clara de Pentland para el whisky.

Los cobradores no tuvieron piedad con el aparato. Destruyeron jarras y cubas, y luego cargaron el destilador de gusano y cobre en un carro, para llevarlo a Edimburgo. Tal vez Scott estuviera observando, echando humo de frustración, cómo los hombres del gobierno entraban en la vieja carretera llena de baches y avanzaban lentamente hacia el norte, pasando por Linton Muir y Carlops, Honeybrae y Spittal, hasta que en Nine-mileburn se detuvieron para tomar un rápido tentempié y algo para despejar el polvo de sus gargantas.

Thomas MacLean era el propietario de la posada de Ninemileburn, y en el pasado había aceptado gran parte del whisky libre de impuestos de Robert Scott. Escuchó las fanfarronadas de los recaudadores, vio el equipo atado al carro y dijo, en voz alta

"Si alguna muchacha quiere una cinta nueva, ahora es su oportunidad si corta esa cuerda".

Como sabe cualquiera que haya leído a Jane Austen, a las jóvenes de principios del siglo XIX les encantaban los lazos como accesorios de moda, y Helen Barr, una de las chicas de servicio, decidió que un lazo nuevo sería muy aceptable, gracias amablemente, señor MacLean. Siguió el carro cuando salía de Ninemileburn, esperó a que redujera la velocidad por una subida del camino, se lanzó hacia delante, cortó la cuerda de cáñamo que sujetaba el equipo de destilación y se alejó corriendo antes de que los cobradores la atraparan.

Uno a uno, los preciosos artículos cayeron al suelo y, en la penumbra de la noche, los lugareños los liberaron. Pronto Rob Scott tuvo su destilador de nuevo en condiciones de funcionar, y hubo whisky barato para la posada de Ninemileburn.

En Garvaldsyke, en las colinas de Pentland, había un destilador que era famoso en la zona y que parecía capaz de desafiar incluso a Glenlivet en cuanto a la calidad de su producción. Garvaldsyke se encontraba en la frontera más meridional de Midlothian, donde se unían Tweeddale y Clydesdale, lo que otorgaba al destilador una envidiable ventaja sobre los demás. Con Peebles, Lanark y Edimburgo en un radio de veintisiete kilómetros, los destiladores de Garvaldsyke tenían tres bases de clientes listas para su whisky. También contaban con un excelente suministro de agua, ya que la fuente de South Medwin Water pasaba dulcemente.

Quien eligió este lugar para un destilador sabía lo que hacía. En aquella época, las primeras décadas del siglo XIX, el gobierno no había determinado con precisión los límites de los tres condados, por lo que las autoridades locales debían tener cuidado de no pisar el territorio de un vecino. Garvaldsyke es también un lugar excelente para la seguridad, ya que los pantanos que lo rodean lo hacen casi inaccesible para cualquiera que no conozca los caminos secretos y los lugares secos. Mientras que la mayoría de los destiladores contaban con algún tipo de refugio, el de Garvaldsyke estaba completamente al aire libre, y los destiladores confiaban en su remota ubicación para protegerse de los recaudadores. Tenía la seguridad adicional de poder ver a la gente que se acercaba a gran distancia. Tres hombres trabajaban aquí en el destilador y el negocio prosperaba.

Se decía que el destilador utilizaba hasta dieciocho botas de malta a la semana y que el whisky se vendía a dieciocho chelines el galón. Un anciano trabajaba continuamente en el destilador, y dos jóvenes llevaban el whisky a caballo para venderlo en las ciudades, y compraban carbón para el destilador, además de la malta, a 2,5 chelines la bala. Todas las noches, uno de los destiladores dormía junto al destilador, utilizando una cuba como refugio, con el fondo orientado hacia el viento. Cuando llegaba la nieve del invierno, el vigilante dormía, o se acostaba, con los pies más cerca del horno.

Cuando los caballos no estaban ocupados transportando whisky, se refugiaban en la cercana posada Little Vantage. Durante un tiempo, los granjeros de la zona desconfiaron de los contrabandistas, pero una vez que se dieron cuenta de la alta calidad del whisky, se negaron a tocar el material de Glenlivet y otros lugares de las Highlands, y exigieron sólo "el verdadero Garvaldsyke". Incluso los habitantes de las Highlands, que bajaban para la cosecha de otoño, parecían preferir la destilación de Pentland antes que el whisky del norte. Si esta situación hubiera continuado, es posible que la futura industria escocesa del whisky se hubiera centrado en Midlothian en lugar de en Speyside y Moray.

A principios de 1814, los recaudadores se enteraron por fin de dónde estaba el destilador y decidieron que nada menos que una incursión completa funcionaría. Los recaudadores, con un grupo de soldados, atravesaron las colinas de Pentland y llegaron al pantano que rodeaba el destilador. O bien contaban con un informante local, o bien el recaudador era un experto en el manejo de las colinas, ya que condujo a sus casacas rojas directamente a través del musgo hasta el lugar del destilador. Sin embargo, los destiladores contaban con su propia red de inteligencia y debieron enterarse de que los cobradores iban tras ellos. Despejaron el lugar y se marcharon, por lo que los recaudadores sólo encontraron un par de viejas cubas maltrechas.

Una última historia de Pentland viene de Penicuik. Alrededor de 1810, algunas mujeres se detuvieron a beber del surtidor de agua de Delve Brae. El agua tenía un sabor exquisito, y las trabajadoras se entretuvieron probando más y más hasta que se dieron cuenta de que ya no estaban completamente sobrias. El jefe de la fábrica de papel se dio cuenta de que sus trabajadores estaban un poco indispuestos e hizo averiguaciones, levantando una ceja curiosa ante la noticia de este pozo único. Naturalmente, la noticia se extendió y, antes de que terminara el día, hubo un éxodo para examinar el misterioso fenómeno de un caño de whisky. Se descubrió que el agua del caño contenía licor, y una búsqueda exhaustiva desenterró un destilador ilícito con un barril de whisky que goteaba. El destilador fue destruido pero, como tantas veces, los cobradores no parecen haber localizado a los propietarios.

Por supuesto, no todos los licores ilícitos procedían de destiladores de whisky. En el siglo XVIII, Escocia también era famosa por el contrabando de licores y mercancías procedentes del extranjero. La Unión de 1707 no sólo fusionó el parlamento de Escocia con el de Inglaterra y Gales, sino que también introdujo nuevas leyes aduaneras y de impuestos especiales en Escocia. Hasta entonces, estas cosas apenas se conocían y, desde luego, no se aplicaban. Después de 1707, toda una nueva raza de funcionarios de aduanas e impuestos especiales pululaba por el país, creando todo tipo de dificultades a los trabajadores que intentaban ganarse la vida de forma deshonesta. Los pescadores escoceses también se dedicaban a transportar mercancías libres de impuestos, y la ya desaparecida comunidad pesquera de la Isla de Mayo era famosa por el contrabando.

Como Midlothian no tenía costa, no había contrabando directo desde el condado, lo que no significaba que la población no se viera afectada. En abril de 1735, los recaudadores, ayudados por un grupo de militares, se incautaron de dos carros de brandy y siete caballos cargados de licores franceses a las afueras de Dalkeith. El *Caledonian Mercury* comentó que "el increíble número de incautaciones realizadas últimamente... debe convencer al mundo de los efectos perniciosos del contrabando".

Es posible que el mundo se haya convencido, pero para la gente común de Escocia, que luchaba bajo el látigo de la pobreza, los impuestos especiales significaban precios más altos de los que podían pagar. Los contrabandistas no eran impopulares en el viejo Midlothian.

A lo largo del periodo de las guerras del whisky, el gobierno intentó todos los métodos para acabar con los destiladores ilícitos y los contrabandistas. Desde la imposición de elevadas tasas a todos los destiladores, pasando por la imposición de un impuesto considerable sobre el whisky, hasta la utilización del ejército como instrumento contundente para someter a los fabricantes de whisky, poco a poco se fueron dando cuenta de que podían ganar en un terreno, pero el ingenio nativo de los escoceses siempre encontraba otro. En 1822, con el ejército aún campando a sus anchas por el país, el gobierno pidió un canon de 10 libras y redujo drásticamente el impuesto. El contrabando y la destilación ilícita no desaparecieron de la noche a la mañana; de hecho, hoy en día todavía existe la turba, pero las autoridades habían acabado con el problema. Surgieron nuevas destilerías legales y Escocia ganó una industria que extendió su fama por todo el mundo. La guerra del whisky terminó gradualmente, y el gobierno retiró a los militares de aquella larga campaña intermitente. Las historias permanecen, pero la gente ha olvidado la magnitud de las operaciones contra la destilación ilícita.

Hoy en día, Escocia es famosa por su whisky, con destilerías desde Pencaitland, en East Lothian, hasta Orkney. No cabe duda de que habrá alguna destilación ilegal en algún lugar, tal vez incluso en Midlothian, ya que, en palabras del que tal vez sea el recaudador más famoso de todos los tiempos "la libertad y el whisky van juntos".

❦ *9* ❦

LOS MILITARES EN MIDLOTHIAN

Los soldados aparecen a lo largo de este libro, asomando por las páginas en pequeñas viñetas, ya sea como hombres que infringen la ley o como hombres que ayudan a la policía a mantener el orden en la comunidad o que ayudan a los cobradores a perseguir a los contrabandistas de whisky. En Midlothian, la principal base militar se encontraba a las afueras de Penicuik, pero quizá sea mejor echar un vistazo al soldado británico histórico antes de pasar a Penicuik propiamente dicho.

En el siglo XVIII, Gran Bretaña libró una guerra importante tras otra, con Francia como principal adversario, pero España, los Países Bajos y los Estados Unidos ofrecían enemigos alternativos, según el capricho de la política y las alianzas. En el siglo XIX, la mayoría de las guerras se produjeron en los márgenes del Imperio, pero en todos los casos, el hombre que estaba al frente de la política gubernamental vestía la maltrecha escarlata y servía por una miseria. Los periódicos y los libros de historia alababan su valor y determinación, pero la gente respetable seguía cruzando la calle para evitar al soldado británico.

Por muy profusos que fueran los elogios, la vida del soldado era dura, a menudo sórdida y podía variar de tediosa a aterra-

117

doramente peligrosa. Tenía más posibilidades de morir por enfermedad que en batalla y a menudo era tratado con desprecio por las mismas personas a las que debía proteger con su uniforme. Una vez que un recluta aceptaba el chelín de plata del Rey o de la Reina, salía de un mundo y entraba en otro. Si tenía suerte, encontraría una nueva familia con camaradas cercanos y una carrera. Si era desafortunado, podía ser víctima del acoso de los sargentos, del acoso cruel y de los castigos salvajes. Probablemente aprendería a beber en exceso y a reñir con civiles u otros regimientos; abrazaría el orgullo del regimiento y sería entrenado para moverse a la orden. El Imperio era su ostra, y podría ser destinado a cualquier lugar, desde la nieve profunda de Canadá hasta el calor sofocante de Birmania, desde la increíble belleza del sur de África hasta las islas de la fiebre de las Indias Occidentales. Podía ser increíblemente afortunado y no enfrentarse nunca a un enemigo, o podía tener una carrera dura y enfrentarse a la artillería francesa o rusa, a los dacoits birmanos, a los jezzails pastunes y a los assegais africanos. Los soldados esperaban pasar hambre, sabían que tenían prácticamente garantizadas las penurias y aceptaban las diversas enfermedades de la India como peligros del trabajo.

Por encima del soldado, dando órdenes y, en teoría, cuidando de él, había un grupo de oficiales, hombres que vivían en un mundo diferente.

Los oficiales del ejército podían ser de origen aristocrático, pero la mayoría eran hijos de caballeros del campo. Unos pocos ascendían a través de las filas, hombres cuya habilidad o valentía los elevaba por encima del techo social habitual. Muy pocos de ellos obtuvieron el rango de campo y sólo un puñado alcanzó la cima de su profesión. A lo largo del siglo XVIII y durante las primeras décadas del XIX, la mayoría de los oficiales adquirían los ascensos por compra, es decir, comprando el rango de un oficial que había muerto, había sido ascendido o había renunciado a su comisión. Algunos periódicos incluso anunciaban abiertamente las comisiones, como este ejemplo del *Caledonian Mercury* del 20 de febrero de 1800:

Las siguientes enseñas a los precios y en las estaciones que se mencionan a continuación están a la venta. Diríjase al Sr. Mason, nº 1 de Somers Place, Londres.

En el 3er Regimiento de a pie, St Kitts, Indias Occidentales £315
26º do, regresando a Inglaterra desde América £350
27ª do, Inglaterra £350
43º Do, en el pasaje de las Indias Occidentales a Inglaterra £350
53º Do San Vicente Indias Occidentales £315
63ª Do Inglaterra £350
71ª Do Escocia £350
75th Do East Indies £367 10/-

Ningún caballero se presentará con vistas a obtenerlas por debajo de los precios establecidos, o a menos que el caballero para el que se quiera la comisión tenga dieciséis años (la edad limitada por el Reglamento de Su Majestad) y pueda procurarse una recomendación respetable.

A pesar de los esfuerzos del duque de York, el sistema de compra continuó hasta la década de 1870. Ridiculizado en la rima infantil, el Gran Duque de York, o lo que es lo mismo, el Príncipe Federico, Duque de York y Albany (1763 - 1827) fue un militar de carrera que dirigió el ejército británico en Flandes en dos campañas en la década de 1790, con suerte dispar. El duque de York tuvo más éxito en la reforma de la administración cuando se convirtió en Comandante en Jefe. Fundó el colegio de personal y un "cuerpo de carreteros" que se convirtió en el Royal Army Service Corps. También fundó los departamentos de ayudante general y secretario militar y sentó las bases para una serie de reformas que continuaron a lo largo del siglo, creando un ejército que muy lentamente se hizo más eficiente.

No todos los soldados eran regulares. Había una desconcertante variedad de unidades militares a tiempo parcial y semiprofesionales para defender el país y actuar como alimentadores de las unidades que se enfrentaban a quienquiera que fuera el enemigo. Esto fue especialmente cierto durante las guerras francesas. Estaba la milicia, que se elegía por votación, aunque a menudo los ricos podían persuadir a un hombre menos rico para que ocupara su lugar, y para aumentar la milicia estaban los Fencibles. Estas formaciones se remontan a 1759, durante la Guerra de los Siete Años, y se reactivan en mayor número a partir de 1793. Los Fencibles eran regulares, pero sólo se alzaron para defender Gran Bretaña, aunque algunos ayudaron a guarnecer Gibraltar y muchos regimientos escoceses de Fencibles sirvieron en Irlanda durante el levantamiento de 1798. También estaba la Yeomanry, que iba a caballo y solía proceder de zonas rurales, y los Voluntarios, que incluían infantería, caballería y artillería. Algunos hombres pronto se dieron cuenta de que no eran aptos para la vida militar, y este anuncio del *Caledonian Mercury* es sólo uno de los muchos:

05 de marzo de 1795

Desierto
De la caballería Midlothian Fencible, que se encuentra en Kelso al mando del conde de Ancrum, el 14 de febrero
WILLIAM NASMYTH, carbonero, nacido en la parroquia de Ormiston y en el condado de Midlothian, de 30 años de edad, 1,5 metros de altura, tez pálida, pelo castaño, ojos grises y buena constitución. Se supone que merodea por los alrededores de Easthouses (donde residen su esposa y su familia), cerca de Dalkeith. Quien consiga que el mencionado William Nasmyth sea llevado a cualquiera de las cárceles de Su Majestad, recibirá una recompensa de dos guineas, dirigiéndose al oficial al mando en Kelso, o al Sr. Thomas Foggan en Dalkeith.

A medida que avanzaba el siglo XIX y el Imperio se expandía, la suerte del soldado era cada vez más variada y las condiciones en las que trabajaba mejoraban gradualmente. Pero los soldados no eran ángeles. Había ocasiones en las que se amotinaban en las calles, o recurrían a su recurrente vicio de la bebida y se convertían en una molestia pública. El ejército podía hacerse extremadamente impopular en Escocia, o podía ser el foco de un intenso patriotismo cuando los regimientos marchaban o regresaban de diversas guerras. Esa era la contradicción de la relación de Escocia con los soldados en su seno. En Midlothian, había una complicación adicional, ya que se traía a los prisioneros de guerra; el enemigo existía en medio del pueblo.

Anales de Greenlaw

Cuando la gente pasa por delante del flamante cuartel de Glencorse, a las afueras de Penicuik, o se asoma a la ventanilla de un autobús para ver lo que hace el ejército en la actualidad, muy pocos se dan cuenta de que están viendo un lugar cuya historia militar se remonta a más de doscientos años.

A principios del siglo XVIII, las guerras europeas alcanzaron un barniz de civilización. Se libraban principalmente por ejércitos profesionales altamente entrenados que dependían de las maniobras y las tácticas, y rara vez involucraban a los civiles, a menos que tuvieran la mala suerte de encontrarse en la ruta de los ejércitos en marcha. Sin embargo, cuando las batallas tenían lugar, eran tan feas y terribles como siempre y, para los soldados que estaban en la punta, las guerras eran bastante sangrientas y la vida del ejército brutal en extremo. Una cosa que había mejorado era el tratamiento de los prisioneros de guerra. En lugar de enviarlos a la esclavitud o matarlos sin más, los prisioneros eran tratados con cierta humanidad y mantenidos en campos de prisioneros de guerra. El sistema no era perfecto, pero suponía una mejora con respecto a lo anterior.

Durante las guerras revolucionarias y napoleónicas de finales del siglo XVIII y principios del XIX, Gran Bretaña luchaba contra Francia y sus aliados. Durante la mayor parte de ese periodo, la mayoría de los prisioneros enemigos serían trabajadores capturados por la Royal Navy, pero cuando el ejército británico regresó a las costas de Europa en la campaña peninsular, un número creciente de soldados franceses y aliados fueron capturados y retenidos como prisioneros en el Reino Unido. De los más de 120.000 prisioneros que hubo en la década anterior a 1814, alrededor del 10%, unos 12.000, estuvieron cautivos en Escocia. Estos desafortunados hombres fueron encarcelados en Perth, en el castillo de Edimburgo y en tres lugares distintos de Penicuik: Valleyfield, Esk Mills y Greenlaw House, que posteriormente se convirtió en el cuartel de Glencorse.

Durante la mayor parte de los años de guerra, las prisiones estuvieron razonablemente tranquilas, pero después de 1811, la población de prisioneros se disparó. Ese año corrió el rumor de que los prisioneros franceses del sur de Inglaterra planeaban escapar y tomar el control de la base naval de Portsmouth, coincidiendo con una invasión de Bonaparte a través del Canal. Esta ridícula teoría de la conspiración fue suficiente para que el total de prisioneros de Penicuik se disparara, ya que el gobierno distribuyó a sus cautivos por toda Gran Bretaña.

De los tres lugares que albergaban prisioneros de guerra, Greenlaw, era posiblemente el más histórico. Estaba a casi tres kilómetros de Penicuik, con la mansión de Greenlaw House convertida para contener prisioneros en los primeros años del siglo XIX. En 1813, el ejército añadió edificios adicionales al aumentar el número de prisioneros. El depósito se completó poco antes del final de la guerra, cuando el gobierno devolvió a los prisioneros a sus países de origen. William Chambers describió el campamento como "un grupo de barracones, rodeados de altas empalizadas, para el alojamiento de unos cientos de prisioneros que, día y noche, estaban estrictamente vigilados por centinelas armados". Chambers lo visitó un domingo y los vio "vestidos con toscas ropas de lana de color amarillo y la mayoría de ellos con gorros de tela roja o azul o capuchas parcialmente coloreadas; los prisioneros se dedicaban a diversas diversiones". En un rincón del campo había una caseta con "café de París" sobre la puerta, mientras que otros vendían pequeños artículos fabricados en la prisión a través de ventanas en la empalizada.

Mientras que los visitantes del castillo de Edimburgo pueden ver los calabozos donde los prisioneros franceses sobrevivieron a la guerra, Penicuik no aprovecha esa parte de su historia. Mucha gente ha oído hablar de la fuga de 1811 del castillo de Edimburgo, en la que decenas de atrevidos franceses bajaron por la roca del castillo con una cuerda y se dispersaron por el campo en su intento de llegar a Francia. Un hombre murió, las autoridades recapturaron a los demás, pero el recuerdo permanece. Muy pocas personas han oído hablar de los dramas que tuvieron lugar en Greenlaw.

En los primeros años, la mayoría de los prisioneros recluidos en Greenlaw eran trabajadores, y no todos tenían tantas ganas de cantar *La Marsellesa* como los hombres que escaparon de Edimburgo. En julio de 1804, sólo un año después de la apertura del depósito de la prisión, treinta y dos de los prisioneros decidieron que preferían servir en la Royal Navy, en lugar de languidecer en Greenlaw. Todos se ofrecieron como voluntarios a bordo del *HMS Roebuck*, lo cual fue una decisión que muchos podrían haber lamentado si las palabras del Dr. Johnson son correctas. Comparó la vida en el mar con la de estar en prisión, salvo que con el peligro añadido de ahogarse. Sin embargo, estos hombres eran prusianos, holandeses y flamencos, por lo que estaban implicados en una guerra en la que sus naciones desempeñaban un papel fluido en el mejor de los casos. El Roebuck había sido botado como una fragata de 44 cañones, en 1774, pero más tarde se convirtió en un buque de guardia. Es posible que los prisioneros de guerra fueran simplemente retenidos allí antes de ser transferidos a otros buques.

A veces, había destellos de auténtica humanidad que nos

recuerdan que la mayoría de la gente es decente incluso en tiempos de guerra. Los naufragios eran tan frecuentes entonces como los accidentes de coche ahora, y los trabajadores eran rescatados ocasionalmente por sus enemigos de guerra. A principios de 1807, un barco holandés desembarcó en las Orcadas, y los supervivientes fueron hechos prisioneros y acabaron en Greenlaw. Sin embargo, el gobierno decidió que los holandeses eran "trabajadores en apuros" y no prisioneros de guerra y ordenó su liberación. En abril, los náufragos supervivientes fueron llevados como pasajeros a bordo del *Norfolk*, un barco armado (mercante requisado por la Royal Navy) donde el capitán Richan los trasladó al Texel y los liberó.

Las cosas no siempre fueron tan felices en el campo de prisioneros de guerra. A pesar de tener el rango más bajo, el alférez Maxwell estaba al mando de los treinta y seis hombres de la milicia de Lanarkshire que custodiaban a los prisioneros. El 7 de enero de 1807, Maxwell ordenó a los prisioneros franceses que apagaran sus luces. Cuando los franceses no respondieron, Maxwell ordenó a uno de los centinelas que disparara en la habitación. Se oyó el agudo chasquido de un mosquete, un chorro de humo blanco, un chorro de llamas y el hedor acre de la pólvora quemada. El disparo mató a Charles Cortier, un trabajador de Dunkerque. Las autoridades tomaron medidas, en parte porque no estaban satisfechas con la respuesta de Maxwell y posiblemente también porque los franceses podrían tomar represalias contra los prisioneros de guerra británicos que tenían. Un oficial del sheriff arrestó a Maxwell, y su caso llegó al Alto Tribunal de Edimburgo en junio de ese año.

En su juicio, Maxwell se defendió enérgicamente. Afirmó que si sus órdenes habían causado la muerte, entonces había estado justificado al dar la orden. Dijo que su deber como oficial era mantener a los prisioneros bajo control. El juicio fue largo y complicado, y duró ocho horas, seguidas de otras dos en las que el jurado deliberó: ¿era un derecho del oficial mantener a los prisioneros de guerra bajo control por la fuerza, o era un asesinato ordenar a un centinela que disparara en una habitación de hombres desarmados?

Finalmente, el jurado llegó a una decisión. Maxwell no había actuado de forma premeditada, por lo que no era un asesinato, pero había sido responsable de la muerte de Cortier. Maxwell fue culpable de homicidio culposo y sentenciado a nueve meses en el ayuntamiento de Edimburgo.

Hubo un caso similar más tarde, cuando los prisioneros se volvieron revoltosos y lanzaron piedras y basura a los centinelas. El soldado James Inglis reaccionó mal, apuntando con su mosquete y disparando a través de la ventana. Su disparo mató a un trabajador danés llamado Simon Simonson. Al igual que el alférez Maxwell, Inglis fue arrestado y compareció ante el tribunal, donde el jurado lo declaró culpable de homicidio culposo. Sin embargo, mientras que el juez había condenado a Maxwell a una pena relativamente leve de nueve meses en Edimburgo, el soldado Inglis tuvo que soportar catorce años de transporte a Australia por el mismo delito pero con más provocación. Parecía que había una ley para los oficiales y otra para los hombres.

No todos los problemas afectaban a los prisioneros. Los soldados británicos eran muy capaces de discutir entre ellos sin que los prisioneros enemigos les sirvieran de excusa. El ejército británico estaba orgulloso de sus tradiciones de regimiento, ya que todos los soldados debían lealtad a la Corona, pero los regimientos individuales presumían de su propia historia y trataban a sus hombres como una familia extendida. Las rivalidades entre regimientos solían ser de larga data, ya que habían surgido de algún agravio décadas atrás, y las distintas unidades solían disipar sus frustraciones en salvajes peleas a puño, bota y hebilla de cinturón. Los regimientos de milicia se crearon para aliviar a las unidades regulares de las onerosas tareas de guarnición y defensa del hogar y no tenían la larga lista de honores de batalla de sus hermanos regulares, pero sí parecían adoptar algunas de las tradiciones del espinoso orgullo regimental. Fueron principalmente regimientos de la Milicia los que custodiaron a los prisioneros en

Greenlaw, y en algunas ocasiones, su orgullo regional se interpuso en el camino de la disciplina militar.

El 20 de noviembre de 1806, el oficial al mando de la Milicia de Stirlingshire envió al cabo William Dreghorn y a otro cabo de Penicuik a Greenlaw House con un mensaje personal. En su corto viaje, se encontraron con algunos soldados rasos de la Milicia de Lanarkshire. Tras las cortesías e insultos iniciales, las dos unidades demostraron el orgullo del regimiento llegando a las manos, y Dreghorn se llevó la peor parte.

Sin embargo, no se produjeron daños significativos, y sólo se separaron con oscuros murmullos y amenazas de violencia futura. Dreghorn informó del incidente a su oficial al mando, que lo descartó por considerarlo sin importancia y lo envió de vuelta a Greenlaw House con otro mensaje. Posiblemente en un intento de evitar más problemas, el oficial al mando ordenó que le acompañara un sargento de la milicia de Lanarkshire.

O bien resentido por lo sucedido en su anterior encuentro con los muchachos de Lanarkshire, o simplemente ultra precavido, el cabo Dreghorn llevó consigo su mosquete, ya cargado con cartuchos de bala. A pesar de que el sargento le aconsejó encarecidamente que no llevara un mosquete cargado, Dreghorn se echó la pieza al hombro y marchó por el camino con total desafío, o tal vez estaba buscando problemas con toda su alma.

Si buscaba problemas, los encontró. En el pequeño pueblo de Kirkhill, Dreghorn y el sargento se encontraron con cuatro hombres de la milicia de Lanarkshire. Como antes, intercambiaron palabras e insultos regimentales, y esta vez, en lugar de una ráfaga de puñetazos, Dreghorn niveló y disparó su mosquete. La bala se clavó en el soldado William McLeay, dándole en el lado izquierdo del abdomen. McLeay cayó de inmediato, y los demás se detuvieron, sorprendidos por el giro de los acontecimientos: Las palabras y los puños eran una cosa, y los mosquetes y las balas, otra. McLeay murió a la mañana siguiente, y Dreghorn fue detenido y acusado de asesinato u homicidio culposo.

Compareció ante el Tribunal Superior en febrero de 1807. El

juicio duró un día entero antes de que el jurado decidiera que Dreghorn era inocente. Tal vez fue un hombre con suerte, o tal vez el tribunal comprendió la pasión forjada por el orgullo del regimiento.

Los prisioneros franceses fueron activos e ingeniosos en sus intentos de fuga. En julio de 1813, un grupo de prisioneros franceses consiguió fijar un falso fondo en uno de los carros que transportaban los desechos humanos del campo. Tres hombres se apretujaron en él, y el carro salió del campo a cierta distancia. Cuando el conductor se detuvo para hablar con un amigo, los tres prisioneros escaparon y corrieron hacia un bosque cercano. Un soldado fuera de servicio y desarmado los reconoció y agarró al fugitivo más cercano, que sacó un cuchillo y lo clavó en el cuello y el costado del soldado, hiriéndolo gravemente, y luego siguió corriendo. Sin embargo, los soldados dieron la voz de alarma y tiraron al suelo a los tres prisioneros.

Hacia las cinco de la mañana del martes anterior al 6 de marzo de 1811, 23 de los prisioneros franceses de Eskmills se escaparon. Levantaron las tablas del suelo de su habitación y se abrieron paso para salir del campo. Por desgracia para ellos, tres centinelas patrullaban entre el campamento y el río Esk y no pudieron dejar de ver a más de una veintena de franceses salir del suelo. Los tres guardias gritaron un desafío, levantaron sus mosquetes y apretaron los gatillos. El mosquete de uno de los soldados falló, el segundo erró y el tercero dio en el blanco. Los guardias capturaron a otros cinco de los prisioneros, pero diecisiete consiguieron escapar a la campiña de Midlothian, provocando una persecución que duró días.

Los prisioneros de guerra franceses eran también un cuerpo artístico que creaba obras de arte originales para venderlas y recaudar dinero. Desgraciadamente, también utilizaron su talento para producir billetes falsos de una calidad lo suficientemente alta como para engañar incluso a los sospechosos comerciantes escoceses. Los franceses hacían circular estos billetes dándolos como cambio por los productos que fabricaban, o comprando artículos a los guardias. En diciembre de 1813, el soldado Thomas Gray estaba con la milicia de Kirkcudbright en Penicuik cuando el comandante Gore ordenó un registro en el cuartel en busca de billetes falsos. El capitán Dunn supervisó el registro y, además de los billetes falsos, encontró una carta que probaba que Gray había comprado o vendido artículos de paja trenzada a los prisioneros. Eso iba en contra de las normas, así que Dunn rebuscó entre las posesiones de Gray y encontró una selección de billetes falsos, entre los que se encontraban dos billetes falsos de 2 libras del Banco de Inglaterra y dos billetes falsos de 2 libras del Banco de Escocia. Gray afirmó que había encontrado los billetes cerca de la empalizada, nombre que reciben las vallas que rodean la prisión. Dijo que no se lo había dicho a nadie, ni siquiera a su mujer, y que no había intentado gastarlos. Su juicio fue el 30 de mayo de 1814 y se declaró inocente. Hubo algunas dudas sobre si la ley de falsificación se extendía a los billetes del Banco de Escocia, pero el tribunal decidió que sí, desafortunadamente para Gray. Gray llevaba diez años en el regimiento y nunca se había metido en problemas, pero el tribunal le impuso el máximo de catorce años de transporte.

Otros franceses dejaron su impronta de forma mucho más agradable, ya que J. Black, en *Penicuik and Neighbourhood*, insinuó que algunos de los prisioneros franceses se habían hecho muy amigos de las mujeres locales, con el inevitable resultado de que los bebés medio franceses aumentaron el acervo genético local. Es posible que haya quedado algún remanente de la Auld Alliance, ya que, en más de una ocasión, la población local confraternizó con los prisioneros de guerra franceses. Hubo un caso en el que Janet Hislop Delane y James Hislop ayudaron a escapar a tres prisioneros. Los prisioneros, el capitán francés Pierre Martys, el alemán Charles Etain del 17° de Dragones y el teniente francés Charles Foucald del 26° de a pie, habían estado en libertad condicional en Lanark en 1813. Hislop y De Lane fueron detenidos y juzgados en el Tribunal Superior, que los condenó a siete años por sus penas.

La batalla de Waterloo puso un sangriento punto final a las guerras francesas, y los prisioneros de guerra fueron enviados a casa mientras una paz desconocida descendía sobre Europa. Una vez terminada la guerra napoleónica, el ejército se redujo rápidamente al disolverse los regimientos. Sin una guerra europea en la que recoger clientes, el ejército tuvo que encontrar otro uso para sus nuevos y hermosos edificios. En 1844, el gobierno decidió disponer de prisiones militares estructuradas para los delincuentes. En Inglaterra, éstas se encontraban en Southsea Castle y Chatham, mientras que Greenlaw daba servicio a toda Escocia. Había gobernadores y capellanes, además de guardias, y sin duda Greenlaw se hizo tan famosa como lo es hoy el infame invernadero militar.

En 1849, el teniente coronel Jebb CB, inspector general, presentó su informe sobre Greenlaw. Decía que, en 1848, el distrito militar del que Greenlaw era la prisión tenía una población de 5.103 personas, y que de los 289 presos, 64 no sabían leer y 124 no sabían escribir, lo que indicaba un alto grado de analfabetismo entre los delincuentes en una época en la que la mayoría de la población escocesa sabía leer y escribir. Noventa, o casi un tercio, eran menores de 20 años y 183 tenían entre 20 y 30 años. Más de la mitad, 154, habían estado en el ejército durante dos años o menos, mientras que sólo dos habían sido soldados durante más de 21 años. La mayoría de los delincuentes militares, por tanto, eran soldados jóvenes o muy jóvenes que aún no estaban acostumbrados a la disciplina del ejército.

Las nacionalidades son interesantes: 80 ingleses, 140 irlandeses y sólo 69 escoceses. Jebb también registró las religiones, con 110 episcopales y 124 católicos romanos y 49 presbiterianos. Los delitos no fueron inesperados, con 147 desertores, y 42 por ausencia sin permiso. El Ejército había encarcelado a cincuenta y dos por embriaguez y a dieciséis por «conducta vergonzosa», lo que podía significar cualquier cosa. Treinta y dos estaban allí por "otros delitos" no especificados. El gobernador era el capitán Bristow, una vez del 54º de a pie, y ganaba 275 libras al año, además de casa y combustible gratis.

Aunque algunos de los prisioneros de la cárcel eran personajes muy desagradables, los soldados que escapaban del encierro tampoco eran siempre de carácter dulce y agradable. Como escribió Kipling, "los hombres solteros en los cuarteles no se convierten en santos de yeso". Mal pagados, tratados con dureza y susceptibles de ser enviados a guerras salvajes en rincones insalubres y primitivos del mundo, los guardianes de capa roja del imperio de la reina Victoria eran unos inadaptados y unos aventureros. A menudo eran hombres sin esperanza, jornaleros que no encontraban trabajo y jóvenes que ansiaban algo más que la vida en una fábrica o en las minas. Los regimientos a los que se unían estos hombres alternaban entre el servicio en el extranjero y el servicio de guarnición en el Reino Unido.

En noviembre de 1847, el 30th Foot tenía su base en Newcastle-upon-Tyne, en el norte de Inglaterra. Aunque tenía la designación territorial de Regimiento de Cambridgeshire, el 30º reclutaba en cualquier lugar donde se encontrara el regimiento. Muchos serían irlandeses, ya que el mal tiempo de la década de 1840 había afectado gravemente a las cosechas de esa isla, obligando a miles de hombres a unirse a los colores por pura pobreza. Otros eran escoceses o procedían de los terribles barrios marginales de la Inglaterra urbana o de las colonias del viejo Londres.

En noviembre de 1847, un cabo y dos soldados rasos del 30º se hicieron cargo de un prisionero y recibieron la orden de llevarlo a la prisión militar de Greenlaw. Uno de los soldados rasos era un hombre de Edimburgo llamado Campbell, con siete años de experiencia en el ejército, el otro era el soldado Robinson, un inglés que llevaba diecisiete años de uniforme. El cabo se llamaba Walker. No tuvieron ninguna dificultad en marchar hacia el norte y depositaron a su prisionero en Greenlaw. Con el deber cumplido, el cabo Walker pidió un pase para que los tres pasaran el día siguiente, domingo, en Edimburgo. El oficial al mando de Greenlaw accedió inmediatamente, y los tres hombres del 30° partieron alegremente hacia la capital.

El soldado Campbell parece haber tomado el control aquí, presentando a sus compañeros a uno de sus amigos de antes del ejército a unos kilómetros de Penicuik. Después de unos cuantos tragos para celebrar su reunión, los hombres del 30° continuaron su viaje, parando en una casa pública llamada Fisher's Tryst, donde el cabo Walker echó mano de su bolsillo para pagar su siguiente ración de whisky. Sus compañeros se dieron cuenta de que tenía más dinero en su cartera de lo que cabría esperar, y se preguntaron por qué un cabo tenía tanto dinero. Incluso después de dejar el Tryst, faltaban unos cuantos kilómetros para llegar a Edimburgo, y como la carretera no estaba todavía construida, había muchos tramos sin una sola casa a la vista. Aproximadamente cuatrocientos metros al norte de Fisher's Tryst, en una parte desolada de la carretera, el soldado Robinson se volvió hacia el cabo, levantó el puño y lo tiró al suelo.

Tomado totalmente por sorpresa, Walker cayó de inmediato, para quedar aturdido en el camino mientras Robinson le agarraba la garganta y lo sujetaba. Medio ahogado, Walker miró a Campbell en busca de ayuda, pero el hombre de Edimburgo sostuvo a Robinson. "Si haces ruido o te resistes", le dijo, "te mataremos".

Con Campbell actuando como centinela, Robinson registró los bolsillos de Walker. Se llevó la libreta de bolsillo que había anotado en el Fisher's Tryst, con su contenido de 2 libras y cuarenta y ocho centavos, así como un par de guantes y un pañuelo de seda muy elegante.

Todo el asunto duró sólo unos instantes y luego los soldados rasos dejaron a Walker tirado en el camino y continuaron tranquilamente su viaje a Edimburgo. O bien no eran los soldados rasos más brillantes o el whisky se había apoderado de sus sentidos, porque no intentaron disimular. Hacía algunos años que Campbell no había estado en Edimburgo y no sabía dónde encontrar un alojamiento decente, así que siguió el viejo consejo: en caso de duda, pregunte a un policía. Al encontrarse con un agente de policía en Clerk Street, le pidieron que les recomendara un alojamiento adecuado para pasar la noche. Siempre dispuesto a ayudar, el agente les indicó un lugar respetable en Sibbald Street.

Mientras tanto, el cabo Walker se había recuperado del golpe, la caída y sus consecuencias. Se levantó, se sacudió el polvo y decidió qué hacer a continuación. En lugar de buscar ayuda, Walker inició inmediatamente la búsqueda de los dos soldados rasos; después de todo, él era un cabo del ejército británico, no un civil blando. Se puso el sombrero en la cabeza y se dirigió a Edimburgo. La suerte quiso que se encontrara con el mismo policía en Clerk Street y le contara lo sucedido. El agente lo escuchó con atención, lo llevó a la oficina de la policía y le informó al teniente que estaba a cargo.

"Esperen aquí y déjennos esto a nosotros", ordenó el teniente de policía y envió un pelotón de policías a la casa de huéspedes de la calle Sibbald. Campbell y Robinson fueron sorprendidos y detenidos sin oponer resistencia. Se recuperó la cartera con la mayor parte del dinero todavía dentro, el pañuelo y los guantes, y ambos hombres tuvieron muchos años para arrepentirse de lo que probablemente había sido un momento de locura alimentado por la bebida.

Naturalmente, algunos de los prisioneros eran inquietos cuando estaban confinados, y en la década de 1850 hubo un par de intentos de incendio, peligrosos en la prisión construida con madera. Un artillero de la Artillería Real trató de quemar su celda en diciembre de 1850 y se le prorrogó un año más su detención en el ejército, y en marzo de 1851, Robert Warner, del 13° de a pie, fue condenado a un año de prisión por "incendio intencionado" cuando también prendió fuego a su celda.

En enero de 1847, parte del 76° Regimiento estaba destinado en Greenlaw, bien como barracones temporales o como guardias. Tres soldados rasos estaban de guardia cuando vieron una oveja vagando por un campo cercano. La tentación fue demasiada, y en pocos minutos la habían matado y habían vestido y cocinado una parte cuando el agente Merrylees, de la policía del condado, los encontró. Debió de ser un caso convincente para el consejo de guerra.

En 1875, se iniciaron las obras de reforma en Greenlaw y dos años más tarde asumió el papel mucho más alegre de depósito central de la brigada del ejército en el sureste de Escocia. En enero de 1881, un incendio destruyó el cuartel Douglas, de 140 pies de largo y dos pisos de altura, y el ejército levantó un edificio de piedra mucho más sensato al año siguiente. Los Royal Scots se hicieron cargo en 1880, y en 1960 Glencorse se convirtió en un centro de entrenamiento para la infantería escocesa.

En la actualidad, el ejército sigue ocupando el moderno cuartel de Glencorse. La torre del reloj, conocida en su día como "la fortaleza", sigue en pie desde los días en que los franceses miraban las cercanas colinas de Pentland y soñaban con la libertad, pero el tiempo ha alterado mucho la estructura. Las historias de los días en que Glencorse resonaba con acentos franceses, o cuando los jóvenes soldados miraban este lugar con presentimiento, se han perdido en su mayor parte, otra parte de la historia no contada de Midlothian.

10

EL PELIGROSO DALKEITH

Como mercado y ciudad del condado, Dalkeith atraía a todo tipo de personas, agricultores y trabajadores agrícolas, comerciantes y abogados, herreros y viajeros. Era el centro de Midlothian, y una ciudad con una historia notable, con el ejército de Cromwell gobernando Escocia desde el castillo de Dalkeith y toda la emoción de los ejércitos rivales que pasaban por allí en el siglo XVIII. El ayuntamiento era un lugar donde se impartía justicia y se contenía a los prisioneros, mientras que más tarde el ferrocarril conectó Dalkeith con Edimburgo y otras partes del país.

Mientras que algunos lugares del país estaban orientados hacia el interior, los comerciantes de Dalkeith eran más expansivos y, en la década de 1750, también poseían barcos como el *Helen of Fisherrow*, de 180 toneladas, o el arenero *Buccleugh* de Patrick Jackson and Company. Dalkeith era el centro bullicioso y vital de Midlothian, donde se congregaba la gente. Había antiguas iglesias, el tribunal del condado, la casa palaciega del duque de Buccleuch, traqueteantes diligencias y agitadas posadas, así como cierres abarrotados de pobres y casas de alojamiento para los indigentes. Pero un lugar así era un imán natural para los delincuentes a la caza de presas, mientras que los lugareños podían tener sus disputas. La presencia del ejército a menudo traía problemas, ya que decenas o cientos de hombres se agolpaban en la ciudad en busca de bebida y mujeres.

Los problemas jacobitas del siglo XVIII llevaron a ambos bandos a la zona, con la hueste vestida de tartán de Bonny Charlie marchando hacia abajo en su intento frustrado de sustituir a los germanos Georges por los autocráticos Stuarts, y una incursión de soldados del gobierno poco después. Como era habitual en la época, el romanticismo de los casacas rojas atraía a las jóvenes que anhelaban una vida más emocionante que la mundanidad de la existencia rural. Cuando la realidad de la vida militar se hizo presente, la mayoría lamentó su decisión. La prensa publicó la historia de una chica sin nombre del "barrio de Dalkeith" que dejó su vida de sirvienta para seguir el tambor en 1748. Ella creía que estaba casada con un soldado, aunque éste la "golpeaba y pateaba". Aceptó los golpes como parte de la vida, pero cuando él la llamó puta, "se lo tomó a mal" y volvió a Dalkeith, donde se suicidó. La vida era sombría para muchos en los no tan buenos tiempos.

Los soldados hannoverianos parecían tener predilección por causar problemas cuando se trataba de mujeres. En marzo de 1751, casi se produjo un motín en Dalkeith cuando un cuerpo de dragones intentó secuestrar a una prostituta local. Los hombres de Dalkeith se opusieron, lo que condujo a un violento enfrentamiento en el que ambas partes resultaron heridas y los dragones atravesaron la bayoneta de un hombre local tres veces.

Otro punto álgido fue la Feria de Dalkeith, celebrada en la amplia High Street, en la que los granjeros vendían animales y productos y los sirvientes de las granjas esperaban ser contratados para otro período. La feria también atraía a los menos respetables, los carteristas, los ladrones y los charlatanes que deseaban beneficiarse a costa de los demás. Como el dinero pasaba de mano en mano y las reuniones sociales eran la norma, se esperaba que las tabernas y las casas de cambio estuvieran alborotadas, con el resultado casi inevitable de peleas y asaltos.

Una de ellas ocurrió en octubre de 1791, cuando un grupo de hombres borrachos atacó a un obrero llamado Henry Macmillan. Eran las siete de la noche cuando se metieron con él, lo tiraron al suelo y lo estaban pateando alegremente cuando intervino un agente local llamado William Campbell. Aunque Macmillan fue "cortado y golpeado de forma bárbara", se recuperó felizmente, aunque sin conocer la identidad de sus agresores. En otras ocasiones, la gente no tenía la excusa de un uniforme o un día de feria para estar en desacuerdo; algunas personas simplemente no se gustaban.

Cuando los vecinos se pelean

La gente suele hablar de los "buenos tiempos", cuando se podía dejar la puerta sin cerrar y los niños jugaban seguros y felices en la calle. Eran tiempos de vecindad y espíritu comunitario. Tal vez esos tiempos existieron, pero en la Escocia del siglo XIX los vecinos eran tan propensos a pelearse como hoy, y cuando la fuerza policial estaba en pañales o no existía, los resultados podían ser muy desagradables.

Al igual que muchas de las antiguas ciudades escocesas, Dalkeith tenía una calle principal, la High Street, mientras que varias carreteras atravesaban la ciudad hacia las comunidades vecinas o lejanas. El grueso de la población vivía en los «closes», pequeños callejones que salían de las calles principales y que contenían viviendas o casas de campo. En uno de ellos, Bennett's Close, vivía James Gowans, que no siempre estaba de acuerdo con su vecino del mismo barrio, John Pride.

En 1825, Gowans tenía unos cuarenta años, un hombre de vida tranquila y aspecto apacible que parecía no tener problemas con nadie. Casado y con tres hijos, era tamborilero en la milicia y barbero de profesión. Su vecino, John Pride, era un jornalero agrícola, otro hombre de vida tranquila y sin antecedentes de agresión o violencia. Desgraciadamente, sus esposas no compartían el talante pacífico de los hombres, y sus discusiones y desacuerdos animaban a menudo la convivencia. Los vecinos de ambos lados se quedaban despiertos por las noches con los gritos de las mujeres, y el sonido de las voces elevadas era tan habitual que se hacía pesado vivir cerca de Bennett's Close. Por lo general, los hombres no se unían, dejando que sus esposas se desahogaran entre sí. Sin embargo, al menos en una ocasión, no fue así.

En algún momento entre las nueve y las diez de la noche del 20 de agosto de 1825, John Pride volvió a casa después de trabajar en el campo. Era la primera hora de la cosecha; había estado trabajando desde el amanecer, estaba cansado, hambriento y sólo quería encontrar algo para comer y relajarse durante una hora más o menos antes de caer en su cama. Sin embargo, no había llegado directamente a casa después de su trabajo, ya que él y media docena de sus compañeros de trabajo se habían detenido en Pathhead para refrescarse con un whisky. Desde allí había caminado hacia el Old Toll con un par de compañeros para tomar otro trago, y luego había añadido otro trago en el mismo Dalkeith. El orgullo consideraba que el whisky no le había afectado, se creía perfectamente sobrio, y ahora esperaba una noche tranquila.

Sin embargo, las cosas no salieron según lo previsto. Gowans estaba en la casa de su familia, esperando con la puerta abierta, vigilando hacia fuera como una araña cazadora. En cuanto vio a Pride, empezó a gritarle e insultarle, profiriendo todo tipo de amenazas. El lenguaje, según Pride, era soez. Pride no dijo nada en represalia, aunque su suegro, William MacMillan, que vivía con ellos, oyó el jaleo, abrió su puerta y soltó algunas imprecaciones interesantes. Ann, la esposa de Pride, escuchó a ambos, pero en esta ocasión no se unió. Tal vez consideró que la voz de su padre era suficiente defensa.

Ignorando el jaleo, Pride entró en su casa y buscó comida, pero la alacena estaba vacía. Ann le preguntó si podía salir y buscar una tienda donde reabastecerse, y él aceptó. Tal vez no deseaba cruzarse con James Gowans en su actual estado de ánimo agresivo, o posiblemente a Ann no le gustaba caminar por las oscuras calles nocturnas. En cualquier caso, en cuanto Pride salió por la puerta de su casa, Gowans estaba allí, asomándose desde la penumbra del local.

"¡Yo lo haré por usted!" dijo el suave y delgado barbero.

Antes de que Pride pudiera resistirse, Gowans se abalanzó sobre él, lanzando un tajo con algo largo y afilado. Pride sintió un dolor desgarrador en el hombro derecho; levantó las manos para defenderse y jadeó cuando algo le desgarró las dos muñecas y la mano izquierda.

"¡Ann!" gritó. "¡Ann! Trae luz".

Tambaleándose, Pride llegó a la puerta de su casa justo cuando Ann la abrió. Su vela iluminó a James Gowans mientras éste volvía a dar un tajo, con el parpadeante resplandor amarillo bailando desde la hoja de su arma. Pride sólo tuvo tiempo de echar un vistazo; lo suficiente para ver que Gowans había sujetado la hoja de la navaja a un poste y estaba preparado para darle otro golpe. Ann tiró de su marido hacia el interior y cerró la puerta de golpe mientras la sangre goteaba en el suelo. Pride tenía un corte de dos pulgadas y media de largo en el hombro derecho, las muñecas laceradas y un corte en el meñique izquierdo. Los Pride no se atrevieron a salir de la casa esa noche por si Gowan volvía a atacar, pero uno de los vecinos debió de informar del alboroto cuando llegó James Turnbull, el oficial del sheriff de Dalkeith.

Turnbull registró la casa de Gowan y encontró dos navajas. Una estaba metida dentro de un estuche y estaba brillante y limpia, como cabría esperar de un barbero; la otra estaba suelta en el fondo de un arcón, con la hoja doblada y ensangrentada: Turnbull estaba seguro de que era el arma utilizada en el asalto. Cuando el caso llegó al Tribunal Superior en diciembre, Gowans afirmó que Pride había utilizado un lenguaje amenazante y que luego le había atacado, pero dadas las pruebas y las lesiones de Pride, el jurado no le creyó, y el juez ordenó que fuera trasladado durante siete años. Fue un mal final para una disputa entre vecinos.

La pregunta era: ¿por qué? ¿Por qué el tranquilo Gowans había estallado de repente? ¿Era el resultado de años de tensión entre su esposa y la señora Pride? ¿O había albergado en secreto algún resentimiento durante años y ese día ocurrió algo que lo hizo aflorar? Como en muchos de estos casos, los motivos no estaban claros. Al menos, nadie fue asesinado en ese caso, lo que no puede decirse de otras disputas entre vecinos de Dalkeith.

Asesinato en el barrio

En Escocia, al igual que en gran parte de Europa, era normal que los habitantes de las ciudades vivieran en casas de vecindad. Las familias y los amigos se codeaban en la vida vertical, normalmente conociendo los asuntos de los demás, ayudándose en los malos momentos y a menudo discutiendo por detalles menores y pequeñas irritaciones. A veces, estas pequeñas disputas podían desembocar en problemas mucho más graves, como le ocurrió a un jornalero llamado James MacKenzie el 10 de julio de 1797.

Como es habitual en estos casos, existen varias versiones de los hechos, siendo el único hecho claro la muerte prematura de MacKenzie. La culpa la tuvo otro jornalero llamado Thomas Muir, mientras que la causa original de la disputa una discusión en la que no participaron ni Muir ni MacKenzie.

Tratar de desentrañar la verdad a partir de las diversas historias que se dieron en el juicio de Thomas Muir ante el Tribunal Superior es como seguir el hilo de un nudo celta en la oscuridad mientras se llevan guantes de jardinería. No hay duda de que Martha Graham, la madre de Muir, e Isobel Muir, su hermana, se vieron envueltas en una discusión con dos mujeres. Una se llamaba Montgomery MacKenzie, que era la hija de James MacKenzie, y la otra era Florence MacKenzie, que era la esposa de James MacKenzie.

En el juicio de Thomas Muir, Montgomery MacKenzie dijo que "comenzó una disputa entre Martha Graham y yo por no llevar a su hijo al trabajo". Cuando Montgomery MacKenzie se marchó, Martha Graham dirigió su ira hacia James MacKenzie, y cuando Florence MacKenzie acudió a apoyar a su marido, Isabel Muir levantó un atizador y la golpeó en la cara. Montgomery vio cómo Thomas Muir intentaba calmar las cosas arrastrando a su hermana y a su madre, y alguien también golpeó a Montgomery en el brazo. Después de eso, Graham e Isabel Muir volvieron a su propia casa en la cercanía y la disputa pareció calmarse.

Más tarde, esa misma noche, Montgomery estaba en su casa con su hijo en brazos, cuando Graham e Isabel Muir llamaron a su puerta. Sin dejar al bebé en el suelo, Montgomery se acercó, tras lo cual una de las otras mujeres la abofeteó, haciéndole creer a Montgomery que había herido a su hijo. La mujer también golpeó fuertemente a Montgomery con un palo, "lo que me dejó muy aturdida", dijo Montgomery al tribunal. Mientras estaba aturdida, oyó otro golpe pero no lo vio.

El marido de Montgomery, John Marshall, dio una versión ligeramente diferente de la historia. Dijo que cuando volvió del trabajo a las siete de la tarde, vio a las mujeres discutiendo e Isabel Muir golpeó a su mujer con el atizador. Después, Thomas Muir tomó un palo, golpeó a Marshall en la cabeza y golpeó a James MacKenzie. Durante esa agitación, Martha Graham, que había estado bebiendo, abrió de un empujón la puerta de Marshall y sacó a Montgomery por el pelo, al mismo tiempo que Isabel Muir derribaba a Montgomery con un palo. Según Marshall, en ese momento Thomas Muir "salió corriendo", tomó un martillo y golpeó a James MacKenzie en la cabeza mientras se agachaba. James MacKenzie murió al instante.

La esposa de James MacKenzie, Florence, dio un testimonio que casi coincide con el de John Marshall. También dijo que volvía a casa por la noche y que "vio a una multitud en el cierre" y le preguntó a su marido qué estaba pasando. James MacKenzie le dijo que Marta Muir y su hija estaban borrachas y "estaban abusando de él". Después de que Isabel Muir le golpeara en la mejilla, Florence subió al piso superior y la turba se disipó. Al cabo de un rato, Martha Graham e Isabel Muir volvieron a salir de su casa y golpearon la puerta de Montgomery. Florence dijo que oyó a Montgomery gritar "asesinato" y bajó corriendo a ayudar, con James delante. Dijo que no vio el golpe que mató a James.

Otros testigos añadieron detalles menores, como Alexander Wilson, que dijo haber tomado el bastón de Thomas Muir mientras atacaba a las mujeres, un hombre llamado George Crabb trató de retener a Muir antes de que golpeara a James MacKenzie y el sargento John Wilson, del 65° de a pie, pensó que Thomas Muir había intentado evitar que su madre causara problemas.

La defensa de Thomas Muir presentó una historia diferente. Dijeron que Muir no era culpable de asesinato, y ni siquiera de homicidio culposo, ya que estaba defendiendo a su madre de un ataque en ese momento. La defensa dijo que Muir "no tenía malicia previa y estaba obligado por las leyes de Dios y de la naturaleza a defender" a su madre "que en ese momento estaba tendida en el suelo y el fallecido encima de ella".

Tratando de dar sentido a las confusas pruebas, parece que las tres mujeres discutían, los hombres se unieron para apoyar a sus esposas y las cosas pasaron del abuso verbal al físico. Nadie discute que Thomas Muir golpeó a James MacKenzie con un martillo, aunque su motivo no está claro. El jurado declaró a Muir no culpable de asesinato, ya que el ataque no había sido premeditado, pero sí de homicidio culposo. Fue enviado al ayuntamiento de Edimburgo y languideció allí durante unos meses antes de que las autoridades lo liberaran el 2 de febrero de 1798. Había sido declarado inocente de asesinato y no podía ser encarcelado por homicidio culposo, ya que la fiscalía no le había acusado de ese delito.

Además de la confusión en los encierros, hubo refriegas en las calles.

Footpad

La palabra «footpad» no tiene los mismos matices románticos que "highwayman" o "pirata", pero suena mejor que el moderno "ladrón". Todas estas personas eran lo mismo, por supuesto: ladrones violentos y peligrosos. Quitando el brillo romántico de la historia, un salteador de caminos era simplemente un criminal sórdido y vicioso que causaba desgracias a los viajeros en el camino. La diferencia entre un salteador de caminos y un salteador de caminos es sencilla: Un salteador de caminos montaba a caballo para atacar a la gente, mientras que un salteador de caminos no tenía ese lujo.

Midlothian estaba tan afectado por estas plagas como cualquier otro lugar de Escocia, como descubrió James Taylor, un cantero de Dalkeith, el 3 de septiembre de 1836. Taylor estaba tranquilamente ocupándose de sus asuntos en High Street, llevando un paquete de ropa para su esposa, cuando un hombre llamado Thomas Wilson se acercó a hablar con él. Taylor no conocía bien a Wilson; de hecho, sólo lo conocía por su apodo de «Fittie» y había oído que podía ser problemático. Como Taylor no tenía ningún deseo de hablar con Fittie Wilson, se limitó a pedirle que le indicara cómo llegar al bar de Hare, con la esperanza de que Wilson captara la indirecta y desapareciera.

No hubo suerte. En lugar de eso, Wilson le llevó al pub Cussar's, donde el whisky barato y mortífero raspó la garganta de Taylor y unos ojos depredadores le observaron con recelo desde las oscuras esquinas. Taylor y Wilson brindaron a la salud del otro en un trago compartido, en el que Taylor sonrió con desgana y Wilson le permitió hacer la parte de pago. Incómodo en la compañía de Wilson, Taylor trató de escabullirse, pero Wilson lo siguió fuera del pub y hacia las oscuras calles secundarias, donde las casas apagaban la luz y las voces resonaban en las paredes de los edificios de piedra. Taylor y Walker caminaron uno al lado del otro, rozando los hombros, hasta que llegaron a una esquina donde la oscuridad era estigmatizante, y Walker abandonó toda pretensión de amistad.

Agarrando el pecho de la chaqueta de Taylor, Wilson le exigió seis peniques. Hoy parece una suma pequeña, aunque para Taylor representaría la mitad de la paga de un día. Además, el repentino ataque sería chocante; Taylor accedió a entregar el dinero si Wilson le llevaba a la casa pública de Hare. Por alguna razón, Wilson parecía muy reacio a entrar en ese establecimiento en particular e insistió en que Taylor le entregara el dinero allí mismo, así que Taylor lo hizo y la moneda de plata pasó de mano en mano sucia.

Agarrando los seis peniques en señal de triunfo, Wilson guió a su involuntario cautivo hacia el bar de Simpson (no de Hare). En la puerta había una mujer llamada Mary Bentley, y en cuanto vio a Wilson, le siguió la corriente, aumentando la inquietud de Taylor. Sabía que cualquier amigo de Wilson sería una mala noticia. Wilson, sin embargo, trató de apaciguar sus temores diciendo que "Simpson's es una casa decente y esta mujer es respetable". Por alguna razón, posiblemente relacionada con el reciente asalto en el callejón, a Taylor le costó creerlo.

Tras encontrar un asiento en un rincón tranquilo, Wilson pidió un gill de whisky que Taylor pagó amablemente, aunque Wilson y Bentley se encargaron de beber. Al pagar, tanteó el dinero, posiblemente debido a los nervios, y en lugar de entregar un solo seis peniques, le dio dos a Simpson. Wilson, que debía de estar observando atentamente, dijo que debía tener los seis peniques extra y se ofreció a "contar" con Taylor para conseguirlos, lo que presumiblemente significaba una competición. Sin embargo, el dueño del pub, Simpson, no quiso saber nada de eso y le devolvió la moneda a Taylor.

Una vez que se deshicieron de la moneda, Wilson decidió que debían marcharse, y Bentley estuvo de acuerdo. Taylor aún esperaba ir a su favorito Hare's, pero eso parecía imposible, especialmente cuando otra Mary McVicar, una mujer de mala reputación, se unió a ellos en el momento en que Wilson abrió la puerta. Sin embargo, Wilson accedió a que la casa pública de Hare's fuera su próxima parada, ya que se detuvo a hablar con la mujer.

Mary McVicar era conocida por la policía por delitos menores, y había vagos indicios de prostitución, que era inmoral pero no entonces ilegal. Taylor se sintió incómodo en presencia de McVicar, pero cuando él y Wilson avanzaron elegantemente por la calle, se sintió mejor cuando las mujeres se quedaron atrás y comenzaron a hablar juntas. Sólo cuando Taylor miró detrás de él se dio cuenta de que las mujeres le seguían. Cuando mencionó el hecho, Wilson se detuvo para darse la vuelta.

"¡Aléjate!" Wilson agitó un brazo enfadado hacia las mujeres. "¡Si nos siguen, les daré una patada!"

Al cabo de un rato, pasaron por delante de la herrería de William, y Taylor señaló que se encontraban en la carretera de Musselburgh y en ningún lugar cerca de la casa de Hare, comentario que pareció poner a Wilson furioso. Sin dudarlo, volvió a agarrar a Taylor por el pecho de su chaqueta, deslizó un pie entre sus tobillos y lo empujó. Taylor cayó desparramado hacia atrás en el suelo y se quedó mirando con pasivo asombro, pero aún consiguió agarrar su paquete.

"Su dinero o su vida", dijo Wilson. Evidentemente, era un hombre que no sabía crear líneas originales. Antes de que Taylor pudiera moverse, Wilson pidió ayuda a las dos mujeres. No se habían quedado atrás y ahora se acercaban con sus faldas, invectivas e insultos. Mientras McVicar se arrodillaba sobre el pecho de Taylor, Bentley metió la mano en el bolsillo, pero descubrió que los calzones estaban demasiado apretados para acceder a ellos. Maldijo y pidió a McVicar unas tijeras para abrir el bolsillo. Los siguientes momentos debieron de resultar angustiosos para Taylor, ya que Bentley le abrió el bolsillo de los pantalones y sacó su dinero, los cinco chelines y dos peniques, y luego tomó la navaja de Taylor. Wilson tomó la navaja para sí mismo. Las mujeres también se apoderaron del paquete que llevaba Taylor, con tela de algodón, piel de topo e hilo para su esposa.

Por fin, Taylor demostró su espíritu al liberar un brazo y girarlo hacia atrás para golpear al menos a uno de sus atacantes.

"Quítale la vida donde está", aconsejó enseguida Bentley, y Taylor decidió no seguir. Dejó caer la mano.

Con el dinero de Taylor agarrado con fuerza en la mano, Bentley se levantó la falda y echó a correr, con McVicar unos pasos por detrás y Wilson en la retaguardia. A pesar de toda su valentía con una Taylor muy dócil, carecían del más elemental sentido común. No intentaron esconderse, de modo que cuando una agitada Taylor informó a las autoridades de lo sucedido, Wilson fue detenido en menos de una hora. Ambas mujeres fueron detenidas ese mismo día. Como no había testigos, parecía que podría ser un caso de la palabra de Taylor contra la de los otros tres, hasta que se encontraron su cuchillo y el dinero en el bolsillo de Wilson.

Cuando el caso llegó al Tribunal Superior, en febrero, no hubo duda de la culpabilidad de los policías de a pie. El juez condenó a Wilson a cadena perpetua, a Mary Bentley a catorce años y a McVicar a siete. Cuando el juez anunció las sentencias, las mujeres perdieron toda pretensión de valentía y rompieron a llorar. Con suerte, Taylor consiguió evitar a esas personas mientras continuaba con su vida tranquila.

Es fácil comprobar que las mujeres de Dalkeith no eran unas cobardes, sino que eran tan animosas como los hombres, y muy propensas a infringir la ley. A la inversa, también podían ser víctimas.

Asesinato por envenenamiento

Nadie que conociera a James Kid diría que estaba felizmente casado. Su esposa era malhumorada, egoísta, tal vez arpía y ciertamente no era una mujer popular. Los vecinos sospechaban que los Kid tenían un matrimonio sin amor cuando decían que la pareja "no vivía junta como deberían hacerlo marido y mujer". Y en la primavera de 1753, los vecinos tendían a notar esas cosas en comunidades pequeñas y cerradas como Newton, a las afueras de Dalkeith. También se dieron cuenta de que, tras la muerte agónica de James Kid a causa de una misteriosa enfermedad, su esposa, Nicklas o Nicholas Cockburn, no estaba precisamente desconsolada. No mostró "ninguna preocupación natural", como dijeron sus vecinos.

Sin embargo, aunque los vecinos pensaban que Nicholas Cockburn era un poco insensible, nadie sospechaba de ella. La muerte era algo habitual en aquella época. Dos semanas más tarde, la tragedia volvió a golpear cuando el padre de Nicholas, Alexander Cockburn, también murió. Había trabajado como guarda forestal del conde de Hopetoun y estaba con su segunda esposa, la morena y guapa Susan Craig. Al dejar Newton, Nicholas Cockburn viajó a casa de su madrastra para ayudarla a preparar el entierro de su padre. Naturalmente angustiada, Susan agradeció la ayuda de Nicholas, sobre todo porque su hijastra estaba dispuesta a cocinar para ambas.

El 3 de abril de 1753, Susan Craig comió un plato de gachas y poco después enfermó violentamente. Experimentó terribles dolores de estómago y tuvo que retirarse a su cama, donde murió a las cinco de la tarde.

Una muerte fue desafortunada, pero dos resultaron sospechosas, sobre todo porque las dos fallecidas habían gozado de buena salud. Las autoridades detuvieron a Nicholas Cockburn y la llevaron ante Robert Dundas de Arniston, el Lord Justice Clerk, quien ordenó que los funcionarios registraran su casa. Cuando los registradores descubrieron una gran cantidad de arsénico, Cockburn admitió que había mezclado el veneno en el caldo de su marido y en las gachas de su madrastra, y la acusación sugirió que Nicholas Cockburn había matado a Craig para evitar que heredara el dinero de Alexander Cockburn.

Los asesinos femeninos no eran desconocidos, y la mayoría mataba a alguien cercano. Sin embargo, las víctimas habituales eran hijos ilegítimos, mientras que una mujer que asesinaba a sangre fría a dos de sus parientes más cercanos conmocionaba incluso al Lord Justice Clerk. Al decirle a Nicholas Cockburn que en otros países la podían romper en la rueda por sus crímenes, Dundas la condenó a la horca, con su cuerpo disecado públicamente.

Algunos crímenes eran igualmente atroces y posiblemente más repugnantes para la población en general, pero no conllevaban una sentencia capital.

Una escena de la más perversa lascivia

Después de un siglo de intentar frenar la marea de mendigos y vagabundos que deambulaban por las carreteras y caminos de Escocia, en 1672, los estados escoceses ordenaron a los magistrados que construyeran casas de corrección, o casas de trabajo, donde los mendigos pudieran ser recluidos y animados a trabajar. Una de estas casas de trabajo estaba en Dalkeith y era conocida como Charity Workhouse.

En 1758, el capellán y director de la escuela del hospicio era un hombre llamado James Forbes, que parecía eminentemente respetable para el mundo exterior. Casado, con una casa en Lugtonbridge y un cargo de responsabilidad, Forbes debía de cuidarse de que nadie supiera lo que ocurría a puerta cerrada. En lugar de cuidar a los niños a su cargo, Forbes abusaba de ellos. Cuando su esposa estaba amamantando al hijo de un caballero local, Forbes se llevó a su casa a cuatro de las niñas, de una en una. Mientras lloraban y trataban de defenderse, Forbes deslizó sus manos bajo sus enaguas "sobre sus partes íntimas" y luego las violó. Como dijo el *Scots Magazine*, fue "una escena de la más perversa lascivia".

Cuando fue llevado al tribunal en julio de 1758, Forbes negó haber tenido "conocimiento carnal" con cuatro niñas menores de doce años. Dijo que sólo habían sido tres niñas, no cuatro, mientras que su defensa argumentó que "ninguna ley señalaba la lascivia como asunto de venganza pública". Dejando a un lado la angustia de las niñas, la defensa añadió que la violación no podía cometerse con niñas menores de doce años porque según la ley "es incapaz de consentir y no puede tener voluntad". Cuando la defensa trató de rebajar la acusación a mera agresión, el juez no lo aceptó. Sentenció a Forbes a ser azotada por las calles de Dalkeith por el verdugo común, el 20 de agosto de 1758, y luego llevada al ayuntamiento de Dalkeith durante diez días. El 30 de agosto, un carro llevaría a Forbes a Edimburgo, donde volvería a ser azotado por las calles, antes de ser transportado a las Plantaciones de América del Norte de por vida.

Forbes fue un recordatorio de que siempre han existido individuos tan odiosos. Aunque la tecnología ha cambiado, la naturaleza humana no lo ha hecho, y los crímenes siguen siendo como siempre. En general, Dalkeith tuvo su cuota de crímenes, como cualquier otra ciudad de tamaño similar.

11

MANTENLO EN LA FAMILIA

En el siglo XIX, y todavía hoy, los miembros de una familia cometen muchas agresiones y asesinatos entre sí. En la mayoría de los casos, se trataba de que el más fuerte físicamente atacaba al más débil, ya fuera en un arrebato de embriaguez o en un ataque de frustración o miedo. Los maridos golpeaban a las esposas o a los hijos, y las madres asesinaban a los niños pequeños. Los asesinatos interfamiliares eran tan frecuentes que es prácticamente imposible escudriñar las noticias de una semana del siglo sin encontrarse con uno o más casos de este tipo de ataques.

El número de casos registrados de palizas a las esposas era espantoso, y los tribunales de policía se encargaban de la mayoría de los casos y dictaban sentencias de hasta sesenta días. Más trágico aún es el número de casos de asesinato de niños, generalmente a manos de la madre. En una época en la que la respetabilidad era primordial y en la que no existía la moderna red de seguridad social, las madres solteras solían ser tratadas como parias de la sociedad y se las dejaba solas con la manutención de un hijo ilegítimo. La combinación del estigma social, la pobreza y la depresión postnatal puede haber sido la causa de que muchas madres jóvenes se deshicieran de sus bebés recién nacidos. En la mayoría de los casos, los tribunales se mostraban comprensivos e imponían la mínima condena posible, pero en ocasiones el juez se ponía la gorra negra y la madre terminaba su vida en la horca. Una tragedia así ocurrió, en febrero de 1726, cuando el verdugo público "remató" a Margaret Millar en las afueras de Dalkeith por el asesinato de su hijo. Esa doble tragedia fue sólo una de las muchas que se produjeron cuando los miembros de la familia descubrieron que las circunstancias eran más de lo que podían soportar.

El asesinato de la esposa

En muchos casos de maltrato a la esposa o al marido, el alcohol era un factor importante, pero a veces había otras causas. En un caso ocurrido en Loanhead en 1819, se ignoraron las primeras señales de advertencia de posibles problemas. Peter Lawrie era un hombre local con un trabajo local. A las cinco de la mañana del 22 de diciembre de 1819, su colega George Baillie llamó a su puerta para informar a Lawrie de que no iba a trabajar ese día, por lo que no era necesario esperarle.

Los dos eran amigos desde hacía tiempo, así que Baillie no tuvo reparos en entrar en la casa. Todo era normal: Lawrie se estaba vistiendo para ir a trabajar mientras su mujer, Agnes Scott, preparaba los desayunos y el pequeño correteaba por el suelo estorbando a todo el mundo, como suelen hacer los niños pequeños. Baillie levantó al niño y lo mantuvo fuera de peligro mientras hablaba con los padres. Como de costumbre, Lawrie estaba "bajo de ánimo", pero por lo demás parecía bastante razonable.

Devolviendo el niño a sus padres, Baillie salió de la casa y se dirigió a su casa, sólo para recordar algo que había olvidado decir. Cuando Baillie regresó a la casa de los Lawrie, un cuarto de hora después de su primera visita, todo había cambiado. Agnes estaba tumbada en la cama, sangrando, y había un charco de sangre reciente en la chimenea. Lawrie estaba sentado cerca con la cabeza entre las manos, y la niña corría de un lado a otro, llorando. Aunque Baillie pensó que ya estaba muerta, intentó ayudar a Agnes. Tras intentar contener la sangre que manaba de su cabeza, despertó a otro vecino, William Tweeddale, y le dijo que buscara un médico: Rápido. Para entonces, Baillie pensó que Lawrie parecía "levantado" o agitado, aunque seguía sentado en la cama junto a su mujer.

Cuando el médico llegó, vio inmediatamente que Agnes Lawrie estaba gravemente herida y decidió enviarla a la Royal Infirmary de Edimburgo. Pidió un carro y la subió a bordo. Baillie se sentó al lado de Agnes en el largo y traqueteante viaje mientras la sangre se filtraba por una herida en la cabeza. Baillie pensó que parecía demasiado enferma y cansada para hacer preguntas, pero ella dijo que su Lawrie la había "derribado", que era lo que él sospechaba.

Dadas las pruebas, no es de extrañar que Lawrie fuera detenido y acusado del asesinato de su esposa. En la madrugada del 24 de diciembre, George Dichmont, un oficial del sheriff, se presentó en la casa de Lawrie, lo que probablemente no fue el mejor regalo de Navidad que tuvo Lawrie. Dichmont lo encontró acostado en la cama con uno de sus hijos y lo llevó inmediatamente a la cárcel de Calton, en Edimburgo. Durante el viaje, Dichmont entabló una conversación y pensó que Lawrie estaba cuerdo; hablaron de Agnes, y Lawrie dijo que se arrepentía de haberla golpeado y que esperaba que volviera con él cuando se recuperara. Por desgracia, no fue así. Cuando unas manos bondadosas llevaron a Agnes Lawrie al cuidado del Dr. Newbigging en la Royal Infirmary, el médico descubrió que tenía una grave herida en la parte posterior de la cabeza y que estaba delirando. Agnes nunca se recuperó lo suficiente como para dar su versión de los hechos y murió seis días después.

En el juicio de Lawrie en el Tribunal Superior de Edimburgo, el 14 de febrero, el jurado escuchó las posibles razones por las que había atacado a su esposa. Al parecer, procedía de una familia con antecedentes de enfermedad mental. Tenía un tío

Peter que era conocido como "Dafty Pate Lock", mientras que su abuela materna era conocida por estar "sujeta a ataques de abatimiento". Según Elizabeth Hunter, que había vivido con su madre durante veinte años y conocía bien a Lawrie, éste siempre había sufrido lo que ella llamaba "enajenación mental", aunque nunca se le consideró violento con nadie.

No parecía haber ninguna duda de que Lawrie sufría ataques de depresión, o "ánimo decaído", como lo denominaba Baillie. Baillie dijo al tribunal que "le hacían parecer que no estaba del todo bien, pero no podía decir que estuviera loco". Mencionó un caso a principios de invierno en el que Lawrie le había pedido que "viniera a verle ahorcado", una predicción que bien podría hacerse realidad si el juicio fuera en su contra. Otros testigos en el juicio, entre ellos un colgador de papel llamado John Hook y un panadero llamado John Thomson, también estuvieron de acuerdo en que Lawrie estaba a menudo deprimido.

Cuando el Dr. Renton, de Penicuik, compareció como testigo, dijo que, en enero de 1819, Lawrie tuvo un tifus que le hizo estar "enfermo del cerebro" en la cama durante diez semanas. Las secuelas fueron un estado de "melancolía" que terminó con el consejo del Dr. Renton de salir y conocer más a la gente. Renton también dijo que, en una ocasión, Lawrie había acudido a él con la historia de que había perdido a su hijo a manos del diablo y que dos hombres venían a por él. Renton creía que era un hipocondríaco.

Cuando el juicio llegó a su punto álgido, la defensa dijo que tres hombres podían hablar en nombre de Lawrie, pero no estaban disponibles. Todos ellos estaban presos en la cárcel de Calton, y uno de ellos estaba condenado a ser trasladado por sedición. Después de decir inicialmente que la ley prohibía a las personas en su situación prestar declaración, el juez acabó dando permiso. Las pruebas dieron un mayor respaldo al mal estado mental de Lawrie.

La defensa no negó que Lawrie hubiera matado a Agnes; en cambio, argumentó que "durante algún tiempo antes de cometer el acto fatal, y en el momento de cometerlo, sufrió una enajenación mental". El juez estuvo de acuerdo. Lawrie fue declarado culpable y condenado a permanecer en una institución mental durante el resto de su vida o hasta que su familia garantizara que podía mantenerse en seguridad. Fue un caso trágico que puso de manifiesto la necesidad de una mejor atención médica, más que demostrar la intención asesina del asesino.

Otra esposa asesinada

Otros hombres mataron a sus esposas sin la excusa de la enfermedad mental. La noche del lunes 2 de septiembre de 1833, William y Fanny Gardner habían salido a beber y regresaban a su casa en Bonnyrigg. Ambos eran vendedores ambulantes, lo que significaba que recorrían el país yendo de puerta en puerta tratando de seducir a la gente para que comprara de una cesta de pequeñas mercancías. Aunque no era una ocupación lucrativa, ganaban suficiente dinero para vivir y siempre les sobraba para comprar una o tres bebidas.

Como no hubo testigos, excepto William Gardner, nadie sabrá nunca toda la verdad de lo que ocurrió aquella noche, pero es evidente que los dos se pelearon. Tal vez fue una disputa doméstica que fue demasiado lejos, o tal vez la bebida tuvo algo que ver, pero a unos doscientos metros de su casa, su desacuerdo verbal se convirtió en violencia física. Gardner levantó su paraguas y derribó a Fanny con un terrible golpe que rompió el paraguas, y antes de que ella pudiera recuperarse la pateó repetidamente y, al parecer, se puso de pie o saltó sobre ella mientras yacía en el suelo. Por alguna razón que William no pudo comprender, Fanny fue incapaz de moverse después de aquello, así que la arrastró hasta su casa, la puso en el suelo y la cubrió con una sábana. Luego, cumplido su deber de marido, se metió en la cama para dormir como un borracho.

Eran más de las siete de la mañana del martes cuando Gardner se despertó y encontró a su mujer muerta. Con el alcohol limpiando su sistema, sus verdaderos sentimientos por ella volvieron, y corrió a contárselo a su vecino, quien dijo que Gardner tenía "una mirada salvaje". Sin embargo, el vecino no creyó que Fanny estuviera muerta hasta que lo comprobó. Con la cabeza de Fanny acuchillada y cubierta de sangre congelada, y los brazos muy magullados, era evidente que había habido problemas, así que el vecino corrió a pedir ayuda.

Dos médicos, Morrison y Taylor, se llevaron a Fanny para examinarla debidamente. Ni la herida de la cabeza ni las contusiones visibles la habían matado, así que le hicieron una autopsia y descubrieron que tenía todas las costillas destrozadas, presumiblemente donde su marido le había dado una patada o había saltado sobre ella. Como es lógico, Gardner fue detenido y pasó muchos años en la cárcel.

El asesinato del marido

Los asesinatos domésticos no eran sólo de ida, por supuesto. Aunque había más casos de palizas a la esposa que al marido, estos últimos ocurrían, y sin duda había muchos hombres que eran víctimas de abusos emocionales y verbales tras las puertas cerradas de sus hogares. A veces la esposa utilizaba otras armas además del salvajismo vitriólico de su lengua, siendo el veneno uno de sus métodos más comunes para matar.

En la Escocia del siglo XIX, el veneno era terriblemente fácil de obtener. Una mujer o un hombre, un cabeza de familia o un sirviente, podía comprar veneno legalmente en un mostrador sin que se llevara un registro ni se esperara que lo hiciera, mientras que el uso de láudano para calmar los nervios o para mantener a un niño tranquilo era bastante común. Para los asesinos, el veneno era secreto, silencioso, doloroso y mortal; las mujeres que deseaban matar lo encontraban muy útil, gracias a la oportunidad. Por supuesto, los hombres también podían utilizar el veneno: El caso de Pritchard, el inglés de Glasgow que asesinó al menos a dos mujeres, incluida su esposa, es bien conocido. Sin embargo, en el siglo XIX el veneno se consideraba más a menudo una herramienta de la mujer.

Hubo varios casos en los que las mujeres envenenaron a sus víctimas. Por ejemplo, Mary Steel, que en octubre de 1831 fue ahorcada junto con su marido; la señora Jeffrey de Carluke, que asesinó a un hombre y a una mujer en 1838, y la recordada y a menudo debatida Madeleine Smith, que puede o no haber sido una asesina. En Liverpool se produjeron los tristemente célebres asesinatos de la Viuda Negra, en los que dos hermanas mataron a un número indeterminado de personas, incluidos el marido y la hijastra de una de ellas, pero en Midlothian también se produjo al menos un caso de muerte por veneno.

En el siglo XIX, Midlothian era un condado en el que el campo se yuxtaponía armoniosamente con las ciudades industriales. Había pequeñas comunidades mineras de pozos y casas de campo, fábricas de papel y la ciudad mercado central de Dalkeith. Entre el bullicio había algunos pueblos que, desde fuera, debían parecer idilios rurales comparados con la realidad de los barrios bajos de las grandes ciudades, pero incluso en la aldea más tranquila, el monstruo del crimen se agazapaba, esperando una víctima.

Dewartown es una de estas últimas. Llamado así por la familia Dewar, propietaria de la cercana casa y finca de Vogrie, el pueblo estaba formado por una hilera de casitas de piedra de una sola planta que originalmente tenían tejados de teja o paja, pero que más tarde se sustituyeron por pintorescos pantiles de la fábrica de ladrillos de Vogrie. Había una serie de tiendas locales que incluían un panadero y un carnicero. Con Pathhead a tiro de piedra y a pocos kilómetros de Dalkeith, Dewartown parecía un lugar ideal para vivir. Sin embargo, incluso aquí, había discordia dentro de la familia.

Peter Banks era un minero, empleado de la finca Vogrie, pero era un hombre que descargaba su mal genio con su segunda esposa, Elizabeth McNeil. Estas cosas no eran raras, y en una comunidad pequeña como Dewartown en la década de 1830, eran difíciles de ocultar. El viejo Jean Scougall y los demás vecinos no dejaban de oír su voz elevada y posiblemente el sonido de los golpes cuando hacía que Elizabeth se arrepintiera de haber elegido marido. Finalmente, Elizabeth, de unos cincuenta años de edad y descrita como «una mujer de repuesto«», decidió que ya era suficiente.

Un día de la primavera de 1835, Jean Scougall se dio cuenta de que Elizabeth tenía un ojo morado y le preguntó qué había pasado. Elizabeth se mostró evasiva; daba respuestas diferentes cada vez que alguien le hacía la pregunta. Sin embargo, al menos una vez dijo que Peter la había golpeado y que "se arrepentiría". Jean, la vecina que se preocupaba por ella, recordó estas palabras y las utilizó más tarde contra Elizabeth.

Por aquel entonces, una mansión llamada Chester House seguía en pie no muy lejos de Dewartown. Por alguna razón, el ama de llaves, Ann McGregor, dio a Elizabeth Banks un chelín por caridad. Es posible que Peter Banks mantuviera a Elizabeth escasa de dinero además de abusar de ella, pero en esta ocasión, ella tenía otro uso para el dinero. En lugar de gastarlo en comida o ropa, se dirigió a una tienda de Pathhead y compró un paquete de arsénico de dos peniques. Cuando el tendero, el Sr. Otto, cirujano local, le preguntó casualmente para qué quería arsénico, Elizabeth le dijo que era para matar ratas. La Sra. Otto y su hija Sarah también estaban presentes, pero se interesaron poco por la transacción.

No hubo ninguna discusión al respecto; comprar veneno era tan legal como llevar una pistola, así que el señor Otto entregó el arsénico sin preguntar, y Elizabeth Banks se dirigió a su casa y planeó el asesinato de Peter. No fue rápido ni indoloro. En lugar de matar a su marido con una gran dosis, parece que Elizabeth Banks mezcló el arsénico con su cerveza, de modo que la avena y la sal disimularan el sabor. Lo alimentó gradualmente durante días y lo vio sufrir.

Scougall vio la diferencia en Peter, que enfermó y soportó mucho dolor. El hijo de Peter, John, de una esposa anterior, también observó y, aunque preocupado, no pudo ayudar. Sin embargo, Isabel debió de estar desesperada o descuidada, pues Juan también la vio mezclar abiertamente "polvo blanquecino" con la sal que espolvoreaba sobre el moretón de Pedro. Poco después, su padre tuvo terribles dolores de estómago y empezó a vomitar. Cuando Jean Scougall le preguntó de qué se trataba, Elizabeth le dijo que creía que era cólera, un terrible e incomprendido azote que incluía dolorosos calambres estomacales y que a menudo terminaba en la muerte. Scougall le sugirió que llamara a un médico, pero Elizabeth dijo que su marido "no quería oír" tal cosa.

Cuando Peter finalmente murió, había tantas pruebas contra Elizabeth con su infeliz vida familiar y la compra del veneno que no había otros sospechosos. Fue detenida y acusada de asesinato. No había heridas visibles en el cuerpo de Peter, pero después de entrevistar a Scougall y a otros vecinos, las autoridades hicieron que el Dr. Alexander Watson realizara una autopsia. Cuando abrió el estómago de Peter, encontró suficiente arsénico para matarlo, por lo que Watson afirmó categóricamente que Peter había muerto por envenenamiento con arsénico. Elizabeth compareció ante el Tribunal Superior en julio de 1835.

A pesar de que todas las pruebas eran circunstanciales, la mayoría del jurado la declaró culpable, pero pidió clemencia, que el juez no estaba dispuesto a conceder. Cuando el juez anunció su sentencia de muerte, Elizabeth no mostró ninguna emoción - tal vez no esperaba menos. Su única reacción fue murmurar para sí misma. El verdugo público la ejecutó el 3 de agosto de 1835, y su ahorcamiento fue conmemorado con una hoja de papel.

Existen varias de estas baladas en hojas sueltas, que a menudo tienen forma de galimatías. Se escribían sobre acontecimientos importantes, incluidas las ejecuciones, y se vendían por un penique en el lugar de la ejecución. La balada de Elizabeth fue escrita, al parecer, por "John McLean, Coalminer" y se titulaba *Elizabeth McNeil afraid of the Hangman's Fa*.

El poema comienza con

"Triste noticia tengo que contar ahora
La noticia de su muerte lejos llegará".

Una estrofa parafrasea la historia:

En Pathhead me conocen bien,
Culpable de ese crimen,
Comprando píldoras de arsénico del doctor,
Para que el verdugo pueda ejecutarle.

Se menciona al verdugo "un bribón astuto, que pronto me arrancará el cuello" y al público, "las damas de la ciudad de Edimburgo". La hoja informativa sobrevive y se encuentra en la Biblioteca Nacional de Escocia en Edimburgo. Es el único recuerdo que tiene Isabel y un triste recordatorio de que no todos los matrimonios son bendecidos en el cielo.

El asesinato de la hija

Si hay algún crimen que tipifique el siglo XIX, es el infanticidio. No es exclusivo de la época, por supuesto, pero la combinación de varios factores hizo que en ese siglo el infanticidio estuviera más extendido y se considerara con un horror peculiar. Con una cultura de respetabilidad y una población creciente, el número de embarazos no deseados o fuera del matrimonio parecía aumentar. Las madres solteras eran estigmatizadas y a menudo expulsadas del hogar familiar. Cuando la pobreza y la depresión postnatal también entraron en la ecuación, tal vez no sea sorprendente que un número de mujeres realmente desesperadas decidieran que era mejor acabar con la vida de su hijo que verlo crecer en una miseria sin esperanza. Sin embargo, incluso las mujeres respetablemente casadas podían matar a sus propios hijos cuando la maternidad se convertía en una carga más que en un placer.

En la década de 1830, Midlothian contaba con muchas

pequeñas comunidades mineras. Una de ellas era Edgehead, un pueblo que también se conocía como Chesterhill. El pueblo original estaba situado junto a la calzada romana de Dere Street, adyacente a la colina romana de Camp Hill, pero se expandió cuando el conde de Stair abrió la mina de Edgehead en el cercano bosque de Windmill. En su apogeo, la mina empleaba a más de 120 personas.

Uno de estos mineros era William Pryde, de unos cuarenta años y casado con Euphemia Tait, a quien los informes contemporáneos describen como «moreno» y «larguirucho». Nada en la familia Pryde llama la atención; parecían una pareja de injertadores común y corriente, pero escondían un secreto familiar. Desde la infancia, Euphemia sufría ataques epilépticos que la dejaban muy deprimida. En esos momentos se volvía suicida. William conocía a su mujer y tomaba las medidas oportunas para contrarrestar su depresión, escondiendo su navaja de afeitar y cualquier otro objeto punzante. Sin embargo, cuando tuvieron una hija pequeña, en 1837, sus precauciones no fueron suficientes. Nadie sabrá nunca con exactitud lo que ocurrió, pero un día, en abril de 1838, Eufemia presumiblemente tuvo un ataque, y en la terrible secuela levantó a su hija y la arrojó por la ventana del primer piso.

La caída no mató inmediatamente a la niña, pero sus heridas eran demasiado graves para que el tratamiento médico de la época pudiera repararlas, y murió antes de que terminara el día. En lugar de prestar ayuda médica a Eufemia, las autoridades la acusaron de asesinato. Su defensa argumentó que "no estaba en un estado mental sano en el momento" de la muerte de la niña, y su médico estuvo de acuerdo. El juez también estuvo de acuerdo, así que en lugar de enviar a Eufemia a la horca, como tenía derecho a hacer, siguió su única otra opción y ordenó que se la mantuviera "en confinamiento" en su lugar. Se trata de una historia breve y trágica, que tal vez represente un aspecto triste de la época.

Matar al padre

Esposas, maridos, hijos... Todos los miembros de una familia podían ser asesinados si se daban las condiciones adecuadas, o más exactamente, equivocadas. Por lo general, era la persona más vulnerable la que alguien mataba, o la más incauta, pero a veces era simplemente un ataque de ira el que decidía la cuestión.

Los Kennaway de Dalkeith eran una familia bastante unida. Tenían sus disputas, como todo el mundo, las arreglaban y seguían con su vida. Eran muchos, ya que el viejo John y su esposa Jean McIntosh habían criado a once hijos entre los dos, y lo que era aún más revelador, los once habían sobrevivido a los peligros de llegar a la edad adulta. En 1825, el viejo John Kennaway tenía 77 años y fama de "hombre apasionado", pero probablemente no engendraría más hijos. Vivía con su hija Elizabeth, de cincuenta años, y ese día abrió la puerta a David, su hijo de cuarenta años. David Kennaway debió de sufrir un accidente de joven, ya que vivía de una pequeña pensión y acababa de sacar su dinero.

Como era su costumbre, David visitó una casa pública en Dalkeith y luego fue a ver al viejo John y a Elizabeth. Tal vez fuera la bebida, o tal vez la vena argumentativa que había heredado de su padre, pero David tuvo palabras con Elizabeth. Las palabras pasaron a los golpes y David le dio una bofetada fraternal que la hizo tambalearse contra la pared.

El viejo John debió creer que la culpa era de Elizabeth, pues le ordenó que se fuera de la casa. Juan esperaba que su hijo vocal también se fuera, para tener algo de paz, pero las cosas no salieron como él había planeado. Es cierto que Elizabeth se fue, pero lentamente, todavía enfadada y gritando improperios a su hermano. Cuando John Kennaway reaccionó, poniéndose en pie y tomando un par de pinzas para la chimenea para ahuyentar a sus dos vástagos, David le arrebató las pinzas y corrió tras su hermana para continuar su discusión. Elizabeth se dio la vuelta, le soltó un apasionado improperio de hermana y luego corrió hacia la casa de un vecino, cerrándole la puerta en la cara a David antes de que pudiera tomar represalias. Esperó allí unos instantes, dejando que el temperamento de su hermano menor se calmara. Cuando oyó a David salir de la casa de su padre dando un portazo y bajando las escaleras con furia, consideró que era seguro volver a casa.

Al comprobar que su hermano efectivamente se había ido, Elizabeth empujó la puerta de la casa de su padre y se detuvo, conmocionada. El viejo John estaba tumbado de espaldas junto a su cama, con la nariz ensangrentada y dos grandes heridas en la frente. Tenía la boca y los ojos abiertos y los brazos abiertos. Estaba muerto, y no había duda de quién lo había matado.

El oficial del sheriff tenía pocas preguntas que hacer. Anotando la historia de Elizabeth, entrevistó a los vecinos de abajo, pero no pudieron ayudar mucho. Habían oído ruidos que describieron como similares a "muebles cayendo" y un sonido como "una cama de plumas siendo arrastrada por el suelo". Es de suponer que se trataba de la caída de John y de que alguien lo arrastrara hasta la cabecera. El médico local, el Dr. Scott, confirmó que John había muerto a causa de las dos heridas en la cabeza, lo que dejaba sólo una pregunta: ¿Lo había matado David o se había caído de bruces en su incontrolable rabia?

Cuando el caso llegó al Tribunal Superior en diciembre de 1825, el jurado no tuvo dificultad en decidir que David había dado los golpes mortales. Lo declararon culpable de homicidio culposo y el juez lo trasladó de por vida a las Bermudas.

Agresión a la madre

Ann Baillie era una mujer malhumorada y borracha, que pasaba su tiempo entre las casas públicas y los alojamientos baratos de Dalkeith. A veces hablaba con su madre, otras veces no lo hacía. El domingo 11 de agosto de 1844, las dos mujeres se encontraban en una pensión y Ann, borracha como de costumbre, ordenó a su madre que comprara tabaco para su pipa. Su madre dijo que iría si Ann le proporcionaba el dinero. Esta simple petición llevó a Ann al límite, y dio un puñetazo a su madre, que cayó al suelo e inmediatamente tuvo un ataque epiléptico. Sin embargo, eso no disuadió a Ann, que siguió dándole patadas mientras estaba tumbada. La madre murió a la mañana siguiente y el sargento McPherson de la policía del condado detuvo a Ann.

¿Fue un asesinato? ¿O fue un homicidio culposo? ¿O la madre murió a causa de su ataque? El jurado pensó que fue un homicidio culposo, pero el caso sólo sirve para demostrar lo fácil que es matar a alguien. Un segundo de ira descontrolada es todo lo que se necesita. Es aleccionador saber lo frágiles que son nuestras vidas.

12

EL ROBO EN DALKEITH

Siempre ha habido robos y atracos. La tentación, el deseo de poseer algo, los celos de las posesiones ajenas, la codicia, el hambre o simplemente la maldad han llevado a la gente a robar desde el principio de los tiempos. De vez en cuando, había toques de humor negro, como un robo en los establos de Masterton Mains de Newbattle. Aunque los sirvientes de la granja vivían en los establos, la noche del 28 de julio de 1823, un ladrón entró y robó la ropa de los hombres que dormían, así como un reloj de plata. A cambio, el ladrón dejó su propia chaqueta, tristemente maltratada.

Las granjas podían cerrarse con llave y cerrojo, con las persianas bien cerradas y los objetos de valor escondidos, pero las dependencias, con una protección rudimentaria o sin ella, eran un blanco fácil para el ladrón. Los granjeros, por supuesto, intentaban defenderse lo mejor que podían, como en el verano de 1762, cuando se reunió en Dalkeith la encantadoramente llamada "Sociedad de Granjeros para Perseguir a los Rebeldes". La Sociedad ofrecía una recompensa de cinco guineas (una suma enorme para los estándares de la época) a quien ayudara a encontrar al ladrón que había estado robando "hierros de arado, gradas y utensilios para trabajar".

En el siglo XIX, las fuerzas del orden estaban más organizadas, y a veces la policía podía tener suerte, o tal vez simplemente utilizaba su experiencia para descubrir a los malhechores.

El viernes 19 de abril de 1844, el sargento McPherson de Dalkeith se enteró de que alguien había robado unas camisas en Millerhill. Se trataba de un típico delito rural menor que nunca llegaría a los titulares, así que tomó nota y continuó con la rutina del día, probablemente sin esperar oír nada más al respecto. Sin embargo, al día siguiente, hacia el mediodía, estaba patrullando entre Sheriffhall y Millerhill cuando vio a dos jóvenes que se acercaban a él. Tenían la edad que entonces se conocía como "muchachos" y que hoy en día sería "jóvenes", esa etapa incómoda, de niños que aún no son hombres, en la que los jóvenes son demasiado descarados o no están seguros de cómo actuar o qué hacer. En cuanto vieron a McPherson, los chicos se dieron la vuelta, lo que naturalmente despertó las sospechas del policía.

Persiguiéndolos, McPherson reconoció a los muchachos como George Thomson y William Hart, ambos recién salidos de la cárcel por robo. Cuando los atrapó, les hizo preguntas incómodas, y ellos confesaron que habían estado ocupados vendiendo camisas en una casa de empeño y que tenían otras en sus alojamientos. Algunas eran, efectivamente, del robo en Millerhill y otras de un asalto en Lugton del que McPherson aún no se había enterado. Con las camisas recuperadas, ambos jóvenes volvieron pronto a la cárcel, donde probablemente debían estar.

Estos crímenes pueden parecer menores, y aunque los asesinatos siempre aparecen en los titulares, la gente común era mucho más propensa a ser víctima de delitos menos crueles, pero igualmente perturbadores. Los asaltos en estado de embriaguez y los pequeños robos eran la norma, pero para los propietarios o comerciantes, siempre existía la posibilidad de un robo que podía destruir un negocio y alterar una seguridad confortable hasta casi la pobreza en el transcurso de una noche.

Los comerciantes, sobre todo los que poseían existencias valiosas, tomaban todas las precauciones posibles para mantener alejados a los ladrones, y la ley preveía penas bastante duras para disuadir a las clases criminales. Aun así, había profesionales que se pasaban la vida entrando en locales bien cerrados para robar lo que podían.

Había muchos métodos por los que los ladrones podían robar en casas, tiendas u oficinas. Muchos "cracksmen", como se conocía a los ladrones más expertos, utilizaban a un niño pequeño para arrastrarse a través de una claraboya o un tragaluz, o incluso para colarse entre los barrotes de hierro de una ventana del piso inferior. Este niño, cuyo nombre «*cant*» (el cant era la jerga no oficial de las clases criminales) era "snakesman", abría la ventana más cercana o descerrajaba una puerta para que el adulto entrara. Otros crápulas optaban por el soborno y la amistad, acercándose a un criado sinvergüenza que dejaba una puerta o una ventana abierta. En el censo de 1851, alrededor del 7% de la población era sirvienta; había el doble de mujeres trabajando en el servicio que empleadas en molinos o fábricas. El siglo XIX fue una época de movilidad, en la que los sirvientes rara vez permanecían en el mismo hogar durante mucho tiempo, por lo que no siempre había lealtad a lo que era un empleador temporal. A ello se sumaban los bajos salarios que sufrían la mayoría de los sirvientes y las condiciones de trabajo, a menudo deficientes, en las que una patrona de lengua amarga podía crear resentimiento en una chica maltratada. Las sirvientas podían compensar estos abusos transmitiendo información sobre el contenido de la casa de su ama a un cracksman amistoso, o screwsman, si, el ladrón utilizaba una llave en lugar de otros métodos de entrada.

Otros métodos delictivos eran más imprevisibles, como que el ladrón llamara a la casa disfrazado de vendedor ambulante, enviara al criado a buscar al ama y entrara en la casa para echar un vistazo rápido a lo que había dentro, o que actuara como ladrón furtivo y tomase lo que estuviera a mano. Sin embargo, también había auténticos cracksmen expertos que se valían de herramientas para entrar. Éstas podían improvisarse a partir de las herramientas convencionales de un comerciante o encargarse a artesanos especializados en la fabricación de equipos para ladrones. A pesar de su reputación de "Brummagem" de mala calidad, Birmingham era el centro de este comercio criminal.

Había muchos tipos de ganzúas que un experto podía utilizar para descerrajar hasta la puerta más reacia en segundos. Las rejas de las ventanas no eran una defensa: Los ladrones podían separarlas mediante el uso de un cable doblado y una varilla de acero, hacer un bucle con el cable alrededor de dos barrotes y la varilla, y luego girar la varilla para ejercer suficiente presión para doblar uno de los barrotes. También había gatos especializados para separar las barras. Un buen cracksman podía romper las contraventanas utilizando una llave y una broca para hacer un agujero y luego meter la mano en el interior para abrir la barra que las cerraba. Podía utilizar una piedra de cortar vidrio para cortar el cristal de la ventana, o podía raspar la masilla alrededor de todo el cristal. En una calle tranquila, el crackingman utilizaba una palanca para abrir una puerta o una caja fuerte. El ingenio de un cracksman no tenía fin si había una cuna que romper y un botín que obtener. Más fácil aún, muchos ladrones podían utilizar llaves falsas o esqueléticas. Tomaban "prestada" la llave de un sirviente, hacían una rápida impresión en cera, o la presionaban en masilla o incluso en tiza y hacían una copia en algún taller clandestino.

En Escocia, era bastante común que los ladrones entraran en el piso de arriba de una tienda, cortaran el suelo y dejaran caer una cuerda anudada o incluso una escalera de cuerda hasta el piso de abajo. Un ladrón emprendedor de Edimburgo se llevó un excelente botín de joyas con este método hasta que un agente de policía que había estado en la Marina se dio cuenta de los nudos trabajadores de la escalera de cuerda y buscó a un ladrón náutico local. En otras ocasiones, el ladrón podía entrar en el sótano de la casa o tienda de al lado, hacer un túnel a través de la pared adyacente y trabajar hacia arriba. Un comerciante tenía que prepararse para el asalto desde cualquier ángulo.

La información interna era esencial. El cracksman profesional podía observar su objetivo durante días o semanas para averiguar los movimientos de los residentes. Las personas con hábitos regulares eran más fáciles de robar; por ejemplo, una familia que iba a la iglesia los domingos, e insistía en que los sirvientes los acompañaran, estaba pidiendo que un ladrón los visitara durante las horas del servicio religioso. El robo del banco de Greenock, en 1828, se había planeado durante meses, y los ladrones viajaron de Londres a Greenock ya en junio del año anterior para comenzar sus observaciones y averiguar cuándo se ausentaban los banqueros.

Los mejores cracksman eran internacionales, pero estos eran pocos. Eran más los que viajaban dentro de las Islas Británicas, llegando a un pueblo o ciudad para trabajar en un "trabajo" concreto y marchándose inmediatamente después.

Puede que la gente no piense inmediatamente en Escocia como objetivo de los cracksmen internacionales, pero a lo largo del siglo XIX se produjeron muchos robos de gran repercusión en el país. El Argyll Arcade y algunos hoteles de Glasgow, así como las joyerías de Edimburgo, fueron todos objetivos en diversas ocasiones, mientras que incluso Midlothian, aparentemente por debajo del horizonte criminal principal, no fue inmune.

William Robertson regentaba una tienda de gran calidad en Dalkeith High Street, en la que vendía telas de distintos tipos y algunas joyas, principalmente relojes. Sabía que si un ladrón tenía como objetivo cualquier tienda de Dalkeith, sería la suya, por lo que tomaba estrictas precauciones para mantener a los ladrones alejados. La tienda tenía dos puertas, una exterior y otra interior, con la puerta interior con doble cerradura, y por la noche, Robertson soltaba un perro guardián en la tienda. Si alguien entraba, los ladridos del perro le alertaban a él o a su mujer. Como vivía en el piso de arriba de la tienda, nadie podía acceder por el techo, y no había sótano ni bodega que permitiera hacer túneles subterráneos.

Como era su costumbre, la noche del 31 de octubre de 1809,

la señora Christian Robertson y John Colcleuch, el aprendiz, habían estado en la tienda. A las ocho y media, cerraron y cerraron las puertas, como siempre, las revisaron y mientras Colcleuch se iba a casa, Christian subió las llaves de la tienda. Puso las llaves en su cajón y lo cerró también, de modo que no hubiera posibilidad de que el ladrón pudiera utilizar las llaves de la tienda para acceder. A eso de las once, William dijo que era hora de meter al perro en la tienda, como hacía siempre, así que Christian le entregó las llaves y bajó.

Volvió casi de inmediato, angustiado porque las dos puertas traseras no estaban cerradas y se abrían de par en par. Alguien había robado en la tienda.

El ladrón o los ladrones eligieron el momento en que los Robertson habían cerrado la tienda y aún no habían puesto el perro guardián. No había duda de que el ladrón conocía su negocio: Era un hábil atornillador, más que un desatino casual. Si hubiera forzado las puertas, el ruido habría alertado a los Robertson del piso de arriba, así que el ladrón utilizó una llave falsa. Debió de estar vigilando la tienda durante algunos días para aprender la rutina de los Robertson.

En cuanto William le dio la noticia, Christian se unió a él en la planta baja y, juntos, comprobaron las existencias. El estuche de los relojes había sido forzado y estaba abierto, y algunos paquetes de tela habían sido levantados de los estantes mientras otros yacían abiertos sobre el mostrador. El ladrón se había llevado diez relojes de plata, una libra esterlina en monedas de plata y una gran cantidad de telas valiosas, incluidas dos piezas de tela negra superfina, seda negra florentina y batista francesa. En total, el ladrón robó existencias valoradas en más de 200 libras. Eso no parece una gran cantidad en el siglo XXI, pero en 1809, un obrero cualificado tendría suerte si ganara una libra a la semana, y un sirviente podría embolsarse sólo cinco libras al año.

Sin duda molesto, tal vez temblando, William comprobó la puerta para ver si la cerradura aún funcionaba o si estaba rota. Le resultaba difícil girar la llave, lo cual era inusual, pero la cerradura aún funcionaba. No había señales de haber forzado la entrada, por lo que el ladrón había utilizado, sin duda, una llave falsa en lugar de un jemmy. No sólo eso, sino que los ladrones debían ser conscientes de que William no habría vuelto a la tienda hasta las once, pues en lugar de tomar todo lo que pudieran y salir corriendo, sabían que tenían tiempo para seleccionar sólo lo mejor. Había varios paquetes de material menos valioso que habían sido abiertos y rechazados.

William Robertson sabía que tenía que actuar con rapidez. Se dio cuenta de que el robo debía de haber tenido lugar apenas una hora antes, por lo que el ladrón, o los ladrones, podían estar todavía cerca. William despertó inmediatamente a Colcleuch, le contó lo que había sucedido y ambos corrieron a pedir ayuda al oficial del sheriff. El oficial del sheriff conocía los hábitos de la mayoría de los ladrones de Dalkeith y les sugirió que recorrieran primero las casas públicas. Él conocería la zona y reconocería a cualquier ladrón conocido, pero, en efecto, no tuvieron suerte de ese modo. Los pubs estaban tranquilos y respetuosos con la ley esa noche de martes.

Mientras los Robertson y Colcleuch volvían a la cama, si no a dormir, el oficial del sheriff continuaba sus investigaciones. Pensó que era evidente que había más de un ladrón, pues hacía falta un hombre fuerte para llevarse tal cantidad de material. También era obvio que el ladrón intentaría vender la tela y los relojes en algún lugar. Como la gente de Dalkeith no tardaría en enterarse del robo y estarían atentos a los bienes robados, el ladrón probablemente viajaría a Edimburgo para encontrar un cerco donde llevarse la mercancía.

El oficial del sheriff comenzó a interrogar a las personas que habían viajado por la carretera entre Dalkeith y Edimburgo. Encontró un par de individuos que podrían haberle ayudado a construir un caso. Uno de ellos era William Mackintosh, que trabajaba como empleado en el bufete de abogados de James Smith y que se dirigía a Dalkeith cuando encontró un trozo de tela tirado en la carretera. Mackintosh recogió la tela, pero la entregó al oficial del sheriff diciéndole que podría haber sido robada. Y lo que es más significativo, Mackintosh también vio a dos hombres caminando hacia Edimburgo con grandes "bultos a la espalda". Eso hizo pensar al oficial del sheriff que iba en la dirección correcta, por lo que se alegró cuando habló con una sirvienta de Edimburgo, llamada Margaret Cochran, que había encontrado un trozo de tela en la calle de la plaza de San Patricio de Edimburgo.

Parecía que había dos hombres implicados, que habían tomado tanto material que se les había caído parte y que habían ido a la zona de St Patrick Square de Edimburgo.

El agente del sheriff solicitó la ayuda de James Wilson, secretario del sheriff en Edimburgo, que conocía bien la ciudad. Wilson hizo las rondas habituales por las casas de empeño y los alojamientos y pronto estuvo hablando con alguien con una historia interesante. Janet Patison trabajaba en una casa de huéspedes en Crosscauseway, a poca distancia de la plaza de San Patricio. Tenía un trío de inquilinos en la buhardilla: Un hombre y su esposa que decían llamarse Smith, y un hombre llamado Brown. La coincidencia de los nombres debió de sonar sospechosa para Wilson. Los tres habían llegado al alojamiento a mediados de octubre, dos semanas antes del robo.

Cuando Wilson le preguntó si había notado algo inusual en estos inquilinos la noche del 31, Patison se agitó bastante. Esa noche, el señor Smith se ausentó del alojamiento, dejando a su mujer con el señor Brown, lo que a Patison le pareció un poco extraño en sí mismo. El señor Smith volvió a la casa a las siete de la mañana, llamando a la puerta un poco alterado. Parecía molesto porque la puerta estaba cerrada con pestillo, lo que, según explicó Patison, era una práctica habitual para mantener alejados a los ladrones y a los merodeadores nocturnos, y ella observó que los zapatos y las medias de Smith estaban llenos de polvo, como si hubiera estado caminando. Patison dijo que Smith parecía "demacrado" y que estaba segura de que había estado fuera toda la noche. En cuanto Patison echó el cerrojo y abrió la puerta, el señor Smith pasó corriendo por delante de ella sin decir una palabra. El secretario del sheriff tomó nota de todo lo que dijo Patison.

Como es habitual en estos casos, las autoridades tenían una buena idea de quiénes eran los infractores de la ley y dónde pasaban el tiempo esas personas. También existía una red de informantes dispuestos a divulgar datos sobre extraños o personas poco honestas. O bien un informante les aconsejaba, o bien sabían a dónde ir, ya que Wilson pidió a Alexander Callander, un secretario municipal, y a otros funcionarios que le acompañaran cuando entró en la casa de cambio de John Milne (casa pública) en Infirmary Street, a cinco minutos a pie de Crosscauseway. Al llegar, el Sr. y la Sra. Smith decidieron que era el momento de hacer una salida rápida; reconocieron las fuerzas de la Ley. Al ver que los Smith salían corriendo de la casa de cambio, un oficial de la ciudad llamado Archibald Campbell se adelantó y agarró a Smith, que inmediatamente dejó caer al suelo un reloj de plata.

Como la escena atrajo a una multitud que podría volverse hostil, Wilson pensó que lo mejor era llevar a los Smith de vuelta al interior de la casa de cambio y fuera de la vista del público. Registró a Smith y encontró otros dos relojes de plata en el bolsillo de su chaleco, un cuchillo y cinco chelines en monedas. Cuando vio demostrada la culpabilidad de su marido, la señora Smith rompió a llorar y corrió a la cocina, gritando a Mary Wilson, la sirvienta, que la escondiera ya que los agentes la perseguían. Mientras Mary Wilson observaba, desconcertada, la señora Smith se dirigió rápidamente a un banco de madera, se tumbó y se negó a cooperar cuando entraron los agentes. Se quedó sentada, sólida, llorando, con los brazos cruzados y los pies apoyados en el suelo. Sólo cuando los agentes sacaron por la fuerza a la señora Smith, Wilson encontró dos tarjetas de encaje y un recorte de seda debajo del banco. Mary Wilson estaba segura de que no habían estado allí antes: Se trataba de una casa de cambio de Edimburgo, no de una tienda de tejidos.

Con los Smiths a buen recaudo, Wilson dirigió un pelotón de agentes a su alojamiento en Crosscauseway. Arrestaron a Brown de inmediato y registraron la buhardilla en busca de bienes robados. No había nada de interés en la propia habitación, pero en el techo de pizarra del exterior había un chaleco de seda y un fardo de tela superfina, mientras que en un armario de la casa había otro fardo de tela. No había ninguna razón práctica para guardar un artículo tan valioso en un tejado en un invierno escocés, por lo que el caso parecía probado.

Cuando los agentes le interrogaron, Smith tenía una historia preparada. Era inglés -su acento lo hacía evidente- y dijo que su estancia en Edimburgo era sólo temporal. Smith dijo que se alojaba en casa de Brown sólo hasta que le llegara algo de dinero de unos amigos en Inglaterra, y que entonces tenía intención de volver al sur. Cuando se le preguntó por los relojes y el material, Smith dijo que un vendedor ambulante de Leith le había ofrecido el lote por 13 libras y que él lo había rebajado a sólo 8. Naturalmente, no recordaba el nombre del vendedor: ¿se sabe alguna vez el nombre de los vendedores ambulantes? Smith afirmó que también había comprado un abrigo de paño en una sala de subastas en algún lugar de los Puentes. Y en cuanto a la historia de Janet Patison, bueno, la mujer debía de estar equivocada: Había estado en su alojamiento toda la noche, bien arropado en la cama.

Dudando de la historia de Smith, pero dispuesto a conceder el beneficio de la duda, Wilson ordenó a un empleado llamado Alexander Patterson y a otro oficial que le escoltaran hasta la casa de Leith en la que decía haberse encontrado con el empaquetador. Mientras caminaban por Leith Walk, Smith se soltó y salió corriendo, y hubo unos minutos frenéticos en los que corrió por la calle con los dos oficinistas del sheriff corriendo tras él. Los empleados debían de tener experiencia en su trabajo, ya que le agarraron por el cuello y le sujetaron con fuerza mientras luchaba y gritaba pidiendo ayuda que no llegaba.

Con su intento de huida frustrado, Smith parecio intentar

cooperar pero no pudo recordar donde conocio al capitan. Finalmente llamó a la puerta de un vinatero (comerciante de vinos) llamado Cumming en la calle San Bernardo, pero éste negó haberlo visto antes. La búsqueda de la tienda donde compró el abrigo fue igualmente esquiva.

Ahora llegó un importante descubrimiento que Wilson probablemente ya había adivinado. Smith había utilizado un nombre falso; su verdadero nombre era John Armstrong, y era un conocido ladrón profesional. En un tiempo, por supuesto, los Armstrong de la frontera habían sido famosos reivers, forajidos y ladrones en general, así que John Armstrong no hacía más que seguir una tradición familiar. El año anterior había sido acusado de participar en un importante robo en la sala de empaquetado de Hutcheson and Son, de la calle Montrose, en Glasgow, pero el jurado del juicio lo declaró no probado. Sin embargo, el jurado había encontrado a sus coacusados, George Stewart y John Gordon McIntosh, culpables de robar 104 piezas de tela de calicó impresa. Ambos hombres fueron ahorcados ese noviembre. Tontamente, Armstrong no había aprendido y rápidamente volvió a sus viejas costumbres de ladrón.

El juicio de Armstrong tuvo lugar en el Tribunal Superior el 14 de diciembre de 1809. Se declaró inocente, pero con tantas pruebas en su contra, esta vez no tuvo tanta suerte y fue condenado a la horca en Edimburgo el 17 de enero de 1810. El robo no siempre es rentable.

13

SOBREVIVIR EN LAS CARRETERAS

Hasta la llegada de fuerzas policiales adecuadas, las carreteras y caminos de Escocia podían ser lugares peligrosos. Con una población menor que la actual, y antes de que la revolución agrícola mejorara el paisaje, había muchos tramos solitarios entre los asentamientos en los que los salteadores de caminos o los senderistas podían atacar. Los alrededores de las grandes ciudades eran siempre peligrosos, ya que los salteadores de caminos eran muy conscientes de que tenían mejores oportunidades de conseguir clientes adinerados en las carreteras más transitadas. Otras zonas preferidas por los salteadores de caminos eran las rutas que salían de los mercados y las ferias, donde los campesinos podían vender sus productos o animales y podían tomarse un pequeño refrigerio antes de volver a casa. Estos hombres, llenos de dinero y de buen humor, podían no ser lo suficientemente precavidos.

Si se menciona la palabra "salteador de caminos", la mente suele traer la imagen de un forajido enmascarado, un pícaro atrevido que era galante con las damas, valiente ante el peligro y dispuesto a enfrentarse a la horca. Robaba a los ricos, se tomaba una copa de camino a la ejecución y bromeaba con que pagaría a su regreso. Montaba un buen caballo, se acercaba al galope a un carruaje y cuatro, presentaba su pistola al conductor y le exigía que se detuviera para que los pasajeros pudieran "pararse y entregar", a menudo con el obligatorio "su dinero o su vida". El salteador de caminos es una especie de figura romántica, una imagen de la audacia, siendo el legendario Dick Turpin posiblemente el más conocido de todos.

La realidad, por supuesto, es muy diferente. Los salteadores de caminos no eran ni románticos ni atrevidos; eran sórdidos ladrones que solían atacar a viajeros vulnerables en tramos de carretera solitarios, sembrando el miedo y robando a la gente su sustento, antes de huir para esconderse. Aunque los salteadores de caminos ingleses han tenido la mayor parte de la publicidad, Escocia también tuvo su parte de estos desagradables personajes, siendo Midlothian un feliz coto de caza. A veces, los alrededores de Dalkeith parecían estar infestados de salteadores de caminos, sobre todo en la época de las ferias agrícolas. Había periodos de relativa tranquilidad en los caminos y otros en los que parecía que los salteadores de caminos hacían cola para robar a viajeros inocentes. La delincuencia solía aumentar después de una guerra, cuando se pagaba a los soldados. Tras años en el ejército, los hombres, a menudo embrutecidos por la guerra y sin otra habilidad que la de matar, se dedicaban a robar para vivir. En otras ocasiones, los soldados no esperaron al estallido de la paz para convertirse en una amenaza para el público en general.

En la tarde del martes 13 de marzo de 1736, William Gladstanes, de Simmiestown, se dirigía a Edimburgo desde Penicuik. Se encontraba cerca de la horca de Newington, ese recordatorio constante del destino de los malhechores, cuando se le acercaron cinco personas. Gladstanes se dio cuenta de que uno era una mujer, dos apenas podía verlos en la oscuridad, y los otros dos que vio vestían de color escarlata militar. Antes de que Gladstanes pudiera decir nada, los soldados sacaron sus bayonetas y los cinco le atacaron. Gladstanes tuvo pocas posibilidades de escapar, ya que la turba lo golpeó y le robó 17 libras esterlinas y sus documentos personales. Aquel fue un típico ataque en la carretera, corto, brutal y feo, sin romanticismo ni glamour.

No todos los ataques fueron exitosos, como el de un hombre de a pie que atacó a un caballero cerca de Edmonston, en las afueras de Dalkeith, en agosto de 1743. El aspirante a ladrón presentó una pistola y apretó el gatillo, pero la bala falló, el viajero echó las espuelas y pasó al galope sin más efectos negativos que un pequeño susto.

Los ladrones no siempre iban tras la plata y el oro. En una época en la que la mayoría de la gente vivía al borde de la pobreza, cualquier cosa que pudiera venderse era bienvenida. Tal fue el caso en el verano de 1749, cuando James Griffin y William Watson robaron a James y Thomas Carr, transportistas en el "King's High Road, cerca de Dalkeith", según el Newcastle Courant. Después de todo el trabajo de organizar un robo, todo lo que se llevaron fue doce piezas de tela "Scots Holland" y "algunas cosas de lana" antes de huir hacia el sur. Ambos fueron capturados en Northumberland y acabaron en la cárcel de Morpeth.

Los transportistas y carreteros eran un objetivo principal de estos pequeños robos. En diciembre de 1772, John Donaldson, un carretero que operaba entre Dalkeith y Edimburgo, pasaba por el entonces caserío de Bridgend, cerca de Inch, al sur de Edimburgo, cuando Daniel McLeish, el jardinero, le invitó a beber. Como el trabajo de carretero era un trabajo sediento, Donaldson detuvo su carro y se bajó alegremente. Sin embargo, mientras Donaldson se refrescaba, hábilmente asistido por la esposa de McLeish, Janet Fouler, McLeish se servía de artículos del carro.

Cuando Donaldson se dio cuenta de que le faltaban trozos de mantelería, informó a las autoridades, detallando sus movimientos. No fue difícil averiguar dónde se había perdido la mercancía, y pronto McLeish y Fouler se presentaron ante el banquillo. Cuando la fiscalía señaló que el alguacil había encontrado la ropa blanca desaparecida escondida en el fondo de un arcón en la casa de McLeish, el caso quedó probado. El juez condenó a McLeish a ser azotado por las calles de Dalkeith y luego les prohibió a él y a Fouler la entrada a Midlothian de por vida. Otros ladrones eran más tradicionales y directos en sus planes de enriquecimiento.

Durante el frío invierno de 1766 a 1767, un particular salteador de caminos rondaba la carretera entre Dalkeith y Edimburgo. Vestido con ropa a rayas, asaltaba a los viajeros con su pistola y luego desaparecía. En la primera semana de enero, este salteador de caminos tendió una emboscada a la carreta de Edimburgo cuando iba de Dalkeith a la capital. Sin mostrar interés por la mercancía del vagón, el ladrón se llevó todo el dinero del conductor antes de huir al galope bajo la lluvia. Parece que trabajó sin cómplice y robó a un par de caballeros cerca de Dalkeith unos días después. A diferencia de la mayoría de los salteadores de caminos, parece haber salido indemne.

Los salteadores de caminos preferían las largas noches de invierno en las que, en los días anteriores al alumbrado público y cuando los carruajes sólo tenían un par de tenues linternas para poder ver el camino por delante, un jinete podía asomarse a la oscuridad sin ser visto ni oído. Es difícil imaginar la oscuridad de aquellos días, cuando la gente del campo se acostaba temprano y la única iluminación eran las velas, las lámparas cruzadas o los faroles de aceite de ballena. La luna era un regalo del cielo, que proyectaba su luz sobre un campo en el que muchas granjas seguían sin estar cerradas, la gente se apiñaba en estrechas comunidades de casas de campo, a menudo cubiertas de paja, y el tiempo dictaba las condiciones de viaje. La nieve cerraba los caminos, los carruajes se volcaban en los días de viento o se desviaban en las profundas roderas de los caminos embarrados y la gente se asomaba a la oscuridad por miedo a las bandas de gitanos errantes, a los mendigos ociosos o a los sorners, ladrones profesionales que recorrían el campo y tenían como objetivo las comunidades aisladas. Ocasionalmente se producían ataques cuyos motivos siguen siendo un misterio.

El 20 de octubre de 1767, Adam Conquergood regresaba a Edimburgo desde la feria de Dalkeith. Conquergood era un hombre de Edimburgo, un comerciante de West Bow, una calle empinada y con muchas curvas que iba desde High Street hasta Grassmarket. Estaba de buen humor, había vendido un caballo en la feria y el dinero le pesaba en el bolsillo. A eso de las ocho, Conquergood pasaba a caballo por Edmonston Park Dyke cuando un hombre a pie apareció de entre la penumbra. Sorprendido, Conquergood lo miró, y el hombre agarró la brida de su caballo, gruñendo para que se detuviera. Antes de que el tendero pudiera responder, el salteador de caminos disparó una pistola.

La pelota atravesó la mano de Conquergood y le golpeó en el pecho, unos centímetros por encima del corazón. Probablemente conmocionado, Conquergood desmontó y le dijo a su atacante que podía quedarse con su dinero, pero le pidió que no le matara. Extrañamente, tras conseguir aparentemente su objetivo, el salteador de caminos huyó sin robar nada. Cuando un grupo de personas apareció de la oscuridad por detrás, el salteador de caminos volvió a saltar sobre el dique.

Herido y dolorido, Conquergood sólo pudo conducir su caballo por el oscuro camino hasta llegar a la casa de un tejedor. Entrando tambaleándose, se desplomó y las buenas gentes le pusieron lo más cómodo posible mientras mandaban llamar a un médico. Como la pelota estaba justo debajo del esternón, los médicos pensaron que era más seguro dejarla donde estaba en lugar de extraerla, y entonces comenzaron las preguntas.

¿Por qué le había atacado el salteador sin exigirle dinero? ¿Había sido un ataque personal y no un simple robo? ¿Había algo oculto en el pasado de Conquergood? Al cabo de un tiempo, las preguntas empezaron a molestar a Conquergood, y declaró que llevaría a cualquiera a los tribunales si ponían en duda su carácter. No se conoce la motivación de ese ataque, pero muchos otros salteadores de caminos infestaban las carreteras de Midlothian.

No todos los salteadores de caminos tuvieron éxito. En los primeros días de diciembre de 1772, dos hombres tendieron una emboscada a la carroza de una dama que viajaba hacia Dalkeith. El conductor se detuvo ante la amenaza de una pistola, pero

cuando uno de los hombres trató de abrir la puerta de la caravana, fustigó a los caballos y se marchó al galope, dejando a los
aspirantes a ladrones impotentes y sin duda maldiciendo a un
lado de la carretera.

A principios del siglo XIX, la campiña escocesa seguía
teniendo una gran influencia en la capital. Estaba el Grassmarket, justo debajo del castillo de Edimburgo, donde los granjeros
contrataban trabajadores, las ovejas pastaban en las laderas de
Arthur's Seat (y lo harían hasta la segunda mitad del siglo XX) y
los suburbios de Stockbridge y Newington se extendían por los
campos. Por ello, no era extraño que James Hunter, de la calle St.
Leonard de Edimburgo, se dedicara a la cría de vacas y pasara
gran parte de su tiempo trabajando fuera de la ciudad.

El martes 18 de abril de 1826, Hunter había tenido éxito en la
Feria de Lauder, por lo que fue cuidadoso con las 10 libras (17
chelines y seis peniques) que tenía en su poder cuando inició el
largo camino de regreso a Edimburgo. Enrolló las monedas en
sus once billetes: siete eran billetes de guinea, cada uno de los
cuales valía una libra y un chelín, y uno de ellos era del Renfrews-
hire Bank.

En aquella época, la gente no pensaba en caminar distancias
que harían estremecerse al peatón moderno. Un paseo de ocho
kilómetros para ir al trabajo no era nada ante una jornada de diez
horas, y caminar entre el mercado de Lauder y su casa era una
rutina para Hunter. Antes de salir de Lauder, Hunter compró
algún refresco para fortificarse para el viaje, por lo que estaba
ligeramente elevado cuando salió de la ciudad alrededor de las
dos de la tarde.

Eran alrededor de las siete cuando ascendió por la escarpada
ladera de la colina de Soutra, con la luz del atardecer que se
extendía suavemente por las laderas de brezo y la vista que se
extendía por toda la llanura de Lothian, el estuario del Forth y las
colinas grises y azules de Fife en la lejanía. Al llegar a la cresta de
Soutra, dos mujeres jóvenes le saludaron con saludos amistosos y
grandes sonrisas. Eran Mary Somerville y Elizabeth Lawrie;

también habían estado en la Feria de Lauder y volvían caminando a Edimburgo. Quienquiera que dijera que las mujeres del siglo XIX eran miedosas y mansas no había conocido a estas dos, que atravesaban Escocia para ir a una feria y luego volvían a casa caminando.

Las mujeres se unieron a Hunter, pues la compañía siempre era bienvenida en los caminos solitarios, sobre todo porque la noche se acercaba y aún quedaban muchos kilómetros por recorrer antes de llegar a Edimburgo. A medida que aumentaba la oscuridad, una luna creciente proyectaba un brillo plateado sobre los campos, iluminando su camino. A las diez de la noche, llegaron a Dalkeith, con la luna ya llena y libre de nubes; el camino estaba despejado ante ellos.

Hacia la medianoche, cuando se acercaban a Craigover Brae, a unos cuatro kilómetros al sur de Edimburgo, se les unieron tres hombres. Hunter pensó que podrían ser cargadores de carbón, pero no estaba seguro. Llevaban chaqueta y pantalones, más que calzones, y se dio cuenta de que la chaqueta de al menos uno de ellos era de pana nueva o quizá de pana. Los hombres caminaron con ellos durante un par de cientos de metros y luego se quedaron atrás. Cuando llegaron a Craigover Brae, uno de los hombres se acercó corriendo y le dio un puñetazo a Hunter detrás de la oreja izquierda, lo hizo tropezar, lo agarró por el cuello y lo arrastró hacia atrás, de modo que tropezó y cayó, boca arriba, en el suelo.

Hunter rodó y se tumbó sobre su lado derecho, tratando de proteger los billetes que llevaba en el bolsillo. Sólo tuvo tiempo de gritar "Asesinato" una vez antes de que el atacante ahogara sus gritos con una mano áspera, y luego presionó su cabeza con fuerza contra el suelo para que no pudiera levantar la vista y ver lo que estaba sucediendo. Mary Somerville ya había visto suficiente; agarró al atacante de Hunter y trató de apartarlo, pero el segundo hombre se volvió hacia ella, arremetió contra él y amenazó con derribarla a continuación a menos que se apartara de su camino.

Sensatamente, las mujeres no se demoraron. Había una casa a unos cincuenta metros al pie del camino, y Somerville se levantó la falda y huyó hacia allí, golpeando la puerta para pedir ayuda. No hubo respuesta; se quedó en el exterior de una puerta cerrada a medianoche, mientras tres hombres violentos robaban a un inocente vaquero a poca distancia.

Mientras Hunter yacía allí, un segundo hombre se colocó sobre él mientras el tercero se mantenía al margen y no se involucraba, ni para ayudar ni para atacar. Los dos hombres se arrodillaron sobre él, presionándolo con las rodillas mientras hurgaban en el bolsillo izquierdo de sus pantalones y sacaban parte de su plata, aunque por alguna razón le dejaron cinco chelines y seis peniques.

"¡Date la vuelta!" ordenó el primer hombre, pero Hunter se negó, por lo que el hombre le dijo a su compañero que le diera la vuelta ya que "seguro que tiene más dinero". En ese momento, Hunter oyó que el hombre que le sujetaba la cabeza le llamaba "Jamie" y se guardó la información, consciente de que podría utilizarla más tarde.

A continuación, los guardias de a pie le dieron un brusco tirón y se metieron en su bolsillo derecho, llevándose todos sus billetes. Aún no satisfecho, uno dijo:

"Suelta la servilleta y conseguiremos que el bastardo se ahogue más fácilmente".

Mientras el hombre Jamie aflojaba el agarre de su boca, Hunter les rogó:

"Dejen algo de vida en mí", ya que por un momento pensó que sus atacantes lo asesinarían. Sin embargo, sólo le desataron el paño del cuello y se lo arrancaron, y el hombre llamado Jamie le quitó el paraguas antes de que ambos hombres se alejaran a toda prisa. En cuanto los hombres se marcharon, Hunter trató de levantarse, pero Jamie seguía al alcance del oído, regresó de inmediato y lo volvió a derribar en el suelo mientras el segundo hombre observaba, y luego pasó despectivamente por encima del cuerpo postrado de Hunter.

Hunter pensó que era prudente quedarse quieto hasta estar seguro de que sus atacantes se habían ido. Los observó caminar hacia el sur por la carretera durante unos cientos de metros antes de adentrarse en los campos y perderse de vista. Poniéndose en pie, Hunter les siguió, enfadado ahora y decidido a no dejar que sus atacantes se fueran de rositas. Se metió en el campo detrás de ellos, trepó por un dique de carriles secos hasta el siguiente campo y de repente se dio cuenta de que estaba solo y herido, persiguiendo a tres hombres desesperados en un lugar muy solitario de noche. Su sentido común le dijo que la autopreservación era más importante que el dinero, y volvió, frustrado, al camino.

Las dos mujeres ya estaban allí, junto con el ocupante masculino de la casa, que finalmente había sucumbido a su persistencia y había acudido a ayudar. Mary se sorprendió al ver el aspecto de Hunter, con el rostro manchado de sangre, los ojos desorbitados y el cuello desnudo a la intemperie.

Agitado y enfadado, Hunter no perdió tiempo en informar a los agentes del sheriff de lo sucedido y éstos comenzaron sus pesquisas. Había un procedimiento reconocido en estos asuntos. Si se trataba de un caso de robo, se obtenía una descripción y se recorrían las casas de empeño y luego los bares para ver si el objeto estaba a la venta. Si se trataba de un asalto o un robo, entonces se visitaban las casas públicas y las tabernas en busca de hombres o mujeres que pudieran encajar con la descripción de los asaltantes y que, de repente, pudieran estar gastando más dinero del que debían. Era un método sencillo, pero la mayoría de las veces tenía un éxito sorprendente.

Los agentes del sheriff tomaron nota de la descripción de los atacantes: Tres hombres vestidos como carboneros con chaquetas y pantalones, uno quizás de pana y posiblemente exhibiendo billetes. Mary Somerville añadió sus dos peniques al decir que uno de los hombres, Jamie, era de tez oscura. No era mucho en una zona en la que había muchos carreteros con chaquetas y pantalones, pero era mejor que nada.

El primer lugar en el que probaron fue la tienda de bebidas

alcohólicas de David Finlayson en Edmonstone, que estaba a un kilómetro y medio de Craigover Brae. Al no haber normas de apertura, los pubs abrían a todas horas, y Finlayson dijo que su tienda había estado ocupada ese día, pero comprobó su recaudación para recordarlo. La mayoría de los hombres pagaban con cobre o plata, pero un cliente se había desprendido de un billete de veinte chelines, por lo que Finlayson tuvo que darle mucho cambio. Había tres personas en ese grupo, recordó, y compraron dos medios chocolates de whisky.

El oficial del sheriff lo encontró muy interesante y le preguntó a Finlayson: "¿Podría describir a estos hombres?"

"Puedo hacerlo mejor que eso", dijo Finlayson cuando volvieron los recuerdos; "puedo nombrarlos". Eran James Renton, aunque la mayoría de la gente le llama Jamie, Andrew Fullarton y un tipo llamado Reid". Explicó la secuencia de los hechos.

Cuatro hombres, incluidos Renton y Reid, entraron en la tienda de Finlayson hacia las cinco de la tarde del día de la Feria de Lauder. Fullerton se unió a ellos poco después de las ocho, y permanecieron, bebiendo, hasta las doce menos cuarto, cuando todos se marcharon, al parecer para ir a casa de la tía de Fullerton. Alrededor de una hora más tarde, Renton, Fullerton y Reid regresaron y permanecieron hasta algo después de las cuatro de la mañana del día siguiente. Fue en esta segunda visita cuando pagaron con el billete.

Interesados en la historia, los agentes del sheriff continuaron sus investigaciones mientras reconstruían las andanzas de los que ahora eran sus tres principales sospechosos. Desde Finlayson's, los tres hombres se dirigieron a la taberna de Cosser en Dalkeith, donde entraron a las seis y media del día siguiente a la feria. Pidieron medio mutchkin de whisky y pagaron con un billete de guinea, que no era bienvenido a esa hora de la mañana ya que era difícil encontrar suficiente cambio. James McCarter, que les sirvió, dijo que tenían "el aspecto de hombres que no habían dormido la noche anterior".

Los tres hombres preguntaron a McCarter si ese día salía una diligencia hacia Edimburgo y, al enterarse de que no era así, hicieron vagas averiguaciones sobre la posibilidad de alquilar una caravana. O bien el precio les desanimó, o bien se limitaron a lanzar una pista falsa, ya que no alquilaron la diligencia, sino que salieron de aquella posada y se alejaron, hacia el sur, en dirección contraria a Edimburgo.

El oficial del sheriff asintió y salió de la posada. No estaba del todo convencido de que los tres pudieran haber caminado mucho en su estado de agotamiento y medio embriaguez, así que continuó con sus averiguaciones a nivel local. Descubrió que la siguiente parada fue en la casa pública de James Drummond, todavía en Dalkeith. Drummond conocía a Fullerton de vista, pero no a los otros dos hombres, que el oficial supuso que eran Renton y Reid. Drummond pensó que parecían "muy fatigados" cuando preguntaron si la Sra. Drummond ya estaba fuera de la cama porque querían desayunar. Drummond les preguntó si habían visitado Lawrie's Den, que era una posada en Soutra, y los tres coincidieron en que habían pasado por allí en la oscuridad, lo que sugiere que estaban fingiendo que habían llegado caminando desde Lauder Fair.

Siguiendo un camino probablemente cada vez más errático, los tres pasaron después por otra taberna de Dalkeith, donde un hombre llamado Robertson dijo que habían comprado un chelín y diez peniques de whisky y que habían entregado un billete de una libra del Renfrew Bank. Robertson rechazó ese billete pero aceptó uno del banco de Sir William Forbes en su lugar. Los tres conocieron a Alexander Finlayson en ese establecimiento. Era un carretero con un cargamento de piedras para una dirección en Dalkeith, pero se detuvo de buena gana para compartir un par de medios mutchkins de whisky y un vaso de cerveza. No pagó, y la idea de que se desprendiera de billetes le pareció divertida. ¿De dónde diablos sacaría un cartero un billete? pareció sugerir Robertson.

Tras seguir el rastro de los sospechosos y comprobar su

posesión de diversos billetes, el alguacil sólo tenía que ver si tenían alguna otra fuente de donde pudieran haber obtenido el dinero que gastaban tan libremente. Los sueldos que ganaban nunca superaban la libra a la semana, por lo que no tendrían billetes de banco. El oficial no tenía ninguna duda: Estos eran sus hombres. Llamando a los refuerzos, se abalanzó y arrestó a Renton y Fullarton. Tuvo menos éxito con Reid, que había huido.

El juicio de Renton y Fullarton tuvo lugar en el Tribunal Superior de Edimburgo en julio de 1826. Dada la evidencia, no hubo sorpresa cuando el jurado encontró a James «Jamie» Fullarton, culpable. Cuando el juez lo condenó a la horca el 16 de agosto, se echó a llorar. El jurado consideró que el caso contra Renton no estaba probado, y salió libre, pero arrastrando una sombra de duda que le seguiría toda su vida. Reid permaneció libre.

Joseph Gibson: el hombre de la carretera

De la cuota de salteadores de caminos de Midlothian, ninguno aspiraba ni remotamente a la categoría de romántico. Joseph Gibson fue el típico de sus sórdidas carreras; su estrella se elevó rápidamente, brilló brevemente y cayó en una espectacular oscuridad. ¿Cuántas personas conocen hoy su nombre? Probablemente sólo un puñado, y además con un par de dedos de más.

James Martin, un carretero que trabajaba para Peter Cathie and Company, comerciantes de madera de Fisherrow, fue uno de los primeros en encontrarse con Gibson, el salteador de caminos. Fue en la noche del 10 de octubre de 1812, cuando el viento otoñal azotaba las pocas hojas que quedaban en los árboles y lanzaba ocasionales ráfagas de lluvia helada contra la cara de Martin. Iba montado en una carreta vacía y guiando otra en el camino hacia el norte de Biggar a Musselburgh y acababa de pasar Wanton Walls, con Niddrie asomándose cuando un hombre se le acercó.

"Hace una buena noche", dijo el hombre con un suave acento irlandés.

"Muy buena", respondió Martin alegremente, contento por la compañía.

Aunque era tarde, entre las once y la medianoche, había suficiente luna para que Martin viera que el hombre llevaba uniforme. Eso no era inusual en una época en la que Gran Bretaña había estado en guerra casi continuamente desde 1793 y el país estaba lleno de trabajadores, soldados, yeomanry y milicianos. Martin vio que aquel hombre llevaba una chaqueta azul claro y una gorra de forraje, con los pantalones blancos de un soldado.

"¿Se dirige a Musselburgh?" preguntó Martin. El soldado dijo que sí y se quedó atrás. Sacó algo de debajo de la túnica; Martin pensó que podría ser una pistola, pero no estaba seguro.

"¡Alto!"

El soldado dio la orden mientras se adelantaba. Martin, que seguía sentado en el lado derecho de la carreta que iba en cabeza, miró al hombre que se acercaba por el lado izquierdo de la carreta.

"¿Por qué debo detenerme?" preguntó Martin.

El soldado apuntó a Martin con su pistola, más o menos a la altura del estómago. "Detente, o será lo peor para ti".

Martin miró a su alrededor. No había nadie más a la vista; estaba solo en una carretera oscura y silenciosa con un hombre armado. Tiró de las riendas, detuvo los carros y esperó a ver qué ocurría a continuación.

"Desnúdate", ordenó el soldado.

"¿Qué?" Martin se quedó mirando al soldado, preguntándose qué tenía en mente.

El soldado agarró el sombrero de Martin y le desabrochó el paño del cuello. Martin no mencionó los nueve chelines y seis peniques que llevaba escondidos dentro de un "paquete de heno" en la copa de su sombrero. Cuando el soldado le apuntó con la pistola y le dijo que le diera todo el dinero que tuviera, Martin sacó los cinco peniques y medio en cobre del bolsillo de su chaleco y los arrojó con rabia dentro del sombrero. Observó con cierta frustración cómo el soldado se ponía el sombrero en la cabeza y se adentraba en la noche. Sin duda agitado, Martin tiró de las riendas y su carro se puso en movimiento lento. No había ido muy lejos cuando el soldado volvió a aparecer en la oscuridad. Se oyó el ominoso chasquido de alguien amartillando una pistola bien engrasada, y una vez más el soldado ordenó a Martin que se detuviera.

"¡Dame tu abrigo!"

Arrancando su gabán azul, Martin lo arrojó a la caja del carro para que el soldado lo recuperara. "Espere", dijo, "hay un paquete en el bolsillo; el gorro de dormir de mi amo. ¿Puedo tomarlo?"

El soldado se lo entregó magnánimamente y volvió a desaparecer en la oscuridad. Esta vez Martin pudo continuar en paz. Cuando llegó a casa de Janet, su esposa, era casi la una de la madrugada, pero si era más pobre que antes, al menos estaba ileso.

John Maccon era otro carretero, un joven menor de 21 años. Trabajaba para Walter Bold, de Dalkeith, que era comerciante de pieles además de dirigir un establo. A eso de las seis y media de la mañana del 11 de octubre, Maccon conducía su carro desde Dalkeith hasta Bank house, en la carretera de Heriot, cuando se cruzó con un hombre con un largo abrigo. La lluvia caía a cántaros, de modo que las ruedas de su carro salpicaban los charcos de barro y las gotas se formaban en el ala del sombrero de Maccon, para gotear molestosamente por su cara. El tiempo le hacía demasiado desgraciado para hablar con el hombre, que no le dirigía la palabra. Uno o dos kilómetros más al sur, Maccon se cruzó con el mismo hombre de gran abrigo, de pie al lado de la carretera bajo la lluvia. De nuevo, pasó de largo sin hablar.

Pasó otro kilómetro y, al sortear un desnivel en la carretera cerca de Crookston Mill, Maccon vio al hombre del abrigo largo por tercera vez esa mañana. Esta vez el hombre se adelantó, presentó una pistola y ordenó a Maccon que se bajara del carro y le entregara todo su dinero.

Los carreteros no formaban parte de la élite de los ricos, así que los cinco chelines y seis peniques de Maccon difícilmente habrían hecho rico al salteador de caminos.

"Y su reloj", exigió el salteador.

Maccon se desabrochó el reloj y se lo entregó también. Con el reloj en una mano sorprendentemente delgada, el salteador pareció satisfecho y ordenó a Maccon que siguiera adelante. Maccon lo hizo y observó con amargura cómo el ladrón se salía de la carretera un kilómetro y medio más al sur. Maccon continuó con su viaje, deteniéndose en un lugar llamado Pencloth para dar de beber y alimentar a los caballos. Mientras estaba allí, Maccon contó naturalmente a todo el mundo lo que le había sucedido y, cuando los sirvientes hubieron alimentado a los caballos, montó en el más apto y siguió hasta Bankhouse, un poco más abajo en el camino. Cuando un grupo de personas preguntó qué debía hacer, Maccon describió al salteador de caminos y preguntó a un cochero si había visto a alguien así.

"Yo sí", respondió el cochero.

Animado, Maccon cabalgó hasta Weatherstone y preguntó a James Mein, el factor, si había visto al salteador de caminos. Mein dijo que no sólo había visto al hombre, sino que estaba en el peaje cercano.

En los días anteriores a la existencia de una fuerza policial profesional, la gente estaba más inclinada a actuar por sí misma, así que Maccon reclutó a un par de hombres locales de Bankhouse, James Gavinloch y James Hill, y juntos irrumpieron en el peaje. Al reconocer al salteador de caminos de inmediato, Maccon lo señaló para que sus compañeros lo "agarraran". Mientras uno de ellos sujetaba al salteador con fuerza, los otros lo registraron y encontraron una pistola cargada, cinco chelines y, atado a la cintura de sus pantalones, el reloj de Maccon. Difícilmente podría haber habido más pruebas de culpabilidad. Con tres hombres a su alrededor, el salteador de caminos no pudo resistirse cuando lo metieron en un carro y lo llevaron a Bankhouse. Sin duda gruñendo, lo sentaron en un rincón y lo vigilaron cuidadosamente hasta que el Sr. Thomson, el juez de paz local, lo interrogó primero, descubrió que se llamaba John Campbell, y luego lo escoltó hasta el agente local, William Scott, el tejedor, que lo puso bajo arresto.

Scott escoltó a Campbell hasta Edimburgo y lo entregó a Henry Davidson en la oficina del sheriff. Tras un intenso interrogatorio, los oficiales del sheriff descubrieron que el verdadero nombre del salteador de caminos era Joseph Gibson. Según su propia historia, había nacido en Irlanda y se había alistado en el 6° de Dragones. Cuando la Guardia Montada envió a los dragones a Escocia, Gibson vino con ellos, pero la vida militar no le gustaba, así que desertó el 1 de octubre de 1812. Tras alojarse en casa de un jornalero en el Canongate de Edimburgo, abandonó la casa el día 10 y, sin saber qué hacer ni a dónde ir después, se dirigió a un camino que llevaba a Musselburgh.

Hasta aquí, la historia de Gibson es plausible. A continuación dijo que ahora se encontró con un carretero, que debía ser James Martin, y le preguntó si quería intercambiar su ropa con él. La pregunta habría tenido cierta lógica, ya que Gibson todavía llevaba el uniforme del 6° de Dragones, que era un poco distintivo para un desertor. Lo que resultaba menos creíble es que Martin accediera a entregar su ropa, sin llevarse a cambio el uniforme del dragón. Gibson negó enfáticamente haber tomado algo del dinero de Martin. Gibson explicó que se quitó la chaqueta y la gorra del uniforme y la dejó en la puerta de una casa.

Cuando Gibson compareció ante el Tribunal Superior en diciembre, el jurado escuchó su historia. Gibson confesó que había robado a John Maccon, pero se declaró inocente de robar a James Martin. El jurado se inclinó por el relato de Martin y no por el de Gibson y declaró culpable al irlandés. Fue condenado a la horca en el extremo oeste del ayuntamiento de Edimburgo el miércoles 13 de enero de 1813. La sórdida carrera de Gibson como salteador de caminos duró dos días y terminó al final de una cuerda.

Problemas en la autopista del rey

Las carreteras de Midlothian del siglo XIX no siempre eran tranquilas. Había carros de carbón, carros de comerciantes, carros de carniceros, diligencias, autocares del Royal Mail, vendedores ambulantes y diversos tipos de vagabundos, así como hombres y mujeres que iban a pie o a caballo al trabajo o a casa. La mayoría de las veces, los viajeros se cruzaban con una inclinación de cabeza casual y seguían con sus asuntos, pero había ocasiones en las que se intercambiaban palabras, o algo peor.

La noche del 14 de febrero de 1821, Francis Wood y Benjamin Beck viajaban hacia el sur de Edimburgo, en dirección a Moffat. Wood era un transportista, un hombre que se pasaba la vida llevando mercancías de un lugar a otro, mientras que Beck le hacía compañía en el tramo de carretera entre Edimburgo y Penicuik.

Wood iba delante, sentado en el carro y haciendo avanzar suavemente al caballo, mientras que Beck iba más atrás, más paseando que marchando mientras cubrían el terreno hasta Penicuik, la primera parada del viaje en aquellos días más pausados. La luna llena resaltaba los contornos de la cresta de Pentland y brillaba sobre la llanura de Midlothian que se extendía a su izquierda, con las luces de las casas alegres que se asomaban en la noche. Un hombre caminaba hacia ellos, a unos cuarenta o cincuenta metros; Beck levantó una mano en señal de saludo y luego se volvió al oír los pasos. Un segundo hombre de aspecto fornido se acercaba a él a toda prisa por detrás.

Sin ningún preámbulo, el hombre exigió saber de dónde venía Beck y a dónde iba. Beck admitió enseguida que era un hombre de Dumfriesshire, lo que pareció irritar al desconocido.

"La gente de Dumfriesshire", dijo el hombre, "es toda disoluta y profana".

Un poco sorprendido por este inesperado ataque a su condado natal, Beck dijo que "había mucha gente respetable entre ellos", lo que fue una respuesta bastante suave. Sin embargo, esa fue la última muestra de paciencia de Beck. Según sus propias palabras, se "agita con facilidad" y por eso, cuando el hombre se negó a disculparse, se acaloró y, como dijo después, "surgieron algunas palabras". Dado que la gente puede ser bastante defensora de los lugares de los que procede, no fue sorprendente que defendiera a Dumfriesshire de un ataque verbal.

Como suele ocurrir, las palabras altisonantes desembocaron en ira y amenazas. Beck admitió más tarde que no recordaba con claridad lo sucedido, o tal vez prefirió no recordarlo, pero en un momento dado el desconocido habló de «cudgelling», que significaba atacar con un palo pesado.

Fue en ese momento cuando Wood se involucró. Debía de estar escuchando la discusión, y cuando el hombre empezó a lanzar amenazas, se sumó con un amenazante "¿Quieres?" Sólo dos palabras, pero cuando se pronuncian en una situación así, pueden tener mucho significado.

Olvidando su papel en el proceso, Beck trató de hacer de pacificador, pidiendo a los dos hombres que no se golpearan. El desconocido, que era William Steele, un jardinero de Penicuik, tenía un temperamento demasiado caliente para eso y Wood no era un hombre que se echara atrás. Steele llamó a Wood "maldito bastardo" y prometió que lo "golpearía hasta la eternidad". Se esforzó por cumplir sus palabras cuando Wood bajó de su percha en el carro y se acercó a él. Steele esperó hasta que se acercó y levantó un palo robusto y golpeó a Wood en un lado de la cabeza, haciéndole tambalearse contra el carro y lastimándose la oreja izquierda.

Wood levantó un perchero (un trozo considerable de madera redondeada) del carro y lo golpeó contra Steele, arrancándole el sombrero y haciéndolo caer hacia atrás. Steele permaneció tumbado un momento o dos y luego se puso en pie.

"Si te tuviera en Penicuik", rugió Steele, "¡te pisaría los talones!"

"Vuelve y toma tu sombrero", gritó Wood, "¡y te daré mi bastón!"

Steele se puso en evidencia y corrió hacia Wood para continuar la pelea. Sin embargo, Wood no iba de farol, sino que volvió a golpear con el bastón, enviando a Steele al suelo por segunda vez.

Al ver que Wood había derribado a Steele, Beck se dirigió a ayudarle, mientras Wood se dirigía rápidamente a su caballo, que se mostraba un poco asustado. Con el caballo bajo control, Wood continuó con el carro. Steele yacía en el suelo, sangrando por una herida en la nuca y gimiendo. "Voy a ayudar", dijo Beck, y levantó a Steele a un lado del camino y lo acomodó como pudo. Para entonces, el hombre al que Beck había saludado sólo unos momentos antes había llegado hasta ellos. Era un lugareño llamado George Scott, y Beck le pidió que cuidara del herido Steele.

"Me ha dado un maldito golpe", dijo Wood, indicando su oreja maltrecha e hinchada. La sangre fluía libremente, cubriendo el lado de su cabeza y manchando su cara y su mano. Cuando llegaron a la posada de James Dodds en Penicuik, Wood contó la historia de cómo había sido atacado e inmediatamente pidió agua fresca para lavar la sangre. Dodds conocía a Wood de visitas anteriores y lo consideraba tranquilo, sobrio y pacífico.

Mientras tanto, Scott había intentado despertar a Steele y se sorprendió al ver que parecía muerto de piedra. Pidiendo ayuda, llevó el cuerpo a la casa de David Strachan y llamó a un cirujano. Cuando el Dr. Renton examinó a Steele, comprobó que no podía hacer nada. Lo que Renton denominó "una grave laceración en la parte posterior de la cabeza" lo había matado.

A la mañana siguiente, Wood y Beck salieron de la posada, ignorando alegremente la muerte hasta que un oficial del sheriff se apresuró a seguirlos. Agarró a Beck y le acusó inmediatamente de haber matado a Steele. Hubo un momento de confusión mientras Beck miraba fijamente al oficial, y luego Wood se adelantó.

"Fui yo quien lo hizo", confesó y no opuso resistencia cuando el oficial lo condujo de vuelta, primero a Penicuik y finalmente a Edimburgo para ser juzgado por homicidio culposo. Fue en julio de 1821 cuando Wood se presentó ante el Tribunal Superior, se declaró inocente y contó una historia ligeramente diferente a la de Beck.

Dijo que Steele se había acercado a ellos con un lenguaje amenazante, lo que coincidía con la versión de Beck, pero dijo que él había estado en el carro cuando Steele le había atacado. También declaró que cuando Steele le golpeó por segunda vez, le había quitado el palo y le había devuelto el golpe. Hasta aquí, no hay diferencias significativas, sólo giros de memoria. Sin embargo, el recuerdo de Wood de los siguientes segundos varió con respecto al de Beck. Dijo que una vez que alguien le había golpeado, Steele salió corriendo, miró por encima del hombro, tropezó y cayó pesadamente, cayendo sobre su cabeza. Parecía que Wood decía que la caída había matado a Steele más que cualquier cosa que le hubiera hecho.

El jurado consideró su veredicto y pareció favorecer la versión de los hechos de Beck. Declararon a Wood culpable de homicidio culposo. Aunque el juez no discutió su decisión, decidió que una sentencia corta sería suficiente. Como Wood ya había pasado semanas en la cárcel y había perdido su negocio, que era el único sustento de su familia, le impuso una condena de sólo dos meses de prisión. Sin embargo, fue un ejemplo de los peligros que podía tener incluso un viaje rutinario en el Midlothian del siglo XIX.

Conducción temeraria

La conducción temeraria y el comportamiento ebrio en la carretera no son hechos nuevos, pero las penas han variado a lo largo del tiempo. El 27 de septiembre de 1737, un grupo de jóvenes había estado en Edimburgo y regresaba a su casa en Dalhousie, en muy mal estado, tras haber gastado mucho tiempo y dinero en los establecimientos de bebidas de la capital. Los hombres eran David Murray, arrendatario de Dalhousie, con sus criados William Forrest y William Marshall, junto con John Macdonald, que también era criado, pero de William Wotherspoon, otro arrendatario de Dalhousie.

Los hombres estaban montando sus caballos y conduciendo una manada de monturas de repuesto, algunas cargadas de comida que habían comprado en Edimburgo, cuando se encontraron con un carruaje que circulaba en dirección contraria. Ornamentado y lujoso, tirado por caballos negros a juego, el carruaje era evidentemente propiedad de un noble prominente, que esperaría que cualquier otra persona le rindiera pleitesía. Medio borrachos y repartidos por todo el ancho de la carretera, los hombres se rieron al ver el carruaje y bloquearon su paso hasta que uno de los cocheros, vestido con una espléndida librea, desmontó para acercarse a ellos.

"Este es el carruaje de lord Arniston", dijo el criado. "Le agradecería que permitiera al carruaje de milord un tramo de la carretera para que pueda pasar por delante de usted".

Robert Dundas de Arniston era uno de los hombres más importantes de la zona. Abogado prominente, era también el diputado tory en ejercicio por Edinburghshire, procurador general de Escocia, Lord Advocate y pronto juez del Tribunal de la Sesión, Dundas no era un hombre que se pudiera tomar a la ligera.

A pesar de todo el poder y la gracia del hombre del carruaje, Murray y sus compinches respondieron que no se moverían, y siguieron amenizando la velada con sus risas. El criado lo intentó de nuevo, informando a Murray de que Anne Gordon, su señoría, también estaba en el carruaje, con otras personas de calidad, y le pidió de nuevo que tuviera paso libre por la carretera del rey.

Esta vez, Murray y sus amigos no sólo se negaron a pasar con lo que se calificó de «lenguaje gracioso», sino que también empujaron y golpearon tanto a los sirvientes de su señoría como a sus caballos. Cuando un carruaje subió por el camino detrás de la carroza de Arniston, dos de los jinetes se adelantaron y lo hicieron retroceder, antes de someter a Arniston y a sus acompañantes a otra andanada de insultos, añadiendo algunas amenazas por si acaso. Cuando uno de los sacos de harina volcó sobre el camino, exigieron al señor defensor que volviera a colocar el saco sobre el caballo.

Probablemente reconociendo que era impotente frente a una turba de gamberros borrachos, Arniston accedió, aunque sin duda se enfureció por dentro al responder a sus malhabladas burlas con una sonrisa educada. Finalmente, Marshall y sus muchachos dejaron pasar al Lord Advocate, y para ellos, el incidente estaba cerrado. Arniston no pensaba lo mismo. Él o sus sirvientes reconocieron a los borrachos, y Arniston organizó las fuerzas de la autoridad para perseguirlos y llevarlos ante la justicia. Como los alborotadores borrachos no habían herido gravemente a nadie ni habían robado nada, la ley sólo podía llevar a los culpables ante un tribunal de paz, que dictó la sentencia más severa que pudo. Marshall, Forrest y Macdonald tuvieron que pasar catorce días en la cárcel, y luego permanecer entre rejas hasta que encontraran seguridad para su buena conducta durante los tres años siguientes. Eso ya era bastante malo, pero el juez añadió la humillación pública a la sentencia al ordenar que los tres permanecieran encadenados a la picota en Dalkeith en dos días distintos de mercado con un cartel bien visible en sus pechos. Se preguntaba por qué delito se les castigaba más, si por los disturbios o por la descortesía hacia el Lord Advocate y su esposa.

El 6 de octubre, los tres hombres fueron encerrados en la picota ante una multitud inquieta. Se había corrido la voz de que una banda de amigos de Murray, más salvajes, planeaba rescatarlos de su situación, por lo que una compañía de infantería del octavo regimiento de a pie del mayor general Thomas Wetham marchó a Dalkeith para mantener el orden y asegurarse de que los culpables cumplieran toda su condena. La moraleja de esta historia es: Si quieres insultar al Lord Advocate en la carretera del rey, al menos lleva una máscara.

Desbocado

Hoy en día existen coches eléctricos, coches híbridos y coches sin conductor, pero antiguamente también había un tráfico variado, con carros, carros de postas, carros de labranza, diligencias y carros de perros. A pesar de sus diferentes tamaños y funciones, todos tenían una cosa en común: sus caballos necesitaban una cuidadosa atención en la carretera. ¿O no? Quizás los caballos sabían tan bien como los conductores a dónde iban y cómo llegar. La siguiente anécdota de octubre de 1792 muestra la gran inteligencia de algunos caballos.

Cuando un caballero anónimo había viajado de Midlothian a Edimburgo para visitar a un amigo, sus sirvientes dejaron el carruaje sin vigilancia mientras lo recogían. Al ver su oportunidad de escapar, los caballos salieron corriendo, con el perro de su amo corriendo alegremente detrás. Los criados corrieron tras el carruaje, gritando en vano, ya que los caballos doblaron tres esquinas en rápida sucesión y el carruaje se inclinó en un ángulo agudo sin caer.

Familiarizados con la ruta, los caballos tomaron el camino hacia Dalkeith, aumentando su velocidad de un trote a un galope sin necesidad de un conductor hasta que llegaron a la barra de peaje de Newington. Cuando el guardián de la autopista (el hombre que manejaba la barra de peaje) vio que el carruaje se dirigía hacia él, se apresuró a levantar la barra en caso de que se produjera un desagradable accidente. Sin embargo, tres carros de carbón venían del lado de Dalkeith, y el carruaje se detuvo. Los caballos esperaron pacientemente hasta que los carros de carbón hubieron pasado, lo que hizo pensar al guarda de la autopista que alguien conducía el carruaje. Cuando salió a cobrar, los caballos volvieron a ponerse en marcha inmediatamente, arrastrando la diligencia tras ellos y con el perro ladrando alegremente.

El carruaje siguió su camino, los seis kilómetros que separan Dalkeith, donde los caballos se detuvieron en un giro limpio frente a la posada White Hart de la señora Johnstone y esperaron allí a que los mozos de cuadra se ocuparan de ellos. ¿Quién necesita coches sin conductor cuando los caballos pueden hacer el trabajo?

En general, los viajes por las carreteras de Midlothian podían ser bastante agitados en los días anteriores a que el motor de combustión interna lo alterara todo. Aunque la velocidad del tráfico moderno probablemente haya hecho pasar a la historia a los salteadores de caminos, siguen existiendo los asaltantes a pie, con el feo nombre de asaltantes, y ahora los coches sin conductor pueden ocupar el lugar de los caballos sin conductor. La vida continúa.

14

EL ASESINATO DE SILVERBURN

Silverburn es uno de esos lugares que no merecen tener un asesinato. Se trata de una aldea idílica, escondida en los flancos de las colinas de Pentland, a pocos kilómetros al sur de Penicuik. Hoy en día es más conocido por el jardín que apareció en el programa de la BBC The Beechgrove Garden en 2007, pero en su día fue un pueblo obrero con una herrería de tejados rojos, un carpintero y un conjunto de pequeñas casas. Aunque el nombre sugiere que los mineros trabajaban aquí la plata, eso debió de ser hace tanto tiempo que está fuera de la memoria del hombre. El único recuerdo vago del metal precioso procede de los sueños esperanzadores de un cavador irlandés que vivía en una cabaña en lo profundo de las colinas y pasaba su tiempo libre buscando una olla de oro que creía enterrada en algún lugar bajo la Colina Negra. Sin embargo, en la década de 1830, Silverburn fue el escenario de uno de los asesinatos más conmovedores de todo Midlothian, cuya víctima se consideraba una de las mujeres más bondadosas de la zona.

Se llamaba Catherine Laing y era hija de Andrew Laing, el carpintero de Silverburn. Nacida en 1818, Catherine era la más dulce de todos los hijos de los Laing, una chica a la que era un placer conocer. Cuando era una colegiala, su hermana y uno de sus hermanos enfermaron de lo que entonces se llamaba "una fiebre virulenta", que acabó afectándola a ella también. Sus padres debieron de estar angustiados cuando tres de sus hijos enfermaron y, uno a uno, comenzaron a morir. Tras semanas de sufrimiento y lucha contra la fiebre, Catherine sobrevivió. Durante todo el tiempo que permaneció en su lecho de enferma, nunca descuidó su trabajo escolar, así que cuando Catherine se recuperó lo suficiente como para volver a la escuela dominical, no se quedó atrás con respecto al resto de su clase.

Andrew Laing era tan generoso como trabajador, así que cuando se enteró de que un joven local necesitaba un hogar, abrió su puerta y ofreció su hospitalidad. William Mackay se convirtió en parte de la familia; era hermano del hermano superviviente de Catherine, aprendiz de Andrew y compañero de Catherine. De hecho, era tan compañero de Catherine que la gente empezó a hablar, y hubo guiños astutos y muchos codazos en las costillas cuando la pareja apareció, caminando uno al lado del otro. William era un joven modelo, muy trabajador, asiduo a la iglesia, sobrio y educado. Era el tipo de joven que cualquier padre desearía como yerno, pero aparentemente no era el tipo de hombre con el que todas las chicas esperaban casarse, y ése era el quid de la tragedia que se estaba gestando. Había unos pocos años entre William y Catherine, siendo William cinco años mayor que Catherine, pero una diferencia tan pequeña no era nada en el camino del amor verdadero. Desgraciadamente, sólo uno de los dos creía que eran compatibles.

Después de siete años de exposición a los encantos de Catherine, William Mackay estaba completamente enamorado. Incluso después de dejar la casa de los Laing para seguir su carrera, seguía a Catherine a todas partes, y cuando ella respondía con su habitual amabilidad, él creía que ella correspondía a sus sentimientos. Así que cuando William le pidió a Catherine que se casara con él, y ella lo rechazó gentilmente, William quedó devastado. Había construido sus esperanzas de toda la vida en el matrimonio con Catherine, y ahora su futuro sólo parecía negro. Físicamente,

Guillermo fue decayendo, y aunque seguía asistiendo a la iglesia, su discurso y sus ideas eran todo menos cristianas, ya que contemplaba abiertamente el suicidio. Es posible que incluso murmurara sombríamente que quería vengarse de Catherine por atreverse a rechazar su oferta.

Era igualmente evidente que los sentimientos heridos de Guillermo afectaban a Catherine. Le insinuó a su madre que podría intentar herirla, y todas las noches, cuando la oscuridad se extendía por las colinas, cerraba las ventanas, apretaba las persianas y se aseguraba de que estuvieran bien cerradas. Cuando su madre le preguntó por qué lo hacía, le contestó que tenía miedo por si William entraba en la casa por la noche.

Incluso mientras tomaba estas precauciones, Catherine se preocupaba por la salud del hombre que había rechazado. Llevando a su madre aparte, le preguntó en privado si no sería mejor que se casara con William, en lugar de que le hiciera tanto daño. Su madre le preguntó si sería feliz con él, y ella respondió: "No. Nunca podría amarlo, pero tampoco deseo que sufra".

"Entonces no te cases con él", le aconsejó la madre de Catherine.

A las diez de la noche del primero de diciembre de 1837, Catherine estaba sentada tranquilamente en su casa cosiendo diligentemente mientras el fuego abierto la mantenía caliente, a pesar del viento de Pentland que traqueteaba en la ventana a su lado. Era una hermosa escena que podría haber adornado cualquier libro de imágenes: El fondo rural con las colinas bien formadas, las casitas pulcras de tejas rojas de la aldea y la joven tranquila junto al fuego. El repentino ruido de la pistola fue ensordecedor y fue seguido inmediatamente por el estruendo de los cristales al romperse y el grito de sorpresa de Catherine. La bala de mosquete alcanzó a Catherine en el brazo, la atravesó y se introdujo en su cuerpo, desgarrando ambos pulmones. Catherine cayó enseguida, vomitando sangre mientras sus padres se apresuraban a intentar ayudarla. Limpiando a Catherine, la abrazaron mientras se asfixiaba, escupiendo sangre en la parte delantera de su vestido mientras su costura yacía desatendida en el suelo. Su padre la llevó al piso de arriba y su madre la llevó a la cama y la escuchó mientras pedía hablar con el ministro local, el reverendo Moncrieff.

Con mucho dolor y tosiendo sangre, Catherine le dijo al ministro que creía que William era su asesino, "me ha amenazado antes", dijo.

Sin policía a la que recurrir, los lugareños tomaron las riendas de la situación. Organizados en pequeños grupos, buscaron en la zona, sondeando en las colinas nocturnas, donde un frío viento invernal cortaba el brezo marrón. Los buscadores llamaron a las puertas, comprobaron las dependencias y los graneros e incluso entraron en las políticas de la cercana Penicuik House. No tuvieron éxito: William Mackay había desaparecido en la oscuridad.

Hay algunas dudas sobre los movimientos posteriores de Mackay. Se sabe que corrió a los terrenos de Penicuik House para esconderse, y la gente supone que pasó la mayor parte de la noche subido a un árbol cerca del gran estanque, pero sus movimientos hacia la una de la madrugada son un poco misteriosos. Mientras que un relato dice que golpeó la puerta del jardinero y pidió papel y bolígrafo, otro dice que eso simplemente no es cierto. Si eso ocurrió, el jardinero debió de estar más que preocupado por tener a un supuesto asesino en su puerta, si es que la noticia le había llegado. Mientras tanto, Catherine, tras doce horas de agonía, había entrado en un período de paz. Típica de su naturaleza angelical, pidió a sus padres que perdonaran a su asesino, y momentos después murió. Unas dos horas después, el fiscal y el sheriff aparecieron para hacerse cargo del asunto.

Alrededor de las dos de la tarde, William apareció de nuevo, portando un arma de fuego larga y una pistola. Esta vez no se discute sobre sus movimientos. Se encontró con uno de los jardineros y le pidió noticias de Catherine.

"Está muerta", le dijo secamente el jardinero, sin duda mirando las armas y preguntándose si él sería el siguiente.

"Bueno", dijo William, "habiendo quitado una vida también debo quitar la mía". Salió corriendo y, unos minutos después, el jardinero oyó el fuerte chasquido de un disparo. William había colocado la boca de su mosquete en su boca y apretó el gatillo. El fuerte disparo de plomo le destrozó el cráneo. Cuando se encontró su cuerpo, tenía un papel y una pluma en el bolsillo: la última carta a Catherine y su testamento: No tenía intención de vivir. Cuando la luz del día invernal se desvaneció, unos hombres sombríos llevaron el cuerpo de William a la casa de sus padres. Catherine fue enterrada el lunes siguiente en el patio de la iglesia de Penicuik, con una gran multitud para despedirse.

Fue una tragedia típica del siglo XIX, cuando los hombres y las mujeres vivían según sus emociones y las pasiones se desbordaban.

15

EL ÚLTIMO AHORCAMIENTO

En una época en la que la respetabilidad lo era todo, George Dickson era un hombre muy respetable. Cultivaba en Cousland, a pocos kilómetros de Dalkeith, tenía fama de ser el más antiguo de Escocia y mantenía horarios y hábitos regulares. La gente lo conocía por su nombre y su reputación como un hombre firme y fiable, y no habría buscado un honor mayor.

El 30 de noviembre de 1826, George Dickson acudió al mercado de Dalkeith, como había hecho decenas de veces antes. Los mercados eran vitales para los agricultores; eran la hebilla que unía a la comunidad agrícola y el lugar donde los agricultores se reunían para discutir los precios, el ganado y la mano de obra. Los mercados eran reuniones donde los agricultores comparaban el éxito de sus técnicas con las de sus vecinos y rivales. Los agricultores acudían a los mercados para ganar dinero, vender las bestias que ya no eran productivas o comprar las que esperaban que mejoraran su propio ganado de cría. Para el forastero, la charla sobre stots y stirks, tups y gimmers, trilladoras y empacadoras sería tan incomprensible como el latín y tan alejada de su vida cotidiana, pero para los agricultores de los fértiles campos de Lothian, el mercado era un segundo hogar. En los años de rápido cambio del siglo XIX, en los que la innovación era el rey y sólo el giro constante de las estaciones era constante, el mercado proporcionaba cordura y conversación.

La Bolsa de Maíz de Dalkeith era el mayor y más importante mercado de grano de Escocia, por lo que los días de mercado las calles estaban abarrotadas de agricultores que llegaban a caballo, comerciantes en carros y caballeros en cuatro manos, mientras que los humildes jornaleros dependían de la fuerza de sus piernas para llegar hasta allí. Las calles se llenaban de carros y caballos mientras los hombres de ojos firmes vestidos con paños de lona intercambiaban saludos tranquilos, hablaban poco y se fijaban en todo.

Los mercados eran también el lugar donde los hombres solían beber un poco más de lo que les convenía y se marchaban con el whisky zumbando en sus cabezas y los crujientes billetes de banco o las monedas de oro como un peso bienvenido en sus bolsillos. Pero si los granjeros conocían el valor de los mercados para la economía local, también lo sabían los delincuentes.

Cuando George Dickson salió del mercado hacia las cinco de aquella tarde de noviembre, el cielo ya estaba oscuro y un ligero viento hacía crujir las descarnadas ramas de los árboles deshojados. Se acurrucaba en su gabán, se acercaba su amplio sombrero a la cabeza y guiaba su caballo por el camino hacia Cousland. A diferencia de muchos otros en el mercado, Dickson no se había demorado en ninguna de las acogedoras hosterías de Dalkeith, sino que, en cuanto terminó sus negocios, visitó a su suegro, un comerciante llamado Alexander Wilson. Pasaron unos minutos agradables, y luego Dickson montó en su caballo y tomó el camino recto por el Cow Bridge y Langside Brae. Los hombres respetables y trabajadores como Dickson no perdían el tiempo ni el dinero en una taberna de día de mercado.

Una vez fuera de Dalkeith, había algunos tramos solitarios en la carretera, pero Dickson era un hombre de la zona y conocía el camino. Al pasar al pie de Langside Brae, donde una densa plantación a la izquierda oscurecía aún más la lúgubre noche de invierno, miró a su alrededor, negoció con el caballo alrededor de un ligero desbordamiento de la quema y escuchó el siseo del viento entre los árboles. Dickson consultó su reloj de cazador de plata: Las cinco y diez. Estaba haciendo buen tiempo y debería llegar a casa en media hora. Junto a la carretera había algunos montones de piedras que esperaban ser rotas para reparar el camino: Dickson sólo les echó una mirada casual, pero se puso en marcha cuando una figura sombría apareció a su lado.

Dickson no tuvo tiempo de reaccionar cuando el hombre agarró las riendas de su caballo. Miró hacia abajo, seguro de haberlo reconocido por su rostro saturnino y de rasgos duros, pero sin estar del todo seguro de dónde lo había visto antes. La delgada curva de la luna de dos días no le daba mucha luz para reconocerlo. Dickson sí sabía que el hombre sostenía un gran bastón, casi un garrote, recién cortado y con un nudo vicioso en el extremo. Antes de que Dickson tuviera tiempo de reaccionar, el hombre le lanzó el garrote, dándole un fuerte golpe en la cabeza. Dickson hizo lo único que podía hacer para intentar escapar: dio una patada con los talones en el flanco de su caballo, de modo que éste se encabritó y aterrizó con un golpe justo delante de su atacante.

"Si hubiera llevado espuelas", dijo Dickson más tarde, con gesto adusto, "no habría sido necesario un juicio".

Cuando el atacante aflojó el agarre de las riendas de Dickson, otro hombre apareció en el lado opuesto y se apoderó de él. Dickson volvió a dar una patada en los talones, tratando de liberarse de ambos hombres y esperando que los cascos agitados de su caballo hicieran algún daño a uno de ellos o a ambos. O más bien a alguno de ellos, porque Dickson se dio cuenta de que otros dos hombres le rodeaban. El primer hombre volvió a blandir su bastón, asestando a Dickson un golpe tan fuerte en la cabeza que le hizo caer del caballo, para quedar aturdido en el suelo. Volvió a sentir el bastón, sintió la sangre caliente fluir por su cara y supo que alguien le estaba robando los bolsillos, pero no pudo hacer nada al respecto.

Cuando el segundo hombre también se metió las manos en los bolsillos, Dickson se dio cuenta de dónde las había visto antes. Hacía sólo unos días que habían acudido a él en Cousland, pidiendo un trabajo. Como no tenía nada que hacer, los rechazó: ¿Era ésta su manera de vengarse? Miró a su alrededor; uno de los hombres llevaba un chaleco rojo con mangas del color de la piedra sucia. Los otros llevaban ropas oscuras. Uno era mucho más joven que los demás y no había participado en el ataque. Después de eso, Dickson dejó de pensar en sus atacantes y más en cómo salvarse, ya que pensó que el hombre del chaleco rojo decía:

"¡Asesina al bastardo: asesínalo!"

Dickson se estremeció al recibir otro golpe en la cabeza, y entonces los cuatro atacantes se alejaron a toda prisa hacia las oscuras profundidades de la plantación. Dickson los oyó moverse durante unos instantes y luego desaparecieron. Se incorporó y se miró las heridas; había sangre en los cortes de la cabeza y algunas magulladuras en el pecho, pero viviría. Comprobó sus bolsillos: los asaltantes le habían robado el reloj de plata de cazador, una carta de su mujer y un ejemplar del periódico Scotsman. Montando lentamente su caballo, Dickson se dirigió de nuevo a Dalkeith. Todo el asunto sólo había durado unos instantes.

En Cleugh Bridge, Dickson se encontró con John Smith, un labrador, y le contó lo sucedido. También pidió a Smith que siguiera a los hombres que le habían atacado.

De vuelta con su suegro a las seis menos cuarto, el sacudido y ensangrentado Dickson mandó llamar al doctor Scott, que le curó las heridas y pensó que estaba "gravemente herido". Posiblemente fue Scott quien ordenó que le llevaran a su casa en una caravana. Al día siguiente Dickson regresó a Dalkeith y contó su historia a James Turnbull, el oficial del sheriff. Turnbull le preguntó si podía nombrar a sus atacantes, cosa que no pudo hacer, pero sí dio una descripción detallada. Turnbull dijo que creía conocer a los hombres implicados. Recogiendo a cuatro hombres que creía que podían estar implicados, Turnbull los llevó a la oficina del sheriff, donde preguntó a Dickson si eran los culpables correctos. Cuando Dickson dijo que sí lo eran, dos de los hombres protestaron que habían estado en otro lugar en ese momento, pero eso no hizo que Dickson perdiera la convicción.

El primer hombre era William Thomson, a quien Dickson creía que era el hombre de cara dura que había agarrado sus riendas y le había atacado con el garrote. Era un trabajador de Newbigging, cerca de Inveresk. El segundo hombre era James Thomson, su hermano, y el tercero era John Fram, su primo, también de Newbigging. Fram llevaba un chaleco rojo con mangas grisáceas que le resultaba sorprendentemente familiar. El cuarto era un joven llamado William Leslie, el joven que no había participado en el ataque real. Turnbull hizo encerrar a los tres adultos en la cárcel de Calton, en Edimburgo, mientras Leslie era interrogado para ver qué sabía.

William Leslie era un obrero de 15 años, vecino de los Thomson en Newbigging. Dijo que William Thomson le empleaba de forma ocasional rompiendo piedras a dos chelines y seis peniques (12,5 peniques) a la semana, y que el día del mercado, William Thomson le pidió que fuera a Dalkeith a buscar trabajo con un tal Sr. Forbes. Salieron de Newbigging hacia las tres de la tarde, acompañados por James Fram y James Thomson. Los Thomson llevaban abrigos azules y pantalones fustianos, ropas oscuras que se fundían con el día que oscurecía rápidamente. A un kilómetro de Dalkeith, los Thomson abandonaron la carretera para dirigirse a una plantación junto a un pequeño puente, donde cortaron grandes trozos de madera. Cuando Leslie preguntó por qué, William Thomson le dijo que estaban haciendo "ejes de martillo". Para entonces, la luz del día invernal se estaba desvaneciendo, y Leslie deseó no haber venido. Esperó en el camino hasta que los Thomson y Fram salieron con sus trozos de madera recién cortada. Cuando Leslie preguntó por qué no iban a Dalkeith a ver al señor Forbes, William Thomson le dijo que Forbes "no estaría en casa". A medida que pasaba el tiempo, el hogar estaba donde Leslie deseaba estar. En lugar de ello, Leslie esperó junto a la plantación mientras los Thomson y Fram paseaban arriba y abajo por el camino. No sabía qué planeaban hacer a continuación, si es que tenían algún plan.

Poco después de las cinco de la tarde, oyeron el lento tamborileo de los cascos de un jinete que trotaba en dirección a Dalkeith. Leslie permaneció junto a los densos árboles de la plantación mientras William Thomson se deslizaba hacia el montón de piedras más cercano. En la creciente oscuridad, no reconoció al jinete, pero pudo ver claramente a William Thomson salir de las rocas para agarrar sus riendas. Leslie observó cómo William Thomson blandía su bastón, golpeando al jinete en un lado de la cabeza. Luego vio a James Thomson correr hacia adelante, agarrar la cabeza del caballo y golpear al jinete en el pecho con su bastón. Sólo entonces apareció Fram, pero o bien estaba fuera de la línea de visión de Leslie, o era un mero espectador, pues Leslie pensó que no estaba involucrado en el ataque. Leslie estaba seguro de que ni Fram ni nadie más sugirió el asesinato de Dickson.

En cambio, lo que Leslie escuchó fue a Dickson gritando: "Paren, Paren, y les daré lo que tengo", que no es exactamente como Dickson recordaba las cosas. Vio cómo los Thomson tiraban a Dickson del caballo y le robaban el bolsillo y luego todos salían corriendo. Aunque Dickson estaba seguro de que desaparecieron dentro de la plantación, Leslie dijo que corrieron hacia Newbigging, hasta que William sugirió ir a la casa de su cuñada. James miró los documentos que habían robado, decidió que no valían la pena y los arrojó inmediatamente por un puente. Los palos les siguieron poco después.

Leslie era el más joven, pero también el más lento, ya que todos los demás lo dejaron atrás en su huida. Mucho más tarde los encontró en la casa de Janet Thomson en Inveresk. Janet era la hermana de Thomson y compartía su casa con James y Fram. Todos pasaron la noche. A la mañana siguiente William mostró el botín: El reloj de plata de Dickson. En ese momento Leslie aún no sabía quién había sido la víctima, aunque conocía a

Dickson lo suficiente como para reconocerlo a la luz del día. Este hecho hace que el reconocimiento inmediato de Dickson de sus atacantes sea ligeramente sospechoso, dada la rapidez de los acontecimientos y la oscuridad de la noche.

Mientras Leslie relataba el robo, un trabajador agrícola llamado Robert Somerville encontró las cartas desechadas. Se las llevó a Wilson, que las transmitió a las autoridades. Poco después, David Cumming, un labrador de Smeaton, vio cómo las patas de su caballo levantaban un periódico escocés; también lo entregó.

En enero de 1827, cuando el caso compareció ante el Tribunal Superior, tanto Thomsons como Fram se declararon inocentes. Dieron coartadas, con William Thomson afirmando haber estado en la casa de su suegra en Dalkeith, mientras que James Thomson y John Fram afirmaron que ambos estaban en su casa en Newbigging. El testimonio de Leslie sugirió que no decían la verdad, y luego una sucesión de testigos dijo que había visto a los acusados dirigirse hacia Dalkeith en el momento en que decían estar en otro lugar.

Un muchacho de Inveresk, llamado John Collins, vio a los cuatro hombres en la carretera, así como un minero de Cowpits llamado William Naismith, mientras que un hombre llamado Peter Borthwick, de Whitecraig Cottage, vio a los acusados hacia las cuatro. Borthwick volvió a verlos a las seis cerca de Inveresk Brae, caminando en dirección a Newbigging, al igual que John Smith, un labrador de Langside. Ann Ross y Christian Thomson estaban seguros de haber visto a los cuatro hombres alrededor de las cuatro. De todos ellos, el testimonio de John Smith fue quizás el más condenatorio, ya que los vio caminar en ambas direcciones; vio a William Thomson llevando un palo y oyó lo que describió como un "ruido como el de un caballo saltando". Cuando Smith se encontró con Dickson, dijo que estaba "confundido y sangrando".

El último testigo fue Alexander Merilees, otro vecino de Newbigging. En algún momento entre las nueve y las diez de la mañana del día del mercado, Thomson se le acercó en la calle y le pidió que fuera a Dalkeith para «rumble a cove». La frase es *cant*, el habla utilizada por la clase baja criminal, y significa "atacar a un hombre". Cuando el Lord Justice Clerk lo oyó, achacó el crimen a la influencia de un libro llamado *The Life of David Haggart*, que se había publicado en 1821 y pretendía ser la historia de la vida de un criminal condenado a la horca en Edimburgo. "Una de las obras más infames jamás impresas", dijo el Lord Justice Clerk: una afirmación que bien pudo haber impulsado las ventas.

En lugar de acompañar a Thomson en su estruendosa visita, Merilees caminó en dirección contraria, hacia Prestonpans. Mucho más tarde, cuando lo consideró seguro, regresó a Newbigging, pero para entonces William Thomson ya se había ido. Probablemente aliviado, Merilees se dirigió a la cervecería de Ferguson en Inveresk. Un poco después de las seis, Fram irrumpió, "muy acalorado", como dijo Merilees. Vio a Merilees de inmediato, le pidió que esperara y se marchó rápidamente. A Merilees no le costaba nada quedarse en una cervecería, pero Fram no volvió. Merilees se quedó unas horas y se fue tambaleando a su casa, sin saber que sus acciones inocentes ayudarían a demostrar el carácter de hombre malvado de William Thomson.

Cuando el Lord Advocate escuchó todos los hechos del caso, dijo que era "uno de los casos más atroces de robo que se han presentado ante un tribunal o ante un jurado". No dudó en pedir un veredicto de culpabilidad y añadió que "exigía la pena capital". Sus palabras informaron al jurado de que tenían la responsabilidad de acabar posiblemente con la vida de los acusados, por lo que se escudaron un poco declarando a los tres culpables pero recomendando clemencia para James Thomson y Fram. Ambos hombres, según el jurado, habían sido dominados por William Thomson, a quien los periódicos describieron como "un hombre de aspecto prohibitivo". En cambio, James sólo tenía un "aspecto salvaje".

El juez aceptó el veredicto de culpabilidad, pero no el codicilo piadoso; sentenció a los tres a muerte. Los ahorcamientos debían tener lugar el jueves 1 de marzo de 1827, "en Dalkeith o sus alrededores". Como resultó, la misericordiosa autoridad perdonó la pena de muerte a dos de los hombres, mientras que William Thomson fue ahorcado el jueves 1 de marzo.

Como las ejecuciones eran infrecuentes en Dalkeith (el gran día de Thomson fue el primero que se recuerda y el último que tuvo lugar en la ciudad) el acontecimiento generó mucho interés. Si damos crédito a los informes, las buenas gentes de Dalkeith tendían a considerar el ahorcamiento como una plaga para su ciudad y, o bien cerraban sus puertas y ventanas y se negaban a mirar o abandonaban la zona durante el día. Sin embargo, la gente de los distritos del campo no tuvo tales escrúpulos y se reunió frente al ayuntamiento desde primera hora de la mañana para ver este espectáculo gratuito, o quizás para ofrecer el último apoyo a un hombre que algunos de ellos conocían bien.

William Thomson había estado recluido en la cárcel de Calton, en Edimburgo, y su esposa lo visitaba con frecuencia. La noche anterior a la ejecución, ella lo vio por última vez; un encuentro agridulce que ambos sabían que marcaba un punto final en la vida de ambos. Poco después de las nueve y media de la mañana, una curiosa multitud comenzó a reunirse, creciendo cada vez más a medida que llegaba la hora de que Thomson emprendiera su último viaje. A las doce y media, doce mil personas esperaban alrededor de la cárcel. En el interior, los ministros y los alcaides tomaron un vaso de oporto con Thomson, le estrecharon la mano y le acompañaron a uno de los tres carruajes que se detuvieron a la entrada de la cárcel.

Si la gente esperaba dramatismo, quedó decepcionada. Thomson parecía tranquilo e incluso relajado. El capellán de la prisión y los demás funcionarios se mostraban sombríos en comparación con el ligeramente sonriente funcionario de a pie. Los carruajes siguieron avanzando con dificultad, dejando atrás a la multitud boquiabierta y dirigiéndose al sur hacia el destino de Thomson. Llegaron a Dalkeith poco después de las dos de la tarde y se abrieron paso entre el gentío para desembarcar en el ayuntamiento de ferrocarril frente a la antigua iglesia de San Nicolás.

Los obreros, muy ocupados, ya habían erigido el patíbulo en la calle frente al ayuntamiento, y quizás Thomson miró el lazo de la horca que se balanceaba, silencioso y siniestro, sobre la trampilla mientras lo llevaban al interior para un salmo y las últimas oraciones. Después de ese interludio, su tiempo fue corto. Fue escoltado fuera, para subir los escalones de la plataforma mientras la multitud se quitaba los sombreros como última señal de respeto. Hizo una última oración; miraba a la masa de rostros, tal vez reconociendo a amigos y parientes, tal vez amargado por la vida; tal vez lamentando cómo sus acciones afectarían a su esposa y a su hijo de seis años.

Entonces se acercó a la trampilla, y el verdugo le puso la capucha blanca sobre la cabeza; Thomson dio la señal. La trampilla se abrió y Thomson se dejó caer; la soga se tensó y murió. La multitud lo observó durante un rato y se disipó lentamente; si su esposa estaba allí, podría haber sido la última en salir.

Ahora es difícil imaginar una ejecución en Dalkeith. El ayuntamiento sigue existiendo, recientemente renovado en la zona de conservación de la ciudad. Si el visitante observa el suelo del exterior, puede ver un grupo de adoquines de granito de diferentes colores; marcan el lugar donde se colgó a Thomson; un breve y sombrío recuerdo de un criminal fracasado y de un pequeño y sórdido crimen.

16

¿QUIÉNES ERAN LOS DUELISTAS?

Un duelo es una cuestión de honor, que suele librarse entre caballeros a punta de espada o de pistola. La idea de batirse en duelo para resolver una disputa se remonta al menos a la Edad Media, cuando los caballeros con armadura se enfrentaban con espada y escudo. Las reglas no se formalizaron hasta el siglo XIV, cuando los franceses crearon el pas d'armes, en el que un hombre, o un grupo de hombres desesperados por demostrar su hombría o simplemente con ganas de pelear, retaban a todos los que se acercaban a pasar por un lugar concreto o a caer en desgracia. Esta locura medieval surgió con el auge de la caballería romántica y la noción del honor de los caballeros.

A medida que aumentaba la popularidad del duelo, varios papas y otras personas con autoridad religiosa o monárquica, trataron de prohibir la práctica, principalmente porque miles de jóvenes se mataban entre sí en nombre del honor. En el reinado de Enrique IV de Francia, entre 1589 y 1610, unos cuatro mil de los mejores franceses murieron a punta de espada de un adversario, y eso fue décadas antes de que los Tres Mosqueteros iniciaran su carrera de matanzas honorables. Francia contaba con un código formal de duelos, al igual que Irlanda en 1777. En Escocia, la práctica no estaba tan extendida como en el continente, aunque los caballeros llevaban espadas y eran bastante propensos a utilizarlas ante una provocación muy leve.

Los duelos podían terminar rápidamente con un intercambio de disparos y sin heridos, o con un breve choque de espadas y una herida superficial que zanjaba la discusión. También podían ser desagradables, con un hombre muerto y el otro huyendo de la perspectiva de la horca. Incluso una herida podía ser fácilmente mortal, ya que las pistolas disparaban una pesada bala de plomo que podía destrozar los huesos o causar terribles daños en los órganos internos. En una época en la que las pistolas eran famosas por su inexactitud, lo más sensato era apuntar a la parte más ancha del cuerpo, es decir, a la zona entre las caderas. Muchas heridas se producían en la ingle, y si la discusión era por una mujer, más que por una cuestión de honor, algunos duelistas parecían sentirse especialmente satisfechos apuntando a esta zona tan vulnerable.

Hubo algunos duelos importantes en Escocia, como el de 1731, en el que murió George Lockhart de Lee, escritor y activo jacobita. En otro, en 1787, Sir John MacPherson, un hombre de Skye y antiguo gobernador general de la India, intercambió disparos con el mayor Browne, que había ocupado el cargo de residente británico en la corte de Shah Alam II, el decimosexto emperador mogol. A pesar de los altos cargos de los participantes y de su presumible historial militar, ninguno de los dos resultó herido. Podría decirse que el duelo escocés más conocido se libró en Cardenden, en Fife, en 1826; este encuentro ha sido calificado como el último duelo mortal en Escocia, ya que el comerciante de lino David Landale se batió en duelo con George Morgan, su director de banco. Esto sí que atraería a las multitudes hoy en día. Landale mató a Morgan y fue declarado inocente de asesinato. Tuvo suerte, ya que cuando el mayor Campbell del 21.º pie, los Royal Scots Fusiliers, derrotó al capitán Boyd del mismo regimiento en un duelo en 1808, un juez creyó que era un asesinato y ordenó su ejecución.

Mucho menos frecuentes fueron los llamados "duelos de enaguas" entre mujeres. Probablemente el más conocido en Gran Bretaña se libró en Londres, en 1792, cuando la señora Elphinstone llamó a Lady Ameria Braddock y la felicitó por conservar su aspecto. Desgraciadamente, añadió que debía ser una auténtica belleza hace cuarenta años, a lo que Lady Ameria afirmó que aún no había cumplido los treinta. Cuando la Sra. Elphinstone dijo que tenía sesenta y un años, Su Señoría la retó a un duelo, y se enfrentaron con pistolas y espadas. La contienda terminó con un corte en el brazo de la Sra. Elphinstone, pero el hecho de que las mujeres se batieran debió de extender las especulaciones sobre la edad real de Lady Ameria a un público mucho más amplio.

Aunque Midlothian no era un lugar muy frecuentado por los duelos, hubo algunas ocasiones en las que los hombres se enfrentaron a lo largo de una pistola de cañón largo, o en el extremo de una espada. Por desgracia para el historiador, aunque afortunadamente para los participantes, rara vez se registra el nombre completo de los duelistas. Sin embargo, lo que sabemos sobre el que fue posiblemente el último duelo genuino en Escocia es sin duda intrigante.

El jueves 18 de febrero de 1841, cinco hombres salieron de una posada en Penicuik y viajaron unos kilómetros hacia el sur, hasta el Walstone Muir. La historia conoce a dos de ellos sólo por sus iniciales: El Sr. L. y el Dr. H. Estos dos hombres iban a ser los principales en un duelo, con dos de los otros actuando como sus segundos y el quinto hombre un cirujano para atender a cualquier herido. Se habían reunido en un lugar tranquilo, conocido como "campo de honor", donde nadie de la autoridad podía molestarlos. La tarea de los segundos había sido encontrar este campo convenientemente aislado, a ser posible en un terreno disputado, para evitar cualquier reclamación por invasión. El momento también era importante: Los duelistas solían preferir el amanecer, en parte porque la luz sería lo suficientemente tenue como para ayudar a ocultar a los participantes, y en parte porque podía permitir una contemplación nocturna completa después de lo que podría haber sido un desafío en estado de embriaguez. Los hombres sobrios al amanecer pueden no tener el mismo deseo de asesinar a un colega que tenían cuando estaban en sus copas, o el mismo valor para enfrentarse a la perspectiva de un metro de acero afilado a través de sus entrañas.

En este caso, los segundos no habían sido lo suficientemente inteligentes, ya que en la posada se había filtrado un indicio de su propósito. Dos hombres les siguieron fuera de Penicuik y hacia el páramo; los duelistas miraron detrás de ellos a las sombrías figuras a caballo y se preguntaron si debían continuar. Ambos estaban dispuestos a arriesgar sus vidas en un duelo honorable, pero a ninguno de los dos les importaba terminar su existencia colgando del extremo de una cuerda: No había honor ni dignidad en ello.

En consecuencia, el grupo de duelistas regresó a la posada de Penicuik, luego se escabulló de nuevo, se dividió y viajó por separado a un nuevo lugar de duelo, lo que dificultó mucho que los dos hombres los siguieran a todos. Cuando llegaron al lugar designado, discutieron cómo debían proceder. Había varios tipos de duelo y no podían decidir cuál era el mejor, ya que el Dr. H. se inclinaba por el sistema francés mientras que el Sr. L. quería el método británico, más sencillo. Finalmente, recurrieron al sistema tradicional de lanzar una moneda, y el ganador decidía cómo debían matarse los participantes. Alguien lanzó la moneda, el segundo del Dr. H. pidió cara y asintió mientras el perfil de la reina Victoria les miraba desde la hierba.

Una vez eliminado ese detalle, los segundos y el cirujano se retiraron apresuradamente hacia la derecha, poniendo una distancia considerable entre ellos y los participantes. El Dr. H. y el Sr. L. se colocaron espalda con espalda, cada uno con una pistola de punta larga. Era la primera vez que alguno de los dos se encontraba en una situación semejante, por lo que estarían nerviosos, posiblemente temblando al oír la señal de inicio. Avanzaron contando cada paso, "uno, dos, tres", siendo el Dr. H el más rápido, "cuatro, cinco, seis", o quizás el más ansioso por acabar con el asunto, "siete ocho, nueve". Fue el primero en alcanzar el número requerido de pasos, "diez", y disparó incluso mientras se giraba, pero o estaba demasiado ansioso o era un tiro muy pobre, porque el balón salió muy desviado, pasando entre los dos segundos, sin duda asustados.

El Sr. L. estaba más tranquilo, se giró, apuntó y disparó segundos después, y la pelota se dirigió a toda velocidad en la dirección correcta, pero no alcanzó al Dr. H al pasar zumbando por su mano. Según las reglas del duelo, ese intercambio de disparos podría haber terminado el asunto con el honor satisfecho, pero el retador tenía derecho a una segunda oportunidad. Así que se repitió todo el procedimiento. Debió de ser más difícil acertar con una pistola de lo que parece en las películas de Hollywood, ya que ambos duelistas volvieron a fallar, por lo que el Dr. H decidió poner fin a la tontería escribiendo una nota en la que se acordaba que el Sr. L había hecho algún descubrimiento anatómico ya olvidado relacionado con el «fenómeno fisiológico».

Después de esa breve aventura en el candelero, ambos duelistas se retiraron a una oscuridad tan densa que la historia ni siquiera registró sus nombres.

Merece la pena mencionar otros duelos en la zona, aunque sea brevemente, porque se registraron pocos detalles. Uno de ellos tuvo lugar a finales de diciembre de 1724, aunque no se conoce el lugar exacto, podría ser cualquier lugar hacia el sur de Edimburgo. Los nombres, igualmente, no fueron anotados, aunque uno de los participantes se llamaba C. U. y pudo ser Charles Urquhart, adscrito al "Royal Regiment of Scots Fuzileers", o un oficial del mismo. La disputa fue sobre la nacionalidad, ya que un oficial de un regimiento inglés llamó a los Fuzileers (ahora deletreado Fusiliers) "sinvergüenzas escoceses, carteristas, villanos" y añadió que toda Escocia era "así". Como es lógico, C. U. se ofendió y retó al inglés a un duelo. Utilizaron espadas en lugar de pistolas, y allí donde se encontraron, el oficial escocés resultó vencedor, hiriendo gravemente al inglés. Con suerte, aprendió a no volver a insultar a Escocia.

Medio siglo después, el 1 de abril de 1776, dos estudiantes de medicina de la Universidad de Edimburgo viajaron al sur de la ciudad, a Dalkeith, para resolver sus diferencias. Estos caballeros eligieron las pistolas en lugar de las espadas, recorrieron la distancia obligatoria, se giraron y dispararon. Ambos fallaron, y las bolas no volaron a ninguna parte. En ese momento podrían haber puesto fin a la disputa, con el honor satisfecho y habiendo demostrado ambos su valor. Sin embargo, debían de estar ansiosos por herirse mutuamente o muy enfadados, pues insistieron en un segundo disparo. Recargando, se colocaron de nuevo espalda con espalda, recorrieron los quince pasos, se giraron y dispararon. Esta vez, uno de los hombres le dio al otro en el muslo, y así terminó el asunto.

Es posible que haya habido otros duelos en Midlothian, ya que la propia naturaleza de la bestia garantizaba su secretismo. Sin embargo, si hubo muchos, los dramáticos momentos en los que dos hombres se enfrentaban sabiendo que uno de ellos podía morir o resultar gravemente herido pronto, debieron ser un recuerdo que perduró para siempre.

17

LOS CAZADORES FURTIVOS

A lo largo del siglo XIX, los terratenientes de Midlothian se esforzaron por mantener a los cazadores furtivos alejados de sus tierras en una guerra constante. No era una guerra de ejércitos masivos ni de grandes batallas, sino una en la que los guardas de caza, sobrecargados de trabajo, y sus ayudantes vigilaban vastas franjas de territorio de noche y de día, solos o en pequeños grupos. Defendían una tierra fértil de un número potencialmente grande de enemigos, ya que, a juzgar por los tribunales de policía, la mayoría de las semanas había muchos hombres en los campos con trampas o armas de fuego, cazando conejos o cualquier otra cosa que pudieran encontrar para complementar su dieta.

La caza furtiva era una lotería, ya que el éxito de la incursión dependía de muchos factores, como si el guardabosques estaba patrullando la zona en la que trabajaba el furtivo, o si había faisanes u otros tipos de caza. Incluso si los guardas los atrapaban, las sanciones variaban enormemente. Por ejemplo, cuando un pizarrero llamado James Miller fue sorprendido cazando furtivamente en los terrenos de Penicuik House en septiembre de 1859, el sheriff Arkley le impuso 30 días de trabajos forzados y le ordenó que encontrara una fianza de 10 libras por su buena conducta o se enfrentaría a otros seis meses de cárcel. Ese mismo mes, el sheriff Hallard sólo impuso a dos mineros, William Denison y Thomas Penicuik, una multa de una libra con una alternativa de diez días por cazar furtivamente y agredir a James Brown, que trabajaba para el terrateniente Ainslie de Costerton. Cuando Brown les siguió en las tierras que protegía, sacaron de sus bolsillos lo que se denominó "pistolas desarticuladas" y le amenazaron con "volarle los sesos" a menos que diera marcha atrás. La justicia podía ser una lotería en el siglo XIX.

Midlothian es una tierra rica con varios terratenientes importantes. El duque de Buccleuch, el conde de Roseberry, Ramsay de Whitehill, Dundas de Arniston y el conde de Dalhousie; los nombres resonaban en los anales políticos y sociales de la élite escocesa, pero todos eran firmes a la hora de alejar a la gente de clase social inferior de su caza.

Es probable que la mayor parte de la caza furtiva no quedara registrada, ya que los cazadores furtivos se las arreglaban para no ser detectados, e incluso si los guardianes los atrapaban, la mayoría de los cazadores furtivos potenciales aceptaban su destino sin oponer demasiada resistencia. Otros eran truculentos; cuando se resistían, los guardas tenían que luchar por sus vidas.

Cuando los tiempos eran difíciles, los empleos eran escasos y el dinero escaso, los delitos contra la propiedad, como el robo, aumentaban. La década de 1840 fue una de las peores del siglo, con mal tiempo, pérdida de cosechas, hambruna en las Highlands e Irlanda y agitación política y social. No es de extrañar que también fuera una década en la que hubo mucha caza furtiva. En aquella época, algunas de las leyes contra la caza furtiva eran draconianas. Por ejemplo, si los guardas atrapaban a tres o más hombres armados que pretendían cazar furtivamente, los culpables podían ser condenados a duras penas; en el extremo inferior de la escala se encontraban tres años de prisión con trabajos forzados, mientras que el máximo era de catorce años de transporte. Cuando el sheriff o el juez que dictaba las sentencias pertenecía al mismo círculo social que el terrateniente, los hombres sorprendidos cazando furtivamente sabían que se enfrentaban a tiempos difíciles.

El 18 de octubre de 1847, una conocida familia de cazadores furtivos llamada Vickers salió en masa a probar las fértiles tierras del conde de Roseberry en los alrededores de Carrington. Estaban Alexander, George, Ramsay y William Vickers y un vecino llamado William Beveridge. Se armaron y, desafiando una noche de vientos cortantes que golpeaban las ramas de los árboles y arrastraban nubes rasgadas por el cielo, marcharon a probar suerte.

Los cazadores furtivos eligieron el bosque de Aitkendean del conde de Roseberry, a un kilómetro de Carrington, y se adentraron en la oscura maleza cuando se dieron cuenta de que no estaban solos; había guardianes vigilando. En una situación en la que cazadores furtivos armados entraron en contacto directo con guardas de caza armados, debió de haber temor en ambos bandos. Los cazadores furtivos sabían que su captura podía acarrearles una larga temporada en la cárcel y que la ley apoyaba plenamente a los guardas, mientras que los guardas de caza entendían que los cazadores furtivos podían ser hombres desesperados que podían recurrir a la violencia para escapar de la captura.

En esta ocasión, ninguno de los dos bandos se contuvo. Frente a los cazadores furtivos había cuatro guardas de caza: Archibald White, ayudante de Dundas de Arniston, Robert Hume, guardián del Conde de Dalhousie, John Falconer, ayudante de Ramsay de Whitehill y William Liddel, guardián del Conde de Roseberry. Ambos grupos se prepararon para la confrontación.

Los cazadores furtivos fueron los primeros en reaccionar; Alexander Vickers levantó su escopeta y disparó. Fue un disparo apresurado a través de los árboles en la oscuridad de la noche, por lo que la mayoría de los perdigones salieron disparados. Sin embargo, algunos impactaron dolorosamente en los muslos y las nalgas de Robert Hume. Naturalmente, rugió por el repentino dolor, y eso pudo haber sido el estímulo para que los otros guardianes cargaran y se acercaran a los cazadores furtivos. El clan Vickers no estaba dispuesto a retroceder y se lanzó al ataque. Mientras los guardianes golpeaban a George Vickers en el suelo, William Vickers derribó a Archibald White. Tras una ráfaga de golpes, ambos bandos se retiraron en la oscuridad, llevando consigo a sus víctimas.

Aunque se puede decir que los cazadores furtivos se llevaron la mejor parte de la escaramuza, los guardas de caza rieron al final al reconocer a los hombres con los que habían luchado. Los guardianes alertaron a la policía y arrestaron a los cazadores furtivos. En el juicio, los cazadores furtivos se declararon culpables, alegando que estaban enfadados y que sólo reaccionaron ante la herida de su hermano. Como habían disparado primero, el jurado los declaró culpables. Alexander y William Vickers fueron condenados a siete años de prisión, mientras que el juez encarceló a los demás durante dieciocho meses.

Sin embargo, a veces las expediciones de caza furtiva podían tener un resultado aún más trágico. La caza furtiva era más frecuente en invierno que en verano, cuando las noches eran largas y oscuras, y la actividad clandestina era más fácil. Los guardas de caza eran muy conscientes de ello, por supuesto, y se mantenían alerta. La noche del 15 de diciembre de 1884, John Fortune, guardabosques de la finca de Roseberry, al sur de Gorebridge, realizaba su patrulla rutinaria, junto con John McDiarmid, de veinticinco años, y James Grosset. Grosset había trabajado en la finca durante veintinueve años; conocía todos los matorrales y campos, mientras que McDiarmid era un recién llegado a la zona, un trampero de conejos que había vivido en las tierras de Roseberry un par de semanas antes. A pesar de la posibilidad de encontrarse con cazadores furtivos, los guardianes sólo llevaban bastones. No esperaban nada fuera de lo normal mientras caminaban bajo una luna irregular, con ocasionales manchas de escarcha que crujían la hierba.

Eran las dos y media de la mañana del sábado cuando los guardas decidieron dar por terminada la noche. Hacía frío y estaba oscuro, y sólo el sonido del viento en los árboles y la llamada ocasional de un búho de caza perturbaban el silencio. Grosset regresó a su casa en la granja Roseberry, donde McDiarmid vivía no muy lejos. La fortuna le deparaba una caminata de cuatro kilómetros hasta su casa, lo cual no era nada para un hombre que pasaba su vida laboral al aire libre.

No habían ido muy lejos cuando Grosset escuchó el distintivo golpe de una escopeta y gritó llamando a Fortune. Enviando a su esposa a despertar a McDiarmid, Grosset corrió hacia la fuente del disparo, y Fortune y McDiarmid se unieron a él unos momentos después. Sus botas tachonadas resonaron al cruzar el puente en el desbordamiento del embalse de Edgelaw y caminaron rápidamente hacia la granja de Westerpark of Redside cuando volvieron a oír el chasquido de una escopeta.

Conociendo bien el terreno, Grosset y Fortune no dudaron, con McDiarmid, más joven y deseoso de demostrar su valía, unos pasos por detrás. Siguieron el borde de un campo, subiendo por una pendiente con una valla para marcar el límite, y se detuvieron al ver a dos hombres, sin duda cazadores furtivos, más arriba en la pendiente. Ambos cazadores furtivos llevaban escopetas y se movían con confianza, como si supieran que no corrían peligro de ser detenidos. Los guardianes se pusieron de rodillas y observaron cómo los dos cazadores furtivos se dirigían hacia ellos.

Fortune esperó a que los cazadores furtivos estuvieran a unos quince metros de distancia y se levantó de repente, y los demás guardianes le siguieron. Los cazadores furtivos se habrían sorprendido al ver que tres guardabosques se levantaban bruscamente del suelo frente a ellos. Iniciaron una lenta retirada, todavía con las escopetas en la mano y tan peligrosos como cualquier fiera acorralada. Debieron de considerar la posibilidad de darse la vuelta y correr para esconderse en la oscuridad, pero entonces una traicionera ráfaga de viento raspó las nubes de la luna. Grosset, un hombre del lugar, creyó reconocer inmediatamente a los cazadores furtivos. Tal vez hubiera sido mejor no decir nada, permitirles escapar y recogerlos más tarde. En cambio, anunció el nombre de uno de ellos.

"Es inútil correr o seguir así", dijo. "Te conozco, Innes".

Grosset los vio como William Innes, de treinta y siete años, y Robert Flockhart Vickers, de treinta y seis.

Mientras los guardabosques avanzaban lentamente, los cazadores furtivos gritaron una advertencia:

"¡Atrás!"

La tensión era considerable, ya que los dos cazadores furtivos temían ir a la cárcel y los guardas se enfrentaban a un grupo de hombres armados en un campo solitario.

"Tú encárgate de ese", dijo Innes, las palabras muy claras para Grosset, "y yo iré a por este cabrón".

Los guardianes debieron estremecerse cuando ambos cazadores furtivos levantaron sus escopetas; Vickers disparó primero, y sus perdigones se estrellaron contra el brazo del joven McDiarmid y lo tiraron al suelo. Cuando Grosset se agachó para ver la gravedad de las heridas de McDiarmid, Innes disparó, y el tiro resonó en la noche. Cuatro balas impactaron en la espalda y el hombro de Grosset. Éste se tambaleó y Vickers disparó el segundo cañón. El disparo se estrelló contra Fortune, dándole en el bajo vientre.

Cayó, consciente inmediatamente de que la herida era grave. "Me han disparado al corazón", dijo, "¿qué hará mi pobre esposa?"

Con sus dos compañeros caídos y él mismo herido, Grosset se dirigió a ver cómo estaba Fortuna, oyendo el murmullo de voces en la oscuridad.

"No dejes que se baje", dijo uno de los cazadores furtivos. "Carguen rápido y dispárenle".

Fortuna se tumbó en el suelo, sintiendo que se le escapaba la vida. "Habría atrapado al pequeño bribón negro si el otro no lo hubiera hecho por mí", susurró a Grosset.

Los cazadores furtivos continuaron su ataque. Según Grosset, Innes levantó de nuevo su arma e intentó disparar, pero sin resultado al fallar el fulminante.

Grosset le dijo a Fortune que se quedara quieta y callada mientras corría en busca de ayuda. En la penumbra de la luna, vio a los cazadores furtivos recargar, con sus palabras siniestras, su intención de terminar lo que habían empezado.

"Carguen rápido", dijo Innes. "No permitan que el imbécil se escape. Dispárenle de nuevo".

Dejando a sus compañeros malheridos en el suelo, Grosset se retiró. Había sido el cazador; ahora era el cazado, un hombre herido, dolorido y sin duda temeroso, con dos depredadores desesperados buscándolo. Oyó el hilo de la conversación; escuchó a uno de los cazadores furtivos mencionar que lo atraparían en el puente. Pero Grosset conocía bien el terreno y cambió la dirección hacia la granja Edgelaw.

Aunque Edgelaw estaba a oscuras, los disparos habían despertado a Robert Simpson, el granjero. Estaba ansioso por ayudar y primero hizo entrar a Grosset en la casa y luego ordenó a William Brydon, el encargado, que buscara a los guardianes heridos. Brydon despertó a uno de los peones de la granja y le contó lo que estaba sucediendo. Con las indicaciones de Grosset para guiarlos, sacaron un carro del patio y se apresuraron a encontrar a los heridos, plenamente conscientes de que había hombres peligrosos allí afuera. Mientras tanto, Simpson corrió a Gorebridge a buscar un médico.

En la colina, los cazadores furtivos miraban el campo de batalla. Se oyó decir a uno de ellos: "los bichos están suficientemente muertos", y luego se apresuraron a perseguir a Grosset, pero demasiado tarde para atraparlo.

Los hombres de la granja Edgelaw descubrieron que los guardianes heridos habían intentado arrastrarse hacia la ayuda. Fortune había logrado recorrer unos doscientos metros y se desplomó. Los trabajadores de la granja vieron el alcance de sus heridas y decidieron que estaba demasiado malherido para sobrevivir a las sacudidas de un carro, así que lo llevaron a casa con toda la delicadeza que pudieron. Fortune parecía delirar ligeramente, y hablaba con sus salvadores como si se tratara de cazadores furtivos: "Me conocen", dijo, "hemos tomado una copa juntos y no me dispararon". Le dejaron con su mujer. No fue Innes quien me disparó", le dijo.

Como McDiarmid parecía menos malherido, los hombres de Edgelaw lo metieron en un carro para el viaje de ida y vuelta.

Cuando el doctor Spalding, de Gorebridge, llegó a la casa de Fortune, hizo un rápido examen y comprobó que el guardabosque no estaba tan gravemente herido como parecía. Muchos de los perdigones de plomo se habían incrustado en el reloj de plata de Fortune, arruinando por completo la tapa de la caja de plata alemana. Sin duda, el reloj le había salvado la vida por el momento, aunque todavía había más de cincuenta perdigones de plomo alojados en su costado. Desgraciadamente, tras una galante lucha por su vida, el 18 de diciembre de 1884, Fortune murió de peritonitis. El joven McDiarmid, el cazador de conejos, luchó durante semanas. Tenía treinta y ocho perdigones de plomo en el brazo derecho y, durante un tiempo, parecía que se iba a recuperar. Y entonces, cuando una enfermera preocupada le cambiaba el vendaje, McDiarmid empezó a sangrar abundantemente. Finalmente, falleció por pérdida de sangre el 8 de enero de 1885. Antes de morir, nombró a Robert Vickers como uno de los cazadores furtivos.

Mucho antes de que McDiarmid muriera, la policía del condado había actuado. El sargento Adamson ya estaba al tanto de las actividades de caza furtiva de Vickers e Innes. No hacía mucho que había detenido al hermano de Innes en Loanhead, así que cuando llamó a la puerta de William Innes, no se sorprendió demasiado al ver a su sospechoso tumbado en la cama con una herida de bala en la mandíbula. Dejando a Innes en la cama, Adamson encontró la escopeta y se la entregó a un guardabosques y experto en armas llamado David Brotherstone, quien decidió que alguien la había disparado recientemente. También había barro fresco en el arma, como si Innes hubiera estado en el campo. Al detener a Innes, Adamson lo llevó a la enfermería de Edimburgo, lo puso bajo vigilancia y buscó a Vickers, a quien detuvo poco después en la calle.

Cuando Innes estuvo lo suficientemente bien como para viajar, los guardianes de la cárcel de Calton lo llevaron a Rosebery House, donde los guardianes lo identificaron positivamente como uno de los cazadores furtivos.

A pesar de la certeza de los guardas al identificar a sus atacantes, los dos presuntos cazadores furtivos negaron su participación. La policía hizo sus averiguaciones y descubrió un sorprendente número de testigos que afirmaban haber visto a ambos sospechosos en diversos lugares la noche de la batalla. Entre los testigos se encontraba un minero llamado John Wallace que había visto a ambos hombres en el bar de Allen en Stobhill antes de las diez de la noche del tiroteo, mientras que tanto Innes como Vickers juraron a ciegas haber pasado la noche en sus camas. Helen Wilson fue otro testigo valioso. Estaba fuera de su casa hacia las diez de la noche de ese sábado y vio a un hombre cerca del muro del campo. Al principio, Helen creyó que era su marido y le gritó, pero al acercarse se dio cuenta de que era su vecino de al lado, Vickers. Lo vio entrar en su casa y, por lo que ella sabía, no volvió a salir. De todos modos, no oyó cómo se abría su puerta. Innes también tenía un buen testigo, una vecina cercana llamada Sra. Walkinshaw. Ella creyó ver a Innes llegar a casa sobre las once de la noche. A eso de las cinco de la mañana de ese sábado, la señora Walkinshaw estaba despertando a sus hijas para que fueran a trabajar y oyó el chasquido de un disparo procedente de la casa de Innes.

Puede que la policía esperara que la herida en la mandíbula de Innes fuera incriminatoria, pero, en cambio, tenía una buena historia. Innes afirmó que, en la madrugada del 15 de diciembre, un hombre llamado Andrew Bernard había acudido a su casa para despertarle y, mientras tanteaba en la oscuridad para abrir la puerta, se había topado con su escopeta, que se disparó y le hirió.

Ese relato confirmó el recuerdo de la Sra. Walkinshaw de un disparo en la madrugada.

Cuando el caso llegó al Tribunal Superior, los testigos hablaron en nombre de Innes y Vickers, mientras que la acusación utilizó los relatos de los guardas de caza. Una mayoría de nueve a seis del jurado los declaró culpables, y la minoría esperaba un veredicto de no probado. El juez, Lord Young, dictó la sentencia de muerte. Hubo un llamamiento público contra las ejecuciones, con más de mil firmas recogidas, pero el Ministro del Interior lo rechazó, a pesar del número de testigos que afirmaban haber visto a los dos hombres en otro lugar. Más tarde, tanto Innes como Vickers confesaron que eran realmente culpables del asesinato de los guardas de caza. Vickers afirmó que Innes había bebido un poco más de la cuenta en el pub de Stobhill y había querido "pegarse un tiro". También dijo que no tenía intención de matar a Fortune, sino que le apuntó a las piernas; el ángulo de la colina le engañó y disparó al guarda en el estómago. Si estas declaraciones son correctas, y no hay razón para dudar de ellas ya que ambos hombres habían sido declarados culpables, entonces el veredicto fue erróneo: no fue un asesinato premeditado sino el delito menos grave de homicidio culposo, que no conllevaba la pena de muerte.

No era fácil ahorcar a alguien de forma eficaz. Gran Bretaña contaba con una sucesión de verdugos oficiales que viajaban a lo largo y ancho del país realizando ejecuciones judiciales. Algunos de estos hombres eran muy conocidos, como William Calcraft, que ahorcó a unas 450 personas; otros no alcanzaron tanta fama. Uno de estos últimos fue Bartholomew Binns, que había hecho un lío tan completo en su último ahorcamiento que el condenado había tardado ocho duros minutos en morir. Los gobernantes de la cárcel de Calton se negaron a contratar a un hombre así; no estaban dispuestos a prolongar la agonía de una pareja ya infeliz; en su lugar, las autoridades de Edimburgo anunciaron la búsqueda de un verdugo. De las dos solicitudes que recibieron, la de James Berry pareció la mejor. Era un antiguo policía de Bradford sin experiencia pero con un interés algo macabro por el tema. Había observado la técnica de Calcraft en dos ocasiones y había conocido a otro antiguo verdugo llamado William Marwood. Las autoridades eligieron a Berry, y los cazadores furtivos de Gorebridge se convirtieron en sus primeros clientes.

La ejecución tuvo lugar en la cárcel de Calton el 31 de marzo de 1885. La cárcel se alzaba lúgubre y gris en la ladera de Calton Hill, en la entrada oriental de Edimburgo, donde ahora se encuentra Old St Andrews House. La cárcel en sí data de 1817, una importante adición a la Ciudad Nueva de Edimburgo, y sustituyó al terrible y antiguo ayuntamiento, el Corazón de Midlothian. El prominente emplazamiento irritó a mucha gente, incluido el juez de High Street Lord Cockburn (de la fama de Cockburn Street), que dijo: "ha sido una pieza de indudable mal gusto dar una eminencia tan gloriosa a una prisión". Era igualmente impopular entre los reclusos, que la consideraban fría e impersonal, con una disciplina dura y una comida mediocre.

Después de que el gobierno prohibiera las ejecuciones públicas en la década de 1860, la cárcel de Calton se convirtió en el lugar de los ahorcamientos de Edimburgo. El gobernador hizo construir un cadalso para la ejecución, cuidadosamente colocado para que el público no pudiera ver; ni siquiera una de las cinco mil personas que subían a Calton Hill podía ver. Algunos de los esperanzados espectadores serían los habituales engendros que atraían tales ocasiones, mientras que muchos eran amigos y colegas de los condenados que acudían a presentar sus últimos respetos.

Algunas fuentes afirman que Vickers estaba muy arrepentido por los problemas que había causado a su familia, pero que había esperado un indulto hasta el momento en que Berry le puso la capucha blanca sobre la cabeza. Entonces se desmayó. Cuando el gobernador ordenó que se izara una bandera negra en el tejado de la cárcel, los silenciosos vigilantes de la colina supieron que Innes y Vickers habían cazado furtivamente su último faisán. Los dos hombres fueron enterrados dentro de la cárcel de Calton, con cal viva arrojada sobre sus cuerpos. Según la leyenda, un aparcamiento cubre lo poco que queda de ambos hombres.

La propia cárcel fue demolida en la década de 1930 y las piedras se trasladaron para construir la presa del embalse de Hopes, en las colinas de Lammermuir. La puerta de la celda de los condenados se conservó y ahora es un elemento del Beehive Inn en el Grassmarket de Edimburgo. A pesar del tiempo transcurrido, los habitantes de Midlothian no han olvidado a Innes y Vickers. ¿Y la caza furtiva? Continuará, al amparo de la noche.

18

PROBLEMAS EN VOGRIE

Los visitantes tienden a admirar los restos destrozados de las abadías medievales de Escocia; Sir Walter Scott las alabó en prosa y poesía, aunque los lugareños las tratan como parte del paisaje con el que están familiarizados desde hace tiempo. Sin embargo, en su época, no sólo fueron intrínsecas a la vida espiritual de la nación, sino que también fueron precursoras económicas, las pioneras de la riqueza de Escocia, tanto como los molinos y las fábricas de la revolución industrial. Mientras que las abadías de la frontera se dedicaban a la cría de ovejas a gran escala, la fundación cisterciense de Newbattle estaba a la vanguardia de la minería del plomo y el carbón. Desde esos inicios monásticos, la minería del carbón se convirtió en una industria básica en Midlothian.

El trabajo en los pozos siempre fue peligroso, pero a veces los propios mineros aumentaban los riesgos. En algunas minas del siglo XIX, se dejaban pilares de carbón entre el suelo y el techo. Estos "escalones" sostenían el techo, por lo que cuando George Young y William Morrison los arrancaron a hachazos, en lugar de trabajar en la veta de carbón de difícil acceso en el Engine Pit de Vogrie, en noviembre de 1855, sus colegas no se mostraron complacidos. La policía acusó a ambos hombres de daños imprudentes, pero el sheriff Grahame sólo les impuso una multa de diez chelines a cada uno, ya que ambos eran muy jóvenes.

Sin embargo, no todos los Dueños del Carbón eran ogros que babeaban ante la perspectiva de mantener a sus trabajadores en constante trabajo y esclavitud. Algunos eran humanos y algunos incluso deseaban acabar con el sistema de servidumbre. Uno de ellos fue James Dewar de Vogrie. Cuando los Dewar llegaron a Vogrie en 1719, la casa y la finca ya eran antiguas, pero la familia Dewar hizo suya la zona. Vogrie se encuentra entre Gorebridge y Pathhead, mirando hacia la colina del campamento romano. La casa se encuentra dentro de una franja de parque, con un «jaja» para evitar que los animales se extravíen y con el agua infantTyne fluyendo marrón y suave entre hermosos bosques. Los terrenos están abiertos al público hoy en día, un pulmón de paz y un lugar encantador para disfrutar en familia. En el siglo XIX, sin embargo, la familia Dewar poseía Vogrie como su finca privada.

Sin embargo, ni siquiera el hecho de ayudar a los mineros a conseguir una vida mejor garantizó a los Dewar de Vogrie la inmunidad frente a los delincuentes locales. Fue el 5 de mayo de 1805 cuando alguien forzó la puerta de la sala de la servidumbre, se deslizó por la casa y robó algunas prendas de vestir que pertenecían a James Dewar, el hijo del hombre que había ayudado a los mineros. El ladrón se llevó un abrigo mixto verde, un par de pantalones de pana y un sombrero. No se trataba de un robo importante, pero James Dewar estaba naturalmente disgustado porque alguien le había robado. A algunos les puede parecer un delito tipo Robin Hood, robar a los ricos para dárselo a los pobres, pero el ladrón no sólo se dirigió a Dewar, sino que también robó a los criados. Seis semanas después del robo de la ropa de Dewar, hubo otro allanamiento, y esta vez el ladrón entró en la habitación donde dormía Joseph Petty, el mozo de cuadra, utilizó una horquilla para abrirle el pecho y le quitó parte de su ropa. No contento con eso, también robó a otro mozo de cuadra llamado Charles Boyle; lo que no quiso lo tiró por la habitación, ya sea por rabia o por pura maldad.

Durante un día, más o menos, no hubo ninguna pista sobre quién podía ser el ladrón hasta que un hombre que iba a visitar la casa encontró un pequeño montón de ropa debajo del puente sobre el río Tyne. Al principio, la gente pensó que alguien se había suicidado arrojándose al río, o que había ido a nadar y se había metido en problemas, pero cuando no había rastro de un cuerpo, las autoridades hicieron preguntas. Cuando el personal de Vogrie House registró la ropa, encontró la llave de la pequeña bodega de cerveza de Dewar en uno de los bolsillos. Eso hizo que la gente se preguntara si la ropa podría estar relacionada con los robos, y se conjeturó que el ladrón podría haberse detenido junto al río para cambiarse de ropa, poniéndose la que había robado en Vogrie a cambio de las prendas tristemente maltratadas que dejó el Tyne. La cosa se puso más interesante cuando uno de los criados creyó reconocer las ropas.

"Pertenecían a James Allan", dijo.

Por supuesto, una vez que el criado mencionó el nombre, los demás también se dieron cuenta de que James Allan era el hombre que buscaban. Era la elección perfecta para el ladrón. En un tiempo, Allan había trabajado como criado en Vogrie, pero, en enero, James Dewar lo había despedido. Allan se había alejado y se había alistado en la Artillería Real: la Guerra Napoleónica estaba en su apogeo y el ejército siempre estaba dispuesto a aceptar reclutas. Sin embargo, Allan descubrió que la vida en el ejército no le convenía más que el servicio doméstico, así que desertó y regresó a su antigua tierra de Midlothian.

El 27 de junio, Petty y Boyle iniciaron la búsqueda del hombre que les había robado. Como habían trabajado con él, tenían una idea bastante clara de los lugares que frecuentaba Allan y se dirigieron a la casa de cambio, el pub, en Ford, donde James Pride, el encargado del cambio, escuchó su historia. Boyle no llevaba mucho tiempo en la casa de cambio cuando se fijó en un sombrero que colgaba de una percha junto a la puerta.

"¿De dónde ha salido ese sombrero?"Preguntó.

"James Allan me lo vendió por quince chelines", le dijo Pride. "Hace tres días".

"Es el sombrero que me robó", reclamó Boyle su propiedad. Ahora no había duda de que Allan había sido el ladrón.

Desde Ford, caminaron hasta Haugh-head, cerca de Fala, otro de los lugares donde Allan bebía. Frances Ales era la encargada de la casa de cambio y les señaló más ropa que Allan había vendido. Estas pertenecían a Petty, pero en lugar de cargar con un fardo de ropa, las dejó con Ales y siguió el camino del pub hasta Blackshiels, a sólo unos cuantos kilómetros de distancia en la carretera principal hacia el sur. Resultó ser una buena elección, ya que Allan ya estaba allí.

Sin embargo, ahora que lo habían alcanzado, Boyle y Petty parecían no saber qué hacer a continuación. Se sentaron y bebieron juntos durante un rato y luego le dijeron por qué estaban aquí. En cuanto escuchó el motivo, Allan salió corriendo por la puerta. Tomados por sorpresa, Petty y Boyle lo persiguieron, y sólo alcanzaron al ladrón cuando se tambaleó en un campo cercano. Esta vez sujetaron fuertemente a Allan, pidieron una tumbona y lo llevaron a Vogrie House, donde lo encerraron con seguridad. No se podía negar la culpabilidad de Allan, ya que llevaba puestos los pantalones de pana de Dewar, dos chalecos de Petty, un par de medias de estambre de Boyle y el sombrero de Dewar atado a la cabeza. Aun así, alegó su inocencia hasta que las autoridades lo llevaron a Dalkeith y de allí a la cárcel de Edimburgo, donde el sheriff lo interrogó.

O el sheriff era muy bueno en su trabajo, o Allan estaba cansado de la evasión, pues admitió los robos. También dijo que el día después de robar a Petty y Boyle, fue a la casa de cambio de Pride y luego a la de Ales. Allan le dijo a la señora Ales que había discutido con su hermano, un constructor de molinos de Leith Walk, y que al cabo de unos días volvería para hacer las paces con él. La ropa robada la dejó allí porque no había pagado su cuenta, a pesar de haber robado 5 libras y algo de plata a Petty.

Apenas había llegado a Blackshiels cuando Boyle y Petty lo encontraron.

A pesar de su confesión, Allan se declaró inocente cuando compareció ante el Tribunal Superior. Tal vez ya adivinaba la inevitabilidad de la sentencia y esperaba retrasar las cosas unas horas. El 22 de julio compareció ante el Lord Advocate. Con todas las pruebas que tenía ante sí, el jurado no dudó en declarar a Allan culpable, y el juez lo condenó a la horca. Según los relatos de la prensa, "se comportó de manera muy penitente y resignada" mientras el Sr. Porteous y el reverendo Thomas Macnight le daban orientación espiritual. Dio su último aliento en el Lawn-market de Edimburgo, un hombre alto y caballeroso de unos 25 años, ejecutado por un billete de cinco libras y unas pocas prendas de vestir.

Aunque Petty nunca volvió a ver su dinero, sí recuperó la mayor parte de su ropa. La mayoría de los delitos eran de naturaleza tan insignificante, con unas pocas prendas de vestir o unas pocas libras robadas, que uno se pregunta por qué los ladrones arriesgan su cuello por una recompensa tan mísera.

19

PENICUIK PELIGROSO

Penicuik es una de las ciudades más históricas y vibrantes de Midlothian. Ocupa una posición envidiable en la orilla oeste del río North Esk y en los flancos de las colinas de Pentland. En 1770, Sir James Clerk amplió la diminuta aldea original con un pueblo planificado, y su tamaño creció, posiblemente debido a sus fábricas de papel. Penicuik (su nombre significa "colina de los cucos") también tiene un fácil acceso a la capital y un paisaje encantador. Penicuik también tuvo su cuota de emoción, incluyendo un espléndido motín en 1849.

En la antigua Escocia era habitual que las cuadrillas de trabajadores acudieran a las Tierras Bajas en época de cosecha. Estos trabajadores podían ser Highlanders o irlandeses, y normalmente realizaban su trabajo, recibían su paga y volvían a casa con ambas partes contentas con el trato. Sin embargo, había ocasiones en las que los jornaleros borrachos provocaban el pandemónium en las pequeñas aldeas.

Un suceso así ocurrió en Penicuik la noche del viernes 28 de septiembre de 1849. Era la época de la cosecha en Midlothian, en la que los agricultores tenían un ojo puesto en el tiempo, otro en las cosechas y ambos en los jornaleros que contrataban para recogerlas antes de que se mojaran. Los cosechadores utilizaban la anticuada hoz de hoja lisa, a menudo conocida como guadaña-gancho, o gancho segador, que los hombres balanceaban con toda la extensión de su brazo. En el siglo XVIII, los esquiladores de las Tierras Altas eran en su mayoría mujeres, pero tras las guerras napoleónicas, y el uso de la guadaña-gancho en lugar de la hoz dentada más pequeña, los irlandeses inundaron Escocia. Cuando los barcos de vapor sustituyeron a los de vela, el goteo inicial de irlandeses se convirtió en una avalancha que atraía hasta 40.000 trabajadores estacionales en cada cosecha.

Ese viernes, los esquiladores irlandeses habían cobrado y acudían a los pubs locales. Como dice el refrán, cuando el vino está en la boca, el ingenio está fuera, y los hombres pronto empezaron a pelearse entre ellos. Llegaron a Penicuik desde los alrededores y encontraron más pubs, así que después de un tiempo, lo que había empezado como una noche agradable continuó con más whisky, y los hombres se emborracharon.

Cuando alguien avisó a la policía, el agente James Mitchell se presentó para calmar a los esquiladores, con un puñado de valientes hombres de la zona para respaldarle. La visión de un uniforme oficial no hizo más que empeorar las cosas, y un esquilador llamado Patrick Flynn acuchilló la cabeza de Mitchell con su guadaña. Por suerte, Mitchell fue lo suficientemente ágil como para levantar el brazo y esquivar el golpe, lo que le causó una fea herida en el antebrazo y no en la garganta. Tambaleándose por el dolor, Mitchell y los hombres del lugar consiguieron someter a Flynn mientras los otros esquiladores huían. No fue hasta el día siguiente cuando el superintendente List llevó un cuerpo de refuerzos a Penicuik para dar caza a los demás y detenerlos.

Esa fue sólo una ocasión en la que los jornaleros irlandeses causaron problemas a la policía de Penicuik. En noviembre de 1850, fueron los hombres que trabajaban en el nuevo suministro de agua de Edimburgo, en Crawley Springs, cerca de Bush, los que causaron el problema. Era el primer sábado del mes, día de pago, y los trabajadores se dirigieron a un pub en Newmilton, al norte de Auchendinny. El policía local, el agente McFarlane, sabía que le superaban en número, así que pidió ayuda, y el agente Mitchell acudió a respaldarle. Mitchell ya tenía experiencia con los irlandeses borrachos, por lo que se cuidaría de cualquier posible problema.

Alrededor de las once de esa noche, la señora Buchan, que tenía un alojamiento en una de las dos docenas de casas de campo de Newmilton, se quejó a los agentes de que un irlandés llamado Campbell había roto una de sus ventanas y había estado golpeando la puerta de su casa. Ambos agentes se acercaron a Campbell, que negó haber actuado mal y se resistió cuando McFarlane lo detuvo. La casa de McFarlane hacía las veces de oficina de la policía, así que forcejearon con Campbell en esa dirección hasta que una turba de irlandeses salió del pub y les atacó para liberar a su colega.

Los irlandeses se cebaron primero con McFarlane, saltando sobre él por la espalda, tirándolo al suelo y dándole patadas mientras se desparramaba. Mitchell se giró para ayudar, y un irlandés lo derribó inmediatamente, mientras Campbell escapaba, ya que el resto de los irlandeses lo recogieron y huyeron. Cuando volvieron a ponerse en pie, Mitchell tenía seis heridas distintas y McFarlane tres.

Tales acontecimientos no parecían inusuales en Penicuik. El sábado 26 de enero de 1856, los dos hermanos Matheson, que eran adolescentes, se encontraban en una esquina de Penicuik High Street cuando un grupo de irlandeses que se dedicaban a drenar les atacaron. Tomados por sorpresa, los hermanos no pudieron defenderse; a uno le rompieron la pierna y al otro la cabeza. Mientras yacían en el suelo y los irlandeses les clavaban la bota, un grupo de jóvenes de Penicuik intentó ayudarles. Sin embargo, aparecieron más irlandeses, que superaban en número a los lugareños y estaban más acostumbrados a la violencia. Utilizaron armas como piedras y vallas rotas, y cuando el polvo se disipó, había ocho jóvenes de Penicuik heridos.

Como tantas veces, la policía local se vio superada en número, por lo que pidió refuerzos. El domingo por la mañana, a primera hora, el jefe de policía List envió un grupo de agentes uniformados, que recorrieron las calles en busca de irlandeses que parecieran estar implicados. La policía detuvo a cinco irlandeses y los envió a la cárcel de Calton, en Edimburgo.

Hubo otros incidentes de este tipo, pero repetirlos sería tedioso. Basta con decir que la vida rural en la Penicuik del siglo XIX nunca era aburrida y siempre existía la posibilidad de que estallara la violencia repentina. ¡Ah, los buenos tiempos!

EPÍLOGO

En un libro de este tamaño, sólo es posible incluir una parte de los episodios, crímenes y supuestos crímenes que ocurrieron en Midlothian durante los siglos XVIII y XIX. Sólo la historia de los mineros de Midlothian merece al menos un volumen completo para hacer justicia al tema. La historia de la policía de Midlothian y su trabajo merece otro, mientras que la historia del ejército, con sus conexiones en Midlothian y todas las campañas y el drama, llenaría fácilmente un tercero.

Las condiciones en las que vivían y trabajaban los mineros son casi increíbles, sobre todo si se comparan con el estilo de vida de los terratenientes que se beneficiaban de su trabajo. Sin embargo, la mayoría de la gente corriente se enfrentaba a las dificultades en los siglos XVIII y XIX, como se puede comprobar echando un breve vistazo a la vida de los soldados, los pescadores, los operarios de las fábricas o los trabajadores agrícolas. El ejército también ha cambiado, aunque el peligro de los destinos en el extranjero sigue siendo tan real como siempre. Y la delincuencia continúa. En el siglo XIX, la delincuencia en Midlothian era sobre todo de poca monta, asaltos tontos provocados por la bebida o pequeños actos de robo, pero para las personas implicadas serían importantes. Cuando unos pocos centavos eran toda la diferencia entre la pobreza y la relativa comodidad, el robo del salario de una semana era una gran calamidad.

Hoy Midlothian está cambiando de nuevo. Las minas están cerradas, y los pueblos se expanden al asumir nuevas funciones como parte del cinturón de cercanías de Edimburgo. La campiña se mantiene, aunque se erosiona lentamente, y las colinas, aunque la presión de una población creciente está devorando lenta y constantemente las zonas antes aisladas. Las nuevas carreteras las atraviesan, y los aviones rugen para aterrizar en Turnhouse, pero Midlothian sigue siendo siempre el país de Dios, como me dijo una vez un policía de Dalkeith, y no puedo discutirlo.

Malcolm Archibald.

Querido lector,

Esperamos que hayas disfrutado leyendo *Midlothian Mayhem*.
Tómese un momento para dejar una reseña, incluso si es breve.
Tu opinión es importante para nosotros.

Atentamente,

Malcolm Archibald y el equipo de Next Chapter

ACERCA DEL AUTOR

Nacido y criado en Edimburgo, Malcolm Archibald tiene raíces en Midlothian que se remontan al menos al siglo XVIII. Casado con una chica de la localidad de Newtongrange, se formó en la Universidad de Dundee. Tiene experiencia en muchos campos y escribe sobre la industria ballenera escocesa, así como sobre ficción histórica y fantasía.

Midlothian Mayhem
ISBN: 978-4-86751-964-6

Publicado por
Next Chapter
1-60-20 Minami-Otsuka
170-0005 Toshima-Ku, Tokyo
+818035793528

14 Julio 2021

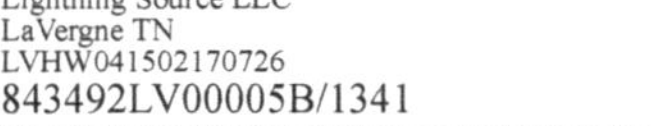
9 784867 519646